献礼百年校庆 “薪传”书系

Celebrating the Centennial Anniversary of Nanchang University

# 使命与担当

## 党报角色新论

王卫明 陈信凌 郭力根 楼 宁 ■ 著

中国传媒大学出版社
·北京·

人民日报
RENMIN RIBAO
庆祝中华人民共和国成立70周年大会在京隆重举行
天安门广场举行盛大阅兵仪式和群众游行
习近平发表重要讲话并检阅受阅部队
李克强主持 栗战书汪洋王沪宁赵乐际韩正王岐山江泽民胡锦涛出席
天安门广场举行盛大联欢活动

中国共产党中央委员会机关报《人民日报》

畲鄉報
SHEXIANG BAO
听，景宁迈向省级服务业强县的铿锵足音
我县全面开展互联网金融风险专项整治工作
群众按需点单 文化精准配送
畲乡“文化物流”快递送上门
我县加快推进体育事业发展

中共景宁畲族自治县县委机关报《畲乡报》

蒙古貞日报
育才招生政策利好 小学三年学费全免
全县抗旱保春耕工作会议强调
坚决打赢抗旱减灾攻坚战
福兴地镇：迅速行动抗旱保春耕
“三沟精神”是全县人民的传家宝
传承“三沟经验” 弘扬“三沟精神”
《蒙古贞日报》微信公众号

中共阜新蒙古族自治县县委机关报《蒙古贞日报》

義烏商報
长袖舞出新天地
——义乌创新机制加快发展纪事(下)
创建文明城市 政府系统不能当“甩手掌柜”
市公安局作大会交流发言
义乌举行第8个“中国旅游日”主题活动
“聚”字引发“蝴蝶效应”
不动产抵押登记实行“远程申请 网上审核”

中共义乌市委主管主办的《义乌商报》

长沙晚报
深刻认识加强生态文明建设的重大意义
习近平在全国生态环境保护大会上强调
坚决打好污染防治攻坚战
推动生态文明建设迈上新台阶
李克强韩正讲话 汪洋王沪宁赵乐际出席
20个主题活动展示“科普长沙”魅力
强化产业链思维 推动高质量发展
中美就经贸磋商发表联合声明

中共长沙市委机关报《长沙晚报》

西宁晚报
风雨同舟携手前行
当好全省学习贯彻习近平生态文明思想的排头兵
金融大咖齐聚共商支持青海
始终对党绝对忠诚
坚决与以习近平同志为核心的党中央保持绝对一致

中共西宁市委机关报《西宁晚报》

盐阜大众报
学习新思想 改革再出发 开放迈新步
为推动高质量发展凝聚共识集聚力量
习近平在全国生态环境保护大会上强调
坚决打好污染防治攻坚战
推动生态文明建设迈上新台阶
传达学习吴政隆省长来盐考察调研精神
全力突破铁路建设 支撑盐城高质量发展
加快推进残疾人小康进程
携手创新发展 共创美好未来

中共盐城市委机关报《盐阜大众报》

唐山劳动日报
TANGSHAN LAODONG RIBAO
交通运输部：推动取消高速公路省界收费站
国内首创工业化平台动车组亮相	
以重点突破带动和活跃发展全局
——丰南区对接全市“十项重点工作”推动高质量发展
全省企业上市巡回宣讲走进唐山
路北瞄准“三区”目标加快城建步伐
一张蓝图绘到底
城建第一线

中共唐山市委机关报《唐山劳动日报》

南方日报
习近平在全国生态环境保护大会上强调
坚决打好污染防治攻坚战
推动生态文明建设迈上新台阶
李克强韩正讲话 汪洋王沪宁赵乐际出席
习近平向古巴和墨西哥领导人致慰问电
沿着总书记指引的道路奋勇前进
马兴瑞赴广州白云国际机场二号航站楼调研

中共广东省委机关报《南方日报》

大众日报
相约上合——风从海上来
山东与上合成员国密切往来，积极融入“一带一路”，共扬繁荣梦想
互联互通，上合一家亲
推进转换蓄积发力
1-4月山东经济运行保持平稳向好态势
习近平新时代中国特色社会主义思想在山东
德州盘活村墙闲散土地，唤醒沉睡资源
“边角经济”引发乡村“蝶变”
省人大常委会党组理论学习中心组举行集体学习研讨会
涉农资源服务送到村民家门口
胶州成立乡村振兴服务驿站，村民足不出村可享12类服务

中共山东省委机关报《大众日报》

解放日报
习近平向古墨领导人致慰问电
古巴自墨西哥租用客机失事造成重大人员伤亡，李克强也向古巴领导人致慰问电
习近平：生态环境是关系党的使命宗旨的重大政治问题，也是关系民生的重大社会问题
还百姓“蓝天白云繁星闪烁清水绿岸鱼翔浅底”
把解决突出生态环境问题作为民生优先领域，坚决打好污染防治攻坚战，推动生态文明建设迈上新台阶
全国生态环境保护大会召开，李克强讲话，汪洋王沪宁赵乐际出席，韩正总结
建成美丽中国
人民日报：深刻认识加强生态文明建设的重大意义
维护好巩固好发展好中朝关系
亲近崇尚科学，夯实万众创新基础
科技节红毯秀 科学家当明星
打造三位一体数字经济服务体系
欢迎澳企参展进口博览会

中共上海市委机关报《解放日报》

新华日报
习近平向古墨领导人致慰问电
李克强向迪亚斯－卡内尔致慰问电
习近平在全国生态环境保护大会上强调
坚决打好污染防治攻坚战
推动生态文明建设迈上新台阶
李克强韩正讲话 汪洋王沪宁赵乐际出席
深刻认识加强生态文明建设的重大意义
——一论学习贯彻习近平总书记在全国生态环境保护大会重要讲话
高质量建设让人居环境更美好
全国人大常委会执法检查组来苏开展统计法执法检查

中共江苏省委机关报《新华日报》

中共西藏自治区委员会机关报《西藏日报》（藏文版）

西藏日报

习近平就古巴自墨西哥租用的客机失事向古巴和墨西哥领导人致慰问电

习近平在全国生态环境保护大会上强调

坚决打好污染防治攻坚战 推动生态文明建设迈上新台阶

李克强韩正讲话 汪洋王沪宁赵乐际出席

深刻认识加强生态文明建设的重大意义

齐扎拉会见尼泊尔驻华大使鲍德尔

"绿水青山"溢出"美丽效益" 全域旅游换来"金山银山"

让祖国大地不断绿起来美起来

中共西藏自治区委员会机关报《西藏日报》（汉语版）

兵团日报

国办印发《关于开展工程建设项目审批制度改革试点的通知》

感悟真理 坚定信仰

——沿着总书记指引的道路奋勇前行系列报道之四十二

兵团全方位提升防灾减灾救灾能力

农业产业成为脱贫"主抓手"

石河子经济技术开发区前4月签约8个实体项目

棉田里的"舍""得"账

"改革带来新气象"征文启事

中共新疆生产建设兵团委员会机关报《兵团日报》

《人民日报》国庆 70 周年特刊版面

# 序

# 党报在党的宣传体系中的位置

王卫明教授长期致力于党报的研究。在本书之前，他2009年出版的《党报定位与功能新论》一书受到了学界同行的好评。现其完成的《使命与担当：党报角色新论》又是一本研究党报的颇有见地之书。应该说，这两部学术著作既是对中国共产党党报宣传工作一般规律的总结，又都是“时文”。《党报定位与功能新论》研究的是在中国媒介市场化繁盛的21世纪之初，在市场化媒体的格局下党报的媒介职能；而《使命与担当：党报角色新论》研究的则是当下媒介新格局情形下党报在生存与发展中迫切需要解决的问题。“市场化”是前书的背景，而“媒介新格局”是本书的幕布。

党报的研究者通常被分为两类，一类是政治家，即党内的领导特别是从事宣传工作的领导；一类是具有新闻学专业学术背景的学者。中国新闻史学者在研究中国共产党党报时，往往存在着一个误区，就是过分夸大党报的作用，时常不自觉地以党的报刊史替代党的宣传史，因此，他们的研究往往放大了党报在党的宣传工作中的作用。而在这里，我想通过对党的宣传媒介体系的梳理，即把党报放到中国共产党的整体的宣传媒介体系之中，来审视党报在党的宣传工作体系中的位置，从而再来更为清楚地审视党报的宣传功能。

## 一、拉斯科洞穴：人类的“全媒介”宣传体系

在论述党的宣传媒介体系之前，我想借助媒介学的理论，来形成一个宣传媒介的体系构架。

1940年9月12日，法国南部的拉斯科洞穴被发现，有关这个洞穴的内容后来成为几乎所有人类艺术史、宗教史和社会史等各种历史的开篇例证。如何解释在幽暗的洞穴里那些刻在石头上的史前壁画？施拉姆在《人类传播史》中否认了这种东西是艺术或者是“移情”，而认为它被用于宣教。

> 洞穴艺术更可能的解释是为了教育：这些画作或许是成年礼中，部落将神话、图腾及仪式传递给年轻族人的媒介……如果你仔细观察洞穴底部，那块曾经潮湿松软的土地，你将不只见到足印，也会看见壁画前面的土壤上有着孩童的臀印。这儿或许就是他们聆听长者的教诲，以及听其讲述代代相传的神话之处。某些洞穴的土地上并可以找到跳舞的足迹，那儿或许是先人举行典礼的处所。也有绘有图画很像是教堂的洞穴，那么穴中的壁画可能便是种种魔法与神话传说的象征，无论吾人视其为第一座教堂或是第一所学校，可以肯定的是这些洞穴都相当美丽，并可能用来传播某些信仰。①

拉斯科洞穴里边有什么？

首先是经典。拉斯科洞穴的画作一定得刻到石头上，而且还得刻到山洞里面不易发现的、易于长久保存的石头上。石壁就是古代人类传承经典的媒介，其传承着属于传统的经典。既然石烂和海枯一样不可能，那么石头就是永久的媒介，而上面的东西也具有永恒存在的意义。

其次是讲述。讲述人解释石壁上的图画，壁画仅仅是他的一个讲义或课件。他可能讲了先人告诉他的内容，也可能有着自己的发挥，甚至可能会指出壁画上动物的切割点已经证明并不是那么准确。他的学生们也可能笃信或者质疑石壁上的和老师正在讲授的内容。

再次是组织。拉斯科洞穴不是一个人的收藏室，在这里的学习也不是老师或学生的个人行为，拉斯科洞穴是一个属于部落的官办学校。讲述人承担了部落赋予的教育职责，听者刚具有部落正式成员的身份，他们如同入伍的士兵一样进了新兵训练营。为了这个身份，孩子们还要通过长长的恐怖山洞证明自己已经成人。他们的入学也同时宣告他们进入了部落组织。

最后是艺术。艺术属于我们今天看到的生动的壁画，这些壁画成为今天人们书写艺术史和美术史的开篇。面对壁画，不知道他们是不是还有什么仪式，有没有歌之和

---

① 施拉姆.人类传播史[M].台北：远流出版公司，1994:25.

舞之，如果有，又成了音乐史和舞蹈史的第一章内容。原始文化活动并非如施拉姆所说的那么单纯，而是具有许多人类学家所谈的“混融性”，是教育、巫术和艺术融为一体的活动。

## 二、中国共产党“全媒介”宣传体系的构成

人类宣传媒介是一个与历史共同变化的复杂体系，英尼斯把媒介简单分为时间媒介和空间媒介。大众传播媒介是15世纪之后才成为一个重要的宣传媒介，而20世纪却是大众传播媒介的世纪，因此全世界成功的宣传现象都记功于大众传播媒介，这也是新闻史学者认为党报有更大的宣传功绩的原因。但实际上，近代世界宏大的意识形态的宣传事业仍然是以一种整体的“全媒介”体系来运行的，大众传播媒介仅仅是其宣传体系的一个部分。如前面所说，对于中国共产党宣传工作的研究，人们长期以来有着这样的倾向，即认为党的宣传工作的核心就是党报党刊的工作，习惯从党的报刊工作经验教训中，来总结宣传工作的得失。但是党的宣传媒介并非仅仅是大众传播媒介，中国共产党的宣传媒介也并非只有党报党刊，因为中国共产党的宣传体系从历史上就是一个“全媒介”的体系。

从拉斯科洞穴的宣传要素的角度，我们纵观中国共产党的宣传历史，看到中国共产党的宣传体系有四个构成元素。

经典：理论宣传
讲述：新闻宣传
组织：工作宣传
艺术：文艺宣传

我们发现，在相当长的时间里，中国共产党在取得巨大宣传成绩的同时，并不存在党在大众传播媒介上的控制优势。在建政之前29年里，从发行的范围和时间看，中国共产党中央机关报的正常出刊时间仅仅有13年。(《向导》出刊时间为1922年9月至1929年7月，《解放日报》出刊时间为1941年5月至1947年3月)。然而，党报的艰难处境并没有使中国共产党在与国民党等敌手的宣传战中落于下风。中国共产党用理论宣传、新闻宣传、工作宣传和文艺宣传组成了一个完整的宣传媒介体系，人际传播媒介、组织传播媒介和大众传播媒介在宣传工作中交相辉映，取得了在宣传战场上连对手也认可的完胜。在理论宣传上，马克思主义经典占据了民国时期社会思想诸多理论

中的主流地位，马克思主义理论书籍长期成为国统区书店的畅销书。在新闻宣传上，党报党刊与社会商业报刊通过新闻报道和评论共同发出声音，形成了错落有致的社会宣传网络。在工作宣传上，党的组织行为与党的宣传工作紧密结合，成为党的事业的两翼。在文艺宣传上，左翼的文学、戏剧和电影受到了城市知识受众的欢迎，红色文艺占据了娱乐产业的票房。另外，我认为其中党的理论宣传和工作宣传两个领域的方法和经验，对今天党的宣传工作仍有巨大的启迪。

### （一）只要主义真：经典理论的宣传

中国共产党宣传体系的建立是以列宁的宣传思想为构架的。关于党的宣传工作，列宁曾经有这样的著名论述。

> 我们应当既以理论家的身份，又以宣传员的身份，又以鼓动员的身份，又以组织者的身份到居民的一切阶级中去。①

五四运动之后，中国的年青一代从诸多主义中选择了共产主义，其原因有着世界思想政治思潮的影响，也有着中国最早的马克思主义者，这些列宁所说的第一代“理论家”在理论宣传上的贡献。从李大钊在北大红楼开设马克思主义理论课、蔡和森旅法时期对马克思主义经典理论“猛看猛译”，到建党初期“问题与主义”“基尔特社会主义”“无政府主义”的三次理论论战及陈望道的《共产党宣言》译本的出现，中国共产党完成了一个从理论研究团体到政治革命团体的过渡。在这中间的环节，就是书籍和刊物的理论宣传。

以《共产党宣言》为例，从1920年到1949年出版的6个译本中，有4个版本都是中国共产党在危险艰苦的环境下出版发行的，许多马克思主义经典理论书籍的读者很快成为理论的实践者。《西行漫记》记录了青年毛泽东的回忆：

> 三本书特别深地铭刻在我的心中，建立起我对马克思主义的信仰……这三本书是：《共产党宣言》，陈望道译，这是用中文出版的第一本马克思主义的书；《阶级斗争》，考茨基著；《社会主义史》，柯卡普著。到了1920年的夏天，在理论上，而且在某种程度的行动上，我已成为一个马克思主义者了。②

---

① 中共中央马克思恩格斯列宁斯大林著作编译局.列宁选集：第1卷[M].3版.北京：人民出版社，1995：366.

② 斯诺.西行漫记[M].北京：生活·读书·新知三联书店，1979：131.

中国共产党有关马克思主义的理论宣传在中国知识界产生了重要影响，到抗日战争爆发之际，大批初步接受共产主义理念的青年学生奔赴延安。当时有人疑问，抗日可以去武汉去重庆去西安，为什么非要去延安？那首《抗日军政大学校歌》的两句歌词“人类的解放，救国的责任”正回答了这个问题。如果仅仅是“救国的责任”，青年们可以去延安，也可以去西安，但是一个更为神圣的追求，是“人类的解放”，为了这双重的目标青年们选择了延安。在这些青年学生的回忆里，许多人都有着私下阅读马克思主义理论书籍的经历，这使得他们从对主义的理论认识走向对主义的忘我追寻，甚至为此牺牲。

理论建立理想和信仰，这是一个革命党宣传工作的必由之路，也是一个革命党成为执政党之后宣传工作不可忽视的领域。在新的历史时期，中国共产党仍然需要更多的、新的经典理论书籍，让其成为全社会用于树立信仰的读本，这成了今天党的宣传工作的重要任务。

### （二）从稚嫩到成熟：组织与宣传关系的认识

尽管中国共产党的宣传工作原则从其开始就是以列宁的宣传思想为指导的，而列宁对于党报的组织功能又有着许多经典论述，如强调宣传者与组织者的一体化观点，但年轻的中国共产党人在其建党初期仍然存在着宣传工作理念上的稚嫩。

1924 年 5 月，党中央执委会在关于《共产党在国民党内的工作问题议决案》中提出“宣传更重于组织”的提法。这种观点集中体现在建党初期党的重要宣传家恽代英发表于 1925 年 7 月的《怎样做一个宣传家》一文中。

> 我们怎样改造世界呢？靠一张嘴，一支笔，宣传那些应当要求改造世界的人起来学我们一同改造世界；我们要宣传到使勇敢的人起来帮助我们宣传，我们要宣传到怯弱的人都了解而赞助我们的主张，我们要宣传到一切被压迫的人们都联合起来，多数向来为统治阶级作爪牙效劳奔走的人都对于统治阶级倒戈相向，于是，统治阶级便土崩瓦解的倒下来了……我们不靠练几队精兵去打天下。①

20 世纪 40 年代中国共产党在宣传理念上趋向成熟，其重要的标志文献之一是张闻天主持撰写的《中央宣传部关于党的宣传鼓动工作提纲》，其中关于宣传与组织的论

① 林之达．中国共产党宣传史[M].成都：四川人民出版社，1990：207.

述成为日后党的宣传工作中耳熟能详的名言。

> 宣传鼓动工作和组织工作对于我们整个党的工作正如鸟之两翼，车之两轮，不可缺一。①

在组织中宣传，在工作中宣传，把组织工作与宣传相结合，这成为党的重要宣传经验。中央多次发文纠正宣传与组织的脱节游离现象。1951 年开始实行的宣传网体系由于是设置在党组织之外的一个垂直部门，存在着宣传与组织工作相脱离的现象，数年后中央发文停止了这个相对独立的宣传网的运行。

中国共产党的宣传工作与其组织工作紧密结合起来，在党的组织、政府和军队及群众组织中开展宣传工作，使得在长期缺少大众传播媒介条件下，党的宣传任务以组织媒介方式卓有成效地完成了。

在当今网络媒介影响传统的大众传播媒介宣传效果之际，组织媒介的工作宣传经验更应引起足够的重视。美国学者杰夫·贾维斯在其《媒体失效的年代》一书中，提及了在网络时代新闻工作者要扮演"组织者"，要"建立社群"，提出了"无组织不传播"的理念。近年来，以组织媒介兴起的"学习强国"现象，也正说明了这一点。这证明了中国共产党在其宣传史上组织传播的宣传实践，恰恰可以成为网络时代党以组织媒介开展宣传工作的宝贵经验。

## 三、党报：讲述媒介的主导部分

党的宣传工作是一个由以经典著述为主体的理论宣传、以党报党刊辅之社会报刊的新闻宣传、以组织为媒介的工作宣传和以面向全社会开展文化和娱乐生活的文艺宣传构成的宣传工作体系。

党报是革命党建设革命组织的重要途径，更是执政党进行社会宣传的主导力量。在党的宣传体系中，党报是新闻宣传中具有主导意义的宣传媒介。尽管中国共产党的新闻宣传，在自身党媒的传播条件不够充分的时候也大量利用社会新闻媒介进行了成功的宣传，如范长江在《大公报》的旅行通讯成功报道了西北红军的成就；但中国共产党一直重视党报党刊在党的宣传体系中具有的主导作用，这一点在白色恐怖下出版的

---

① 中共中央宣传部办公厅，中央档案馆编研部．中国共产党宣传工作文献选编 1937—1949[M].北京：学习出版社，1996：250.

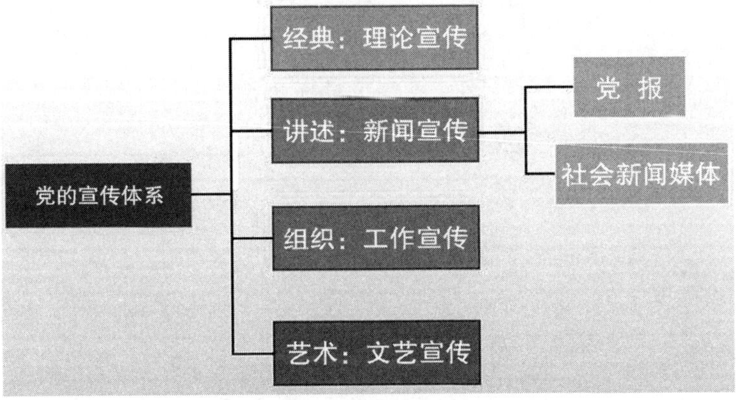


**图 1 党报在党的宣传工作体系中的位置**

报刊和在建政之后党报体系的设立，以及党报在社会主义建设时期宣传工作的主导影响力中，就得到了充分说明。这个主导作用在王卫明教授的两本著作中都有精当的论述。

《使命与担当：党报角色新论》一书立足于网络媒介环境下党报的生存与发展的研究，其意义就是研究在新的媒介环境和政治形势下，我们要认识在党的宣传体系中党报的历史与现实所处的位置，从而既充分认识党报的作用，又不把党报工作与党的宣传工作等同起来。在此基础上，我们就可以清楚地知道党报在网络媒介环境下，怎样才能更好地发出执政党的声音，完成党的宣传工作，更充分地发挥在党的宣传工作中的主导作用。我理解这是本书的意义所在。

辽宁大学新闻与传播学院教授 文然

2020 年秋

# 目　录

# 前 言

党报在当代中国的政治生活和社会运转中发挥着独特的作用，扮演着独特而重要的角色：党报在整个社会系统中承担的社会角色，在整个媒介系统、媒介格局中扮演的媒介角色，在所属政党的政党系统中担当的政治角色。

“媒介新格局”是“在新的历史条件下形成的、新的媒介市场总体结构”。

任何一种媒介的出现，都会冲击原有的媒介格局，给媒介格局带来新的变化，受众较多的新兴媒介尤其会催生媒介新格局。从互联网诞生至今，人类社会的媒介格局发生了显著的变化：以互联网为平台的新媒体逐渐崛起，网民规模不断扩大且超级巨大，互联网普及率不断攀升，网民每次上网时间延长和上网总时长增加，人们的阅读习惯从“以传统阅读为主”转向“以数字化阅读为主”，传统媒体面临严峻的生存危机，许多纸质报纸开始走下坡路，发行量、阅读率、广告收入不断下行，以党报为主体的报业集团遭遇了经营困境。

如今的媒介新格局，有如下特点：去中心化，舆论格局多极化，传统的舆论中心地位逐渐被淡化甚至边缘化，形成“多个舆论中心”；权威很容易被消解，越是消解权威的话题越容易引爆刷屏；人人都有“麦克风”，舆论格局从“舆论一律”变为“舆论多元”。

媒介新格局的形成，毋庸置疑给党报带来了冲击，使其受众流失，舆论监督、舆论引导更加困难，也动摇了党报主流价值观引导者的地位。同时，媒介新格局的形成也给党报带来了机遇——促使党报在地位受到威胁时，顺应时代发展做出改变和改进。“媒介格局变化”要求党报角色多样化，要求党报采用新的传播手段，打破传统的报道模式，及时开展融合传播。

在媒介新格局中，党报担当着如下天职角色：信息传播者，党的意见、意志的表达者，党的思想的传播者，党和政府工作的推动者，利益捍卫者，民意的倾听传播者，舆论的回应引导者，社会主义核心价值观倡导者，党中央权威的维护者。其中，“社会主义核心价值观倡导者”是党报新角色。

党报的兼职角色是党报可以担当、也可以不担当的角色。在媒介新格局中，党报担当着如下兼职角色：智库服务提供者、媒介经营者、民众事务帮办者、互动分享者、舆论监督者、慈善公益活动组织者、社会心灵抚慰者。其中，“智库服务提供者”“互动分享者”是新角色。中共党报暂未担当“党员招募者”“政党经费募捐者”这两类角色。

在媒介新格局中，党报不能扮演如下禁忌性角色：舆论引导的缺席者和迟到者，摊派发行者，传谣造谣者，教训者，法治破坏者，“愤青”“怨妇”“唯利是图者”，“低级红、高级黑”的操弄者，敲诈勒索者，索贿受贿者。

媒介新格局中的党报角色，是依据理念通过一定方式、途径、手段来扮演并实现的。角色扮演是党报角色担当的过程，角色实现是党报角色担当的目标。

# 第一章

# 绪论

政党是一种制度化的组织，有系统的组织机构和组织原则。政党的组织机构是政党的各级组织、领导机关、工作机关的统称，其中就包括政党的机关报。

在当代世界，政党报纸是一种普遍存在的政治传播媒介，[①]亚洲、欧洲、非洲、南美洲、北美洲、大洋洲都有政党创办运营的报纸。[②]

以日本为例，日本共产党约有30万名党员（数据截至2017年1月），其机关报《赤旗》创刊于1928年2月1日，2017年1月发行量高达113万份（包括平日版和周日版），该报并向党员和普通民众进行免费赠阅。日本共产党拨付经费给《赤旗》编辑局用于报纸的印刷发行并支付工作人员薪水。《赤旗》约有300名记者，发行配送与收款由党员完成。《赤旗》不刊载大企业的广告，如果大企业有不正当行为，该报还会对其进行实名报道批判。《赤旗》与日本主流网站有传播方面的合作，《赤旗》力图超越政党机关报的限制，成为连接党与国民的有影响力的报纸。《赤旗》互联网版本已于2018年7月2日上线，在中国可以付费阅读。《赤旗》的Facebook账号粉丝约有5 600人，Twitter账号粉丝约有33 700人。[③]

在过去很长时间里，中国有报纸、杂志、电视、广播，没有互联网[④]、智能手机，也没有微博、微信、手机客户端。在这样的时代里，包括党报在内的传统媒体，对舆论的影响力是十分强大的。但是，当时间进入到21世纪，整个媒体格局发生巨大变化：以互

---

① 王卫明.当代国外党报概况述评[J].国际新闻界，2007(1)：42-45.

② 南美洲委内瑞拉的统一社会主义党拥有党报《奥里诺科邮报》；北美洲的古巴共产党拥有党报《格拉玛》，美国共产党拥有党报《人民世界周报》；大洋洲的澳大利亚共产党曾经拥有党报《论坛报》，该报印刷发行至1990年6月后停刊，新西兰工党有英文季刊《工党通讯》，新西兰共产党有党刊《新西兰共产主义评论》。

③ 此段信息由日本共产党中央机关报《赤旗》外部信函部门小林拓也通过电子邮件告知。除特别说明外，有关数据均截至2018年6月12日。

④ 英国科学家蒂姆·伯纳斯·李（Tim Berners Lee）1989年3月正式提出万维网的设想，并于1990年12月25日在日内瓦的欧洲粒子物理实验室开发出世界上第一个网页浏览器。

联网为平台的新媒体（包括网站、自媒体、客户端等）逐渐崛起，网民规模急速扩大，人们的阅读习惯从“以传统阅读为主”转向“以数字化阅读为主”，传统媒体面临严峻的生存危机。许多纸质报纸开始走下坡路——发行量、阅读率、广告收入不断下行。时代变了，受众变了，媒介格局变了，党报的角色会不会发生变化呢？党报的角色实现是不是应该有所变化呢？

## 第一节 关键概念界定

### 一、党报

本书所说的“政党”，是一般意义上的政党，并非特指中国共产党。本书所说的“党”，除特别说明外，专指中国共产党。中国共产党是中国的执政党，是领导中国各族人民①全面建设小康社会、实现社会主义现代化、实现中华民族伟大复兴的核心力量。

中共中央组织部发布的《2019 年中国共产党党内统计公报》②透露，截至 2019 年 12 月 31 日，中国共产党党员总数为 9 191.4 万名；中国共产党现有基层组织 468.1 万个，其中基层党委 24.9 万个，总支部 30.5 万个，支部 412.7 万个；全国共有党的各级地方委员会 3 202 个，其中省（区市）委 31 个，市（州）委 397 个，县（市、区、旗）委2 774个。

中国共产党的组织机构主要由中央组织、地方组织和基层组织构成。中国共产党的最高领导机关包括：全国代表大会、中央委员会、中央书记处、中央军事委员会、中央纪律检查委员会、中央宣传部等。

其中，中共中央宣传部是中共中央主管意识形态方面工作的综合职能部门，中共中央委员会机关报社人民日报社在中共中央组织结构中居于“中央直属机构”的地位，在行政级别上属于省部级，占据重要地位。

---

① 中华人民共和国国家统计局发布的《中华人民共和国 2019 年国民经济和社会发展统计公报》显示：2019 年年末全国总人口 140 005 万人，其中城镇常住人口 84 843 万人，占总人口比重（常住人口城镇化率）为 60.60%。

② 中共中央组织部.2019 年中国共产党党内统计公报[EB/OL].(2020-06-30)[2020-09-17].http://www.gov.cn/xinwen/2020-06/30/content_5522981.htm.

因现存的县(市、旗、区)级党报极少,[①]本书所说的"党报",除特别说明外,专指中国共产党执政后的中央[②]、省(自治区、直辖市)、地(市、州、盟)三级[③]委员会机关报。[④]党报是中国共产党实现奋斗目标的重要新闻手段、宣传工具、舆论机关和思想武器。从前述党委的数量来看,全国中央、省、地三级党委机关报共有429家,[⑤]约占全国报纸总数[⑥]的23%,超过五分之一。这些党报大多含有"日报"字样,极少数党报名称无"日报"字样(如《西宁晚报》)。目前,中央、省、地三级党委机关报在把握舆论导向、正确引导社会舆论、传播社会主流文化方面,仍然起着独特的中流砥柱的作用。[⑦]

在当代中国,党报是一种独特的存在,数量多,受众规模大,影响力强,政治地位高,备受各级党政领导、党员、社会各界人士关注。

毛泽东同志曾为《人民日报》和国内绝大多数省级党报题写报头,[⑧]邓小平同志曾审定《人民日报》稿件,江泽民、胡锦涛、习近平同志亲临报社视察并发表重要讲话;其他中央领导同志也以各种方式给予《人民日报》关怀指导。

---

① 中国仍存在少量的县(市、旗、区)级党报,例如:中共阜新蒙古族自治县县委主办的《蒙古贞日报》,中共景宁畲族自治县县委机关报《畲乡报》,中共察布查尔锡伯自治县县委党报《察布查尔报》,中共义乌市委主管主办的《义乌商报》,中共修水县委党报《修水报》。2003年全国进行报刊治理整顿工作,国家新闻出版总署规定:"县(市、旗)和城市区不办报刊,已办的要停办。对中华人民共和国成立前由我党创办的报纸,民族自治县(市、旗)的报纸及民族文字报纸,予以保留。对人口在50万以上,国内生产总值在100亿元以上,社会消费品零售总额在30亿元以上的县(市、旗)所办报纸,年广告收入在400万元以上的,经严格评估论证后,可由省级党报或地市级党报进行有偿兼并,或改办为地市级党报的县市版。"《平潭时报》是面向福建平潭综合试验区城市居民以及台胞、台商的一份主流党委机关报,由中共福建省委平潭综合试验区工作委员会主管、主办,在平潭(中国第五大岛)公开发行。

② 1922年9月13日,中共中央第一份机关报《向导》在上海创刊。1927年10月24日,中共中央新的机关报《布尔塞维克》在上海秘密创刊。1930年8月15日,中共中央在上海创办机关报《红旗日报》。1931年12月11日,中国共产党在中央革命根据地江西瑞金创办的第一份机关报《红色中华》创刊,并于1937年1月29日改名为《新中华报》,该报初期为中华苏维埃中央政府机关报,1939年2月7日改组为中共中央机关报兼陕甘宁边区政府机关报。《红星》在长征期间曾短期充当中共中央党报。1941年5月16日,中共中央在延安创办机关报《解放日报》。1949年8月,中共中央华北局机关报《人民日报》改为中共中央机关报,这也是中国共产党迄今为止办报时间最长的中央党报。

③ 为行文方便,在后文中,省(自治区、直辖市)级简称省级,地(市、州、盟)级简称地级,县(市、旗、区)级简称县级。中华人民共和国成立初期,各中央局也曾办有机关报,如中共中央西南局办有机关报《新华日报》,该报1949年12月10日在重庆创刊,1954年8月31日停刊。

④ 朝鲜劳动党、古巴共产党、老挝人民革命党、越南共产党、日本共产党、美国共产党、新加坡行动党等外国政党,拥有自己的党报。

⑤ 2014年11月18日,阿里地区党报《阿里报》公开发行,结束了阿里地区没有公开发行的地方党报的历史,成为西藏最后一个获准创办的地区党委机关报。截至2020年1月12日,中共海南省三沙市委员会尚无公开发行的党报。

⑥ 2016年,中国出版报纸1 894种。2018年,中国出版报纸1 871种。本书稿的全国统计数据均未包括香港特别行政区、澳门特别行政区和台湾地区的数据。

⑦ 邵华泽.谱写党报历史的新篇章——在"人民共和国党报论坛"首届年会上的讲话[A]//中国传媒大学党报党刊研究中心,天津师范大学新闻传播学院.人民共和国党报论坛:2004年卷.北京:中国传媒大学出版社,2004:4.

⑧ 丁淦林,陈巧云.中国共产党党报史略[J].新闻记者,2001(7):8.

人民日报社国际部编辑崔奇曾在《人民日报回忆录》中写道："我们写的东西到了周总理手里，就像某些不合格的产品，经过严格的检查员的关口一样，是决不会轻易放过的。无论是思想观点、事实根据，还是逻辑结构、风格语调，周总理都会精心推敲。"①

人民日报社对外交流合作部副主任张勇披露："1972 年，周总理已经身患重病，还在百忙中阅改《人民日报》稿件。1973 年年底，为审阅《人民日报》国际报道的年终专版，他从晚上一直看到第二天早晨 6 点。"②

曾任《人民日报》总编辑兼新华社社长的吴冷西在《周总理为何说"我当助理总编辑就行了"》一文中回忆道："在党的'八大'以后，成立了中央书记处，新华社以及《人民日报》的比较重要的问题的宣传方针，大都由书记处会议决定，或者直接向邓小平同志报告请示。……我后来兼任新华社和人民日报社的领导工作后，……从重要评论和重要新闻稿件的最后审定，直到重要的版面安排，凡是需要在夜间拍板定案的，我总是向周总理请示，也都得到了他的耐心而细致的指导和帮助。"③

党报是各级党委机关报，在当代中国，中国共产党党报实际上担负着政府机关报、人民喉舌的功能和职责。党报在当代中国的政治生活和社会运转中发挥着独特作用，扮演着独特而重要的角色。

中共省级、地市级、县级党委的组织机构与中共中央组织机构类似，地方党报在地方党委组织结构中的地位则与中共中央机关报类似，居于"党委直属机构"的地位。

## 二、党报角色

"角色"(role)一词源于戏剧，role 最初是由拉丁语 rotula 派生出来的。莎士比亚在剧本《皆大欢喜》(*As You Like It*)中写道："全世界是一个舞台，所有的男男女女不过是一些演员；他们都有下场的时候，也都有上场的时候，一个人一生中扮演着好几个角色。"④

根据乐国安主编的《社会心理学》的梳理，"角色"最初是由拉丁语 rotula 派生出来的，这一概念最初在学术著作中出现是在 20 世纪 20 年代社会学家格奥尔格·齐美尔

① 张勇.周总理为何这样改人民日报社论[J].新闻战线，2018(5)：99.

② 张勇.周总理为何这样改人民日报社论[J].新闻战线，2018(5)：99.

③ 吴冷西.周总理为何说"我当助理总编辑就行了"[EB/OL].(2018-05-25)[2018-06-27].http://zhouenlai.people.cn/n1/2018/0525/c409117-30014879.html.

④ 原文是："All the world's a stage，And all the men and women merely players；They have their exits and their entrances；And one man in his time plays many parts."

的《论表演哲学》一文中，当时他就提到了“角色扮演”的问题。

在社会心理学中，“角色”是指与某一特殊位置有关联的行为模式，代表着一套有关行为的社会标准。一个人的角色反映了他（她）在社会系统中的地位，以及相应的权利和义务、权力和责任。莱威将角色等同于社会地位，他在《社会结构》一书中将“角色”定义为“由特定社会结构来分化的社会地位”。纽科姆在其《社会心理学》中将角色理解为行为本身，他认为“角色是个人作为一定地位占有者所做的行为”。林顿在《个性的文化背景》中将角色理解为行为期望或规范，他认为“角色——这是地位的动力方面。个体在社会中占有与他人地位相联系的一定地位。当个体根据他在社会中所处的地位而实现自己的权利和义务时，他就扮演着相应的角色”。角色理论研究者彼德尔将角色视为行为或行为的特点，他在《角色理论：期望、同一性和行为》一书中强调，“角色是一定背景中一个或多个人的行为特点”。森冈清美把角色分为两种：“群体性角色”与“关系性角色”。①

“社会角色”，指个人在特定的社会环境中相应的社会身份和社会地位，以及按照一定的社会期望，运用一定权力来履行相应社会职责的行为。

社会学对“角色”的定义是，“与社会地位相一致的社会限度的特征和期望的集合体”。米德认为：“角色是一定社会关系所决定的个体的特定地位、社会对个体的期待以及个体所扮演的行为模式的综合表现。”②社会角色的内涵包括：第一，社会角色是一套社会行为模式；第二，人的社会地位和身份决定了他的社会角色；第三，社会角色是符合一定的社会期望的。因此，本文所指的角色就是与一定社会地位、身份相一致的一整套权利、义务和符合一定社会期望的行为模式。

在中国，“角色”一词最初诞生于戏剧学领域，然后再延伸至社会学。社会变革引发社会文化的不断演变，新时期对角色理论的研究，国内国外学者从不同的视角出发，诠释了“角色”一词在社会生活中的广泛意义。

“党报角色”，是指党报在整个社会系统中承担的社会角色，在整个媒介系统、媒介格局中扮演的媒介角色，在所属政党的政党系统中担当的政治角色。作为新闻媒介的一种，党报也承担其他新闻媒介所应承担的常规角色。在不同国家，由于报纸定位、政党地位的差异，党报角色可能大相径庭。在同一个国家，党报角色在不同时期也可能有所变化。

---

① 乐国安.社会心理学[M].北京：中国人民大学出版社，2009：98.

② 刘劲松.都市类报纸的社会角色研究[D].广州：暨南大学，2011.

## 三、媒介新格局

“媒介”是存储和传播讯息的物质工具，包括竹简、传单、书籍、报纸、杂志、电影、广播、电视、互联网等一切可以存储和传播讯息的物体。

“格局”有三种含义：一是指具体物体（例如房屋）的空间结构、样式、形式，[①]二是指抽象事物形成的总体结构，[②]三是人对事物所处的时空位置及未来局势态势变化的认知程度及人的气度、胸怀。[③]

郭平（2010）以系统论为理论起点，将“媒体格局”定义为“由媒介系统组成部分之间的力量变化所导致的相互作用而形成的相对稳定的系统结构”[④]。郭平认为，媒体格局是媒体力量对比的客观呈现；媒体格局的稳定是相对的，变动是永恒的。[⑤]

本书研究的“媒介格局”，与郭平所言的“媒体格局”内涵一致，与法国社会学家布迪厄（Bourdieu）所提的“媒介场”（Media Field）[⑥]概念接近，是指所有媒介形成的媒介市场总体结构。在一些关键的时间节点（例如政权更迭之时），媒介格局与政治格局有着密切的互为因应关系。政局之变，可能引起媒介格局之变；媒介格局之变，也可能引起政局之变。

“媒介新格局”则是指“在新的历史条件下形成的新的媒介市场总体结构”。任何一种媒介的出现，都会冲击原有的媒介格局，给媒介格局带来新的变化，受众较多的新兴媒介尤其会催生媒介新格局。

考察媒介格局变化，至少有如下五个指标。

一是时间指标。人们单日、单周、单月使用不同媒介的时间，就是一种考察媒介格局变化的时间指标。

二是货币指标。不同媒介占有的广告份额、产业总收入份额，就是考察媒介格局变化的货币指标。

三是人口指标。不同媒介的订户规模、用户规模（含活跃用户规模），都是考察媒介格局变化的人口指标。

四是技术指标。发行量、收视率、开机率、阅读量、点赞数、跟帖量，都是考察媒介

---

① 例句：鲁镇的酒店的格局，是和别处不同的。（作者：鲁迅）
② 例句：推动形成全面开放新格局。（作者：习近平）
③ 例句：父亲的眼界和格局，决定了孩子 50 年的道路。（作者：水清）
④ 郭平.媒体格局基础理论探析[J].新闻学论集，2010(24)：114.
⑤ 郭平.媒体格局基础理论探析[J].新闻学论集，2010(24)：120-121.
⑥ 刘海龙.大众传播理论：范式与流派[M].北京：中国人民大学出版社，2008：407-409.

格局变化的技术指标。

五是力量指标。不同媒介的传播力、公信力、说服力、影响力，都是考察媒介格局变化的力量指标。

媒介新格局有如下特点：去中心化，舆论格局多极化，传统的舆论中心地位逐渐被淡化甚至边缘化，形成“多个舆论中心”；权威很容易被消解，越是消解权威的话题越容易引爆刷屏；人人都有“麦克风”，舆论格局从“舆论一律”变为“舆论多元”，舆论从“容易控制”变为“难以控制”，管不胜管，网帖删不胜删；错误（言行不当）很容易被识破，也容易被广泛传播。

## 第二节 研究现状

2019 年 5 月 20 日 9 点 30 分，笔者在 CNKI（中国知网）进行跨库全文检索“党报角色”，检索到 114 条结果，其主题集中于“《人民日报》、地方党报、新媒体”。在这些提及“党报角色”的研究文献中，第一篇始于 1988 年，[①]此后逐渐增多，2015 年、2016 年达到峰值。

关于“党报在媒介新格局中的角色”，已有大量的间接研究成果和少量的直接研究成果，但现有研究尚未展开全面的系统研究，且未对“党报在现代传播体系中的角色”“党报在国家治理体系中的角色”“党报在媒介新格局中的角色”等亟待破解的命题做出细致的解答，本书的中心任务即在于尝试在这些方面展开较为清晰的系统研究。

### 一、国内研究现状

关于党报角色的研究，主要集中在四个方向。

（一）关于角色的戏剧学和社会学研究

2018 年 6 月 20 日，笔者在中国知网进行篇名搜索“戏剧角色”，共获得记录 15 条，主要集中于“戏剧角色理论、西方戏剧角色与中国艺术领域中角色的比较以及艺术作品中特定角色的研究”等。主要论文有：胡润森的《戏剧角色论》（1997）、陈世雄的《西方戏剧的“角色类型”与中国戏曲的“脚色行当”》（2014）、李小荣的《论禅宗语录之

① 沈俊法.浅论新闻的传播效果[J].南昌大学学报（人文社会科学版），1988(2)：68-72.

“弄醜”——兼说戏剧角色“丑”的得名》(2010)、潘禹伶的《戏剧演员自身与角色塑造的共生关系研究》(2014)、郭丽娟的《戏剧演员的艺术修养与角色构思的关系》(2014)等。

胡润森在论文《戏剧角色论》中写道:“从一定意义上说,戏剧角色是戏剧活动的主体,一部戏剧往往有几个甚至几十个角色,角色是一种综合性元素,可以认为它综合了台词、动作、时空、场面、情节等元素。或者说,后者之间间接地指向它,通过它而得到体现。”①胡润森将戏剧角色分为三类:典型类角色、意境类角色、意象类角色。此外,胡润森将戏剧角色的功能总结为三种:表达主题的功能、调整戏剧情调的功能、构造戏剧情节的功能。②

陈世雄在《西方戏剧的“角色类型”与中国戏曲的“脚色行当”》一文中,专业地、深入地研究了西方戏剧“角色类型”与中国戏曲“脚色行当”的联系与区别。③

直到20世纪的30年代,“角色”一词被专门用来谈论角色问题。在此之前,“角色”一直是戏剧舞台中的用语,是指演员在戏剧舞台上按照剧本的规定所扮演的某一特定人物,后来人们发现,现实社会和戏剧舞台之间是有内在联系的,即舞台上上演的戏剧是人类现实社会的缩影。而美国社会学家米德和人类学家林顿则较早地把“角色”这个概念正式引入社会心理学的研究范畴,于是角色理论成为社会心理学理论中的一个组成部分。④

从社会学角度探究角色理论的研究现状,我们发现相关研究的论文较少,主要是研究某一社会角色,如高校管理干部角色、教师角色、医生角色等,相关论文有:刘哈兰的《角色理论视角下的高校管理干部“双肩挑”现象研究》(2006)、周业安的《社会角色、个体异质性和公共品自愿供给》(2013)、邱德亮的《论社会角色责任与角色道德建设》(2007)、路瑾的《基于社会角色理论的医患关系研究》(2013)、张应强的《大学教师的社会角色及责任与使命》(2009)等。

而社会学专著中专门研究角色理论的有:肖旭编著的《社会心理学》(2013),乐国安主编的《社会心理学》(2009),韩明谟主编的《社会学概论》(1997),周晓虹著的《现代社会心理学》(1997)等。这些专著主要集中于研究角色一词的来源及演变、角色的定义、角色的分类、角色的要素等。

(二)关于传媒角色的研究

1994年1月24日,江泽民在全国宣传思想工作会议上指出,宣传思想工作要以

① 胡润森.戏剧角色论[J].西南师范大学学报(哲学社会科学版),1997(2):73.
② 胡润森.戏剧角色论[J].西南师范大学学报(哲学社会科学版),1997(2):74-75.
③ 陈世雄.西方戏剧的“角色类型”与中国戏曲的“脚色行当”[J].戏剧(中央戏剧学院学报),2014(2):6.
④ 乐国安.社会心理学[M].北京:中国人民大学出版社,2009:97.

科学的理论武装人，以正确的舆论引导人，以高尚的精神塑造人，以优秀的作品鼓舞人，不断培养和造就一代又一代有理想、有道德、有文化、有纪律的社会主义新人，在建设中国特色社会主义的伟大事业中发挥有力的思想保证和舆论支持作用。

2008 年 6 月 20 日，胡锦涛在人民日报社考察工作时指出，新闻宣传工作要高举旗帜、围绕大局、服务人民、改革创新，坚持正确舆论导向，提高舆论引导能力，营造良好舆论环境，更好地发挥宣传党的主张、弘扬社会正气、通达社情民意、引导社会热点、疏导公众情绪、搞好舆论监督等重要作用。胡锦涛期待新闻宣传工作在五个方面发挥积极作用：打牢全党全国各族人民团结奋斗的共同思想基础，传播社会主义核心价值体系，为推进党和国家事业发展凝聚强大精神力量，营造健康向上、丰富生动的主流舆论，促进社会和谐。①

2016 年 2 月 19 日，习近平在党的新闻舆论工作座谈会上强调，要深入开展马克思主义新闻观教育，引导广大新闻舆论工作者做“党的政策主张的传播者”“时代风云的记录者”“社会进步的推动者”“公平正义的守望者”。这四种角色期待，同样适用于党报及其工作人员。

2018 年 6 月 15 日，习近平给《人民日报》创刊 70 周年的贺信中写道：“《人民日报》要深入学习贯彻新时代中国特色社会主义思想和党的十九大精神，忠实履行党的新闻舆论工作职责使命，坚持正确政治方向，弘扬优良传统，深化改革创新，加强队伍建设，改进宣传报道，讲好中国故事，构建全媒体传播格局，不断提升传播力、引导力、影响力、公信力，为实现‘两个一百年’奋斗目标、实现中华民族伟大复兴的中国梦作出新的更大贡献！”②其中，“贯彻者”“履行者”“贡献者”是新时代中国共产党领导人对中央党报角色的期待，“坚持正确政治方向，弘扬优良传统，深化改革创新，加强队伍建设，改进宣传报道，讲好中国故事，构建全媒体传播格局”是新时代党报角色实现的具体路径，“不断提升传播力、引导力、影响力、公信力”是新时代党报角色实现的目标。

吴庆棠及其课题组成员用角色论的方法观察分析新闻传媒。他们在专著《传媒角色论——新闻传媒角色与个性风格》(1999)中认为，新闻传媒也是一个个不同的社会角色，新闻传媒的活动过程也是它按照一定的行为模式扮演角色的过程，建议管理者在调控传媒时引进角色观念，对传媒实行角色化管理。《传媒角色论——新闻传媒角色与个性风格》将新闻传媒角色的演变模式归纳为三种类型：嬗变(逐渐演变)、聚变

---

① 胡锦涛.在人民日报社考察工作时的讲话[EB/OL].(2008-06-21)[2018-06-24].http://politics.people.com.cn/GB/1024/7408514.html.

② 习近平.习近平致人民日报创刊 70 周年的贺信[EB/OL].(2018-06-15)[2018-06-24].http://politics.people.com.cn/n1/2018/0615/c1024-30062104.html.

（汇集两种或多种角色）、裂变（分解为两种或多种角色）。罗建晖（2008）则借用社会资本理论对传媒角色进行了比较新颖的解读。①

刘宏（2000）认为，中国传媒扮演“舆论引导者”和“经济创收者”双重角色。黄旦（2007）注意到中国报刊的“舆论监督”在“党的工具”身份和“职业角色”之间摇摆。

刘宏（2000）、周雅莎（2008）分别研究了中国传媒的角色冲突与角色互补的问题、市场化进程中传媒角色偏离的问题。

吴远（2005）分析了现代化进程中的中国大众传媒的角色困惑。谢辉、姚莉、宋波（2008）反思了大众传媒“角色迷失”的现象。② 王武文、周云（2011）从心理学角度分析了中国大众传媒“角色困惑”的现状和现象，并提出对策。③ 张卓（2011）反思了中国20世纪80—90年代“武术气功热”中的传媒角色。许雅（2014）剖析了新媒体环境下基于新闻场的传媒角色及其失衡。

传媒角色不是一成不变的。张诗蒂、任正安（2006）认为，在全球化语境下，大众传媒应对自己所扮演的角色重新定位，努力寻找出一条展现自身使命之路。④ 邱鸿峰（2006）认为，中国大众传媒的角色和功能仍待改进。⑤ 徐龙河、胡晓锐（2011）主张，传统媒体必须培育和发展自己的新媒体，实现从单一媒体到全媒体的角色转变，主动做主流价值体系的忠实守望者，实现社会瞭望哨的角色回归。⑥ 吴敏娟（2007）透过“超级女声”现象看到了传媒角色的转变：由传统的“塑造典型、打造英雄形象让人们去崇拜，进而去学习、效仿的先进典型塑造者角色”，转变为“展示普通人自我个性”的平民明星塑造者角色。汤慧慧（2009）从四川电视台的地震报道看到传媒角色的理性复苏。马秀秀（2016）对比归纳了1949年以来中国大众传媒在四个时间段的角色演变，从制度层面对其根本原因进行了解析，强调传媒“为政治服务”这一角色不会改变。⑦

张卓（2002）发现改革开放以来我国传媒角色的变迁，由单一走向多元，由封闭走向开放，不再是单一的“喉舌”和“宣传者”，而是兼具舆论监督者、平民代言人、公德引导者、新型教育者、娱乐弄潮儿和情感沟通者等多种社会角色。⑧ 严茜（2011）回顾考察了政治文明建设与大众传媒角色转型的历程。

---

① 罗建晖.社会资本理论视角下的传媒角色解读与利益补偿分析[J].国际新闻界，2008(5)：73-74.

② 谢辉，姚莉，宋波.大众传媒“角色迷失”反思[J].新闻前哨，2008(8)：53-54.

③ 王武文，周云.中国大众传媒“角色困惑”的心理学分析[J].中国报业，2011(12)：13-14.

④ 张诗蒂，任正安.转型期中国的大众文化与传媒角色[J].西南政法大学学报，2006(3)：110-114.

⑤ 邱鸿峰.“超女”现象带来的中国传媒角色功能思考[J].浙江传媒学院学报，2006(4)：16-17.

⑥ 徐龙河，胡晓锐.传媒角色选择与责任担当——2010：山东电视重大采访活动评析与思考[J].现代视听，2011(11)：26-28.

⑦ 马秀秀.建国以来中国大众传媒角色的变与不变[J].新闻研究导刊，2016(14)：36-37.

⑧ 张卓.从电视节目形态变化看内地传媒角色的变迁[J].现代传播，2002(1)：67-70.

关于传媒角色的类型，不同的学者有不同的总结。李滨（2007）分析了传媒在“最牛钉子户”事件中的三种角色：引导者、“看戏”者和“瞭望”者。① 周云倩（2009）认为，大众传媒在政治传播中担当起了政府与民众的“桥梁”“纽带”等“通道”角色。谭锐（2008）重点探讨了主持人的“舆论领袖”角色。陈馨蕾（2014）认为，主持人的传媒角色有两种：既是节目内容的传播者，又是社会舆论的引导者。

传媒在不同领域、场域的角色问题，吸引了许多学者展开研究（见表 1-1）。

**表 1-1 部分学者研究传媒角色的论文议题**

| 研究者 | 议题 | 年份 |
|---|---|---|
| 陈慧颖 | 全球化进程中的传媒角色 | 2007 |
| 韩隽 | 城市形象传播中的传媒角色 | 2007 |
| 华莹 | 公共危机事件中大众传媒角色缺失现象 | 2007 |
| 尹明华 | 长尾故事中的传媒角色 | 2007 |
| 汤浩 | 健康传播中的传媒角色 | 2008 |
| 刘洪岩 马宇歌 | 民主法治中的传媒角色 | 2009 |
| 原鹏 | 灾害应急体系中的传媒角色转变与功能实现 | 2010 |
| 帕丽达·玉苏甫 | 公共危机管理中的传媒角色 | 2010 |
| 李涧松 | 公共危机下传媒角色定位 | 2010 |
| 储著斌 | 社会主义法治理念教育中的大众传媒角色 | 2010 |
| 杜建华 | 风险传播中的传媒角色担当 | 2011 |
| 劳春燕 | 当代战争中的舆论战和传媒角色 | 2011 |
| 郑建丽 | 食品安全领域的传媒角色 | 2011 |
| 陈柏峰 | 法治热点案件讨论中的传媒角色 | 2011 |
| 高松 高桐 | 追逐与先导——电视的大众传媒角色 | 2011 |
| 刘大颖 | 公共卫生危机事件中的传媒角色 | 2011 |
| 徐体义 | “社会管理”创新中的传媒角色与作为 | 2011 |
| 邓霜娥 | 政府信息公开化背景下的大众传媒角色定位 | 2011 |
| 郑磊 | 政府危机公关的传媒角色 | 2012 |
| 尹明华 | 文化产业坐标中的传媒角色 | 2012 |
| 许加彪 | 中国环保传播中的话语结构转型与传媒角色重塑 | 2013 |
| 部书锴 | 社会与文化视域下的传媒角色 | 2013 |
| 祝洁 | 知识经济与信息时代的传媒角色 | 2013 |
| 姜文娟 | 司法公正中的传媒角色 | 2013 |
| 张蕊 王银芹 | 新信息安全观下政府公共危机管理的传媒角色 | 2015 |
| 朱姝 | 司法公正中的传媒角色 | 2017 |

① 李滨.从“最牛钉子户”事件看传媒角色的多元展现[J].新闻记者，2007(5):32-34.

邵婷(2013)结合儿童领域内的大众传播态势与儿童社会化发展的实际需求，论述了大众传播媒介在儿童社会化进程中的负面角色参与问题(误导者)。[①] 谢清果、王昀(2014)分析了传媒在两岸政治交往中的复杂角色。[②]

需要指出的是，传媒包括党报，但党报角色与其他传媒的角色有显著差异，所以，关于传媒角色的研究成果并不全适用于党报角色。

(三)正面研究党报角色

毛泽东(1948)明确要求，"各地党报必须无条件地宣传中央的路线和政策"[③]。毛泽东(1958)指出："一张省报，对于全省工作，全体人民，有极大的组织、鼓舞、激励、批判、推动的作用。"[④]

1996 年 9 月 26 日，时任中共中央总书记的江泽民在视察人民日报社时强调，希望《人民日报》旗帜鲜明地坚持党性原则，在思想上政治上同党中央保持高度一致，弘扬爱国主义、集体主义、社会主义的主旋律，热情歌颂人民群众在改革和建设中的奋斗业绩，鼓舞人民群众为振兴中华而艰苦奋斗，对消极腐败现象也要进行批评和揭露，发挥舆论监督作用。[⑤]

2019 年 1 月 25 日，中共中央总书记习近平强调，《人民日报》是党中央的机关报。一张报纸，上连党心，下接民心，要把《人民日报》办得更好，扩大地域覆盖面、扩大人群覆盖面、扩大内容覆盖面，充分发挥《人民日报》在舆论上的导向作用、旗帜作用、引领作用。[⑥]

黄扬略(2005)主张，党报应成为党委的参谋和助手。

向范(2008)、罗莉(2009)、李增辉(2009)、张秀敏(2009)、杨琴(2011)分别探讨了党报在公共信息平台建设、突发事件报道、思想政治教育工作、新农村建设、风险传播中的角色。

张付军(2012)的论文《新时期党报的角色定位》将"性质定位"与"角色定位"相混淆。

---

① 邵婷.儿童社会化进程中的传媒角色[J].新闻前哨，2013(5)：57-58.

② 谢清果，王昀.两岸政治互信中的传媒角色、功能及前景[J].厦门大学学报(哲学社会科学版)，2014(5)：64-74.

③ 毛泽东.党报必须无条件地宣传中央的路线和政策[EB/OL].(1948-08-28)[2018-10-19].http://cpc.people.com.cn/GB/64184/64185/189965/11568005.html.

④ 中共中央文献研究室.毛泽东文集：第 7 卷[M].北京：人民出版社，1999：338.

⑤ 张宿堂，何加正.江泽民总书记视察人民日报社 丁关根和中央有关部门负责人参加了视察[EB/OL].(1996-09-26)[2018-06-24].http://www.people.com.cn/item/dongtai/newfils/jiang.html.

⑥ 谢环驰．习近平在中共中央政治局第十二次集体学习时强调 推动媒体融合向纵深发展 巩固全党全国人民共同思想基础[N].人民日报，2019-01-26(2).

王薇、张培(2004)的论文《党报社会角色的演进》试图分析党报的传统社会角色和当代社会角色,但未给出紧扣主题的解答。黄海燕(2018)则主张:党报需要在身份定位上完成从宣传者、传播者到宣传者、传播者和连接者“三位一体”的角色变迁。[①]

安徽大学王震(2015)的硕士学位论文《党报在农民维权中的角色研究》,以《安徽日报农村版·维权周刊》为例,探究党报在当下农民维权中的角色变化:由“法制宣传教育者”的角色逐渐转向“舆论监督引导者”“服务者”“参谋咨询者”等角色。

作为本书的阶段性研究成果,南昌大学罗颖(2015)的硕士学位论文《〈人民日报〉在媒介新格局中的角色研究》,南昌大学王兴华(2016)的硕士学位论文《媒介新格局中〈人民日报〉角色担当的内容分析》,南昌大学楼慧琴(2016)的硕士学位论文《党报在媒介新格局下的“帮办者”角色研究——以〈江西日报·党报帮你办〉为例》,从个案研究角度深入分析了媒介新格局中的党报角色。

李良荣(2017)在论文《党报的历史命运和当代使命》中认为,党报是“后真相时代”真正有公信力,有权威性的媒体,党报应该成为信息社会的主心骨。[②]

无锡日报社沐滟(2017)的论文《浅析新媒体时代党报角色重塑的实现》,以《无锡日报》在舆论监督、新媒体融合和深度介入城市事件主导舆论等方面的探索为例,分析了新媒体时代“党报角色重塑”的话题。

## 二、国外研究现状

国外传播学者和业界人士对新媒体、媒介新格局、媒介融合非常关注,马克思主义政党、社会主义国家对党报研究较多,但现有成果均未直接论及“党报在媒介新格局中的角色”,关于党报角色的研究主要集中在六个方向。

### (一)马克思主义经典作家对报刊角色的阐述

马克思指出,人民报刊是“人民日常思想和感情的表达者”,报刊按其使命来说,“是社会的捍卫者,是针对当权者的孜孜不倦的揭露者”。

关于报纸角色,列宁[③]认为,“报纸的作用并不只限于传播思想、进行政治教育和

---

① 黄海燕.媒介转向与角色变迁:党报转型发展的双轨路径[J].宜春学院学报,2018(4):103-107.

② 李良荣.党报的历史命运和当代使命[J].传媒,2017(14):22-24.

③ 列宁论述党报的主要著作有:《党的组织和党的出版物》《关于〈真理报〉编辑部的改组和工作》《加入共产国际的条件》。他在《〈火星报〉编辑部声明》《怎么办?》《俄国社会民主工党中央机关报编辑部的信》等文章中,也从不同侧面对党报做了论述。

争取政治上的同盟者。报纸不仅是集体的宣传员和集体的鼓动员，而且是集体的组织者"[①]。

列宁认为，由于报纸和杂志的宣传内容不同、读者对象不同、出版周期不同，因此作用也应当有所区别，报纸主要是起"鼓动员"的作用，杂志主要是起"宣传员"的作用。鼓动员直接凭借事实传播一定的思想与口号，激发群众采取一定的行动，鼓动员的活动主要是"动口"；宣传员具有较高的理论素养，宣传员的活动主要是"动笔"。

斯大林的看法同列宁大致相似。斯大林认为，党报"必须是俄国社会民主党的代表者"[②]，成为"革命斗争的工具"[③]，成为"领导党的工作统一和指导党的工作的中心"[④]。

日本共产党认为，"党的中央机关报是宣传、煽动和组织者"[⑤]。日本共产党第七届代表大会政治报告(1958)强调，"全党的努力应该集中到以机关报纸、刊物为中心的活动中"[⑥]。

### (二)马克思主义经典作家对报刊性质、使命、任务的论断

马克思用"喉舌""耳目"等词汇描述报刊的性质，恩格斯用"武器""阵地"等词汇描述报刊的性质。

马克思认为报刊最适当的使命是"向公众介绍当前形势，研究变革的条件，讨论改良的方法，形成舆论，给共同的意志指出一个正确的方向"。

1951 年 2 月，越南劳动党(越南共产党的前身)第二届全国代表大会通过的决议强调："为了传播马克思主义，鼓舞党员和人民贯彻执行党的政策，将出版一份名为《人民报》的报纸，作为党中央的机关报。"[⑦]这句话点出了《人民报》的两个角色："马克思主义"的传播者，号召"党员和人民贯彻执行党的政策"的鼓舞者。

### (三)著名报人和传播学先驱对记者角色和大众传媒角色的界定

传播学创始人施拉姆将大众传媒的角色归纳为三种：监视者(watcher)、论坛(forum)和教师(teacher)。"倘若一个国家是一条航行在大海上的船，新闻记者就是

---

① 引自列宁的《从何着手?》，原文刊载于 1901 年 5 月《火星报》第 4 号。
② 斯大林.斯大林全集：第 1 卷[M].北京：人民出版社，1953：8.
③ 斯大林.斯大林全集：第 1 卷[M].北京：人民出版社，1953：8.
④ 斯大林.斯大林全集：第 2 卷[M].北京：人民出版社，1953：147.
⑤ 龙一春.宣传与经营的并存——对日本共产党机关报《赤旗》办报模式的分析[J].新闻大学，2006(3)：2.
⑥ 龙一春.宣传与经营的并存——对日本共产党机关报《赤旗》办报模式的分析[J].新闻大学，2006(3)：2.
⑦ 王卫明，阮氏梅香.管窥越共中央机关报《人民报》[J].新闻爱好者，2009(5)：32.

船头的瞭望者。他要在一望无际的海面上观察一切,审视海上的不测风云和浅滩暗礁,及时发出警报。"[①]这是美国著名报人普利策(Joseph Pulitzer)的一句名言(原文刊载于1904年5月的《北美评论》),暗示新闻记者、媒体承担着社会瞭望者的角色。

(四)传播学者对党报的研究

这方面的研究成果极少。

1985年,日本圣心女子大学的佐佐木卓(Sasaki Takashi)在论文《关于自由党〈党报〉的告发问题》(日文标题名:自由党『党報』告発問題をめぐって)中研究了自由党《党报》1892年遭受的警方指控。

2013年,美国南达科他大学研究者米格热拉·斯腾那多利(Miglena Sternadori)在论文《受控制的女性偶像:保加利亚共产党党报对女性出人意料的描绘(1944—1989)》(*Heroines Under Control: Unexpected Portrayals of Women in the Organ of the Bulgarian Communist Party, 1944—1989*)[②]中分析了保加利亚共产党党报1944年至1989年间塑造的女性形象。

(五)对媒介新格局新生态的研究

米兰德(Meland)、大卫·富兰克林(David Franklin)(2014)在其著作《在数字化时代生存》(*Surviving the Digital Age*)中通过对媒介生态研究的理论框架进行分析,展示在数字化时代下科技是如何影响人们的日常生活,以提高人们在面对面交流中的媒介素养意识的。

艾丽斯·马托尼(Alice Mattoni)(2017)的论文《对社会运动中数字科技、媒体生态、媒体实践方法的情境理解》(*A Situated Understanding of Digital Technologies in Social Movements, Media Ecology and Media Practice Approaches*)主要探讨媒介生态和媒介实践如何协同作用以影响人们在数字技术时代的社会行为。

---

① 普利策的原话是:"What is a journalist? Not any business manager or publisher or even proprietor. A journalist is the lookout on the bridge of the ship of state. He notes the passing sail, the little things of interest that dot the horizon in fine weather. He reports the drifting castaway whom the ship can save. He peers through the fog and storm to give warning of dangers ahead. He is not thinking of his wages or the profits of his owners. He is there to watch over the safety and the welfare of the people who trust him."

② STERNADORI M. Heroines under control: unexpected portrayals of women in the organ of the bulgarian communist party, 1944—1989[J]. Women's studies in communication, 2013, 36(2).

(六)对媒介融合和全媒体传播的研究

美国学者彼得·尔立欧特(Peter J. Elliott)在《全媒体协助美国警官追捕逃犯》(*Omni Media Assists U.S. Marshals Fugitive Task Force*)一文中,阐述了美国2003年成立的北俄亥俄州暴力逃犯特别工作组,利用全媒体追捕该地区最危险的逃犯的过程。

# 第二章

# 党报角色的基础理论

如果说社会是一个大剧场，那么，在这个剧场里，有些人是观众，有些人是演员，有些人则是剧场的管理者、服务者。而在舞台上，上演着相同或不同的剧目，每个演员都在这个舞台上有着自己的位置和角色——或是主角，或是配角，或是龙套（群众角色）。

## 第一节　角色类型与角色行为

在戏剧理论中，角色分为主角、配角（次要角色）、群众演员，[①]正面角色、反派角色，支配角色、被支配角色。在媒介格局中，也有主角、配角。

肖旭编著的《社会心理学》将角色分为：先赋性角色与获得性角色，活跃性角色与潜隐性角色，正式角色与非正式角色，理想角色、领悟角色和实践角色。[②] 而乐国安主编的《社会心理学》的分类却是这样的：根据角色存在形态的不同，可把角色分为理想角色、领悟角色和实践角色；根据角色扮演者获得角色方式的不同，可以把角色分为先赋角色和自致角色；根据角色扮演者受角色规范制约程度的不同，可将角色分为规定性角色和开放性角色；根据角色和角色之间的权力和地位关系的不同，可把角色分为支配角色和受支配角色；根据角色扮演者的最终意图的不同，可把角色分为功利性角色和表现性角色。[③]

根据角色担当的必要性，我们还可以将角色分为天职性角色、兼职性角色、禁忌性角色。每一类角色，还可以细分为更多的二级角色。

---

① 主角是小说、戏剧、影视、动画、漫画、游戏作品中故事的第一主要角色。

② 肖旭.社会心理学[M].成都：电子科技大学出版社，2013：56-58.

③ 乐国安.社会心理学[M].北京：中国人民大学出版社，2009：99-100.

众多的角色类型，聚集在一个主体身上，就构成"角色丛"。

角色行为，包括角色期待、角色担当、角色扮演、角色适应、角色冲突、角色偏差（角色偏离）、角色实现、角色负担过重（角色超载）、角色协调、角色规范化、角色转换、角色缺席、角色中断、角色失败、角色调整等。

角色期待，是指别人认为你在一个特定的情境中应该做出什么样的行为反应。其内涵包括信仰、期望、主观的可能性、权利与义务的行使等。角色期待的主要功用在于使角色行使者明白其权利与义务。

角色扮演，是指个人或机构在工作、生活中实际扮演某个或某些角色。扮演角色指暂时扮演某个特定的角色，如演戏，一个演员既扮演着一个演员的专业角色，又在某时扮演某个戏剧角色。肖旭编著的《社会心理学》将"角色扮演"定义为：行为者根据自我对各种角色的理解，并根据这些角色对个体的要求而调节自己行为的过程。角色理论家认为，在各种情况下，角色扮演都很成功的人，就可能过着正常的生活；相反，扮演各种角色都不大成功的人，则很可能在不同的情境下遇到困难，这就是说，这种人会出现社会适应困难。① 角色扮演是一个动态过程，这一过程可以分为三个阶段：了解社会对角色的期望，培养角色意识，实践角色规范和表现角色行为。②

角色适应，是一种过程。"所有社会角色的内涵，都是由特定的时代和具体的生活方式所赋予的。而随着社会文化的发展和变迁，社会中的各种角色也必将随之发生变化，调整自己以适应变动的社会。在社会心理学中，我们将这一过程称为角色适应。"③

角色冲突，是指一个人扮演一个角色或同时扮演几个不同的角色时，由于不能胜任或与角色期望相矛盾，而出现的心理上和行为上的不适应和不协调状态。角色冲突大致可以分为角色内冲突④和角色间冲突⑤。如果人们对一个角色的期待与要求不一致，或者一个人身兼的几个角色之间的要求不一致，角色扮演者就可能处于角色冲突之中。角色层次法要求角色扮演者将相互冲突的角色按其重要程度进行分层，然后选择对自己来讲最重要、最有意义的角色。对于角色的无冲突状态，应当尽力强化它，力争把无冲突状态扩大；对于部分冲突状态，应审视角色价值并根据角色运筹原则力争

---

① 肖旭.社会心理学[M].成都：电子科技大学出版社，2013：59.

② 韩明谟.社会学概论[M].北京：中央广播电视大学出版社，1997：77-78.

③ 周晓虹.现代社会心理学[M].上海：上海人民出版社，1997：394.

④ 角色内冲突，是指由于人们对于角色的期望不一致，或者角色担当者对角色的理解不一致，而在角色担当者内心产生的矛盾冲突。

⑤ 角色间冲突，是指同一个人或机构所担当的不同角色之间发生的冲突，或为空间时间上的冲突，或为行为模式内容上的冲突。

把冲突减到最小,把角色价值的损失减到最小;对于完全冲突状态,应根据角色价值原则,取角色价值大者。通过以上方式可达到最大限度的角色协调。[①]

角色偏差,分为两种:一种是认知上的偏差,即对自己该履行的职责不明确,甚至有相反的和错误的理解;另一种是行为上的偏差,即自我约束能力差,明知不对,但克制不住自己的冲动,或者是在错误认知支配下产生错误行为。[②]

角色规范化,是指"不同社会群体和组织对不同地位的角色的权利和义务都给予尽可能明确的规定"。对角色的属性给予相应的规范化以后,人们就可以按照统一的角色期望去履行自己的角色权利和义务。

角色转换,就像演员在舞台上扮演不同的角色一样,人或机构在不同的场合、时间分别扮演不同的角色,这种变化便是角色转换。

## 第二节 党报角色定位的影响因素

在社会学家欧文·戈夫曼(Erving Goffman)看来,社会生活就是一个剧院,每一个社会情境都可以看作一个戏剧舞台,由角色规定的行动者在这个舞台上照本宣科地表演着真实生活的戏剧。人们内化了现存的社会规范和社会准则,并将其作为人们在社会生活舞台上进行演出的依据。[③]

在媒介新格局中,党报应当担当什么角色?这涉及党报的角色定位。

党报的角色定位,受到多种因素的影响。

党报是现代传播体系的组成部分。党报的角色定位,应该与现代传播体系中的其他传媒有所区别并相互影响,与现代传播体系中的传媒角色变化有正相关关系。"新闻传媒角色是随着社会的发展变化而变化的。新的历史条件,赋予新闻传媒新的角色;角色变换了,它在社会中的地位、作用,以及在传媒结构中的位置,也都随之改变。"[④]

党报的角色定位,与本党性质有密切关系。政党可分为松散型政党和紧密型政党两种类型。松散型政党由于其"松散型"特点,一般不太重视党报,即使有党报,党报的影响力也不大。从各国共产党和社会民主党党报比较多这一事实来看,紧密型政党比

① 肖旭.社会心理学[M].成都:电子科技大学出版社,2013:70.

② 肖旭.社会心理学[M].成都:电子科技大学出版社,2013:62.

③ 乐国安.社会心理学[M].北京:中国人民大学出版社,2009:101-102.

④ 吴庆棠.传媒角色论——新闻媒介角色与个性风格[M].上海:上海社会科学院出版社,1999:9.

较重视党报，把党报当作一个宣传政党的纲领、路线和政策的重要工具。

党报的角色定位，与本党的政治定位（领导者）、政治地位（革命者、执政者）、根本宗旨（服务者）有关。

党报的角色与党报的使命、所属政党的使命关系密切：政党的使命、党报的使命决定党报的角色。党报的角色应与政党的使命、党报的使命相对应。

关于党报的使命，马克思的经典表述是："报刊最适当的使命就是向公众介绍当前形势，研究变革的条件，讨论改良的方法，形成舆论，给共同的意志指出一个正确的方向。"①

德国共产党创始人卢森堡指出，党报的使命就是维护使党一致的东西——党正式通过的纲领和党正式承认的、经过检验的策略，"党需要的不是一个站着不动和躺着不干的，而是一个向前进军的中央机关报"②；党的报纸"应当为传播科学社会主义的学说服务，而不应当为传播疏懒的大学生、提倡社会主义改良的教授、以摧残社会主义者为职业的人、民族社会主义浅薄爱国者以及其他……政客们的'多方面'的混乱思想服务"③。

同一时期的不同党报，其使命和角色也会存在细微的差别。例如，1930 年 7 月 19 日至 20 日，中共闽西特委召开第二次代表大会，大会认为，今后在宣传方面应注重党报的作用，党报的使命是：扩大党的政治影响，提高群众及同志政治水平，纠正各种不正确观念，增加同志工作经验；党报的内容为党的理论及主张策略之说明。④ 1931 年 1 月 21 日，中共闽粤赣苏区特委党报《红旗》创刊，邓英铭在发刊词中明确指出："党为要使全党同志和广大群众深切了解党对目前的政治主张及策略路线，所以出版《红旗》，传播党的策略路线，深入到工厂、农村、兵营去！不仅使群众了解，而且要群众热烈拥护和执行，使劳苦工农群众都为拥护苏维埃政权而战！为保障土地革命胜利而战！为推翻帝国主义、国民党统治而战！这是本刊的使命。"⑤

党报的角色定位，必须服务于党的根本宗旨的实现。

中国共产党是当代中国的执政党，所以，中国共产党党报不仅是执政党的机关报，而且是执政党可以依仗的重要执政资源，是国家治理体系的重要组成部分。党报既是

---

① 中共中央马克思恩格斯列宁斯大林著作编译局.马克思恩格斯全集：第 43 卷[M].北京：人民出版社，1982：488.

② 中共中央马克思恩格斯列宁斯大林著作编译局.卢森堡文选：上卷[M].北京：人民出版社，1984：214.

③ 中共中央马克思恩格斯列宁斯大林著作编译局.卢森堡文选：上卷[M].北京：人民出版社，1984：362.

④ 江西省文化厅革命文化史料征集工作委员会，福建省文化厅革命文化史料征集工作委员会.中央苏区革命文化史料汇编[M].南昌：江西人民出版社，1994：628.

⑤ 邓英铭.《红旗》发刊词[A]//江西省文化厅革命文化史料征集工作委员会，福建省文化厅革命文化史料征集工作委员会.中央苏区革命文化史料汇编.南昌：江西人民出版社，1994：380-381.

党直接履行执政职能的一个舞台，又是党间接地为执政活动服务的助手。重要的政府文件，都会通过党报予以发布，各地区各部门再根据文件结合实际认真贯彻落实。例如，2016 年 10 月 25 日，《人民日报》在头版和第 2 版全文刊登《信访工作责任制实施办法》(中共中央、国务院印发)。2016 年 10 月 26 日，《人民日报》在头版和第 10 版全文刊发《"健康中国 2030"规划纲要》(中共中央、国务院印发)。

党报的角色定位，与党报的功能定位也有关系。党报作为重要的执政资源，其功能的安排、发挥和实现，都必须紧紧围绕党的执政行为内容而施展。党报的执政资源属性决定了党报在党的执政时期应着眼于发挥以下功能：宣传党的执政能力、执政成就，争取群众对党的支持；正确引导社会舆论，促进社会稳定；进行舆论监督；及时发布重要的党务、政务信息；推动有关政策、精神的贯彻落实；配合外交工作，维护国家统一；推广执政经验，教育领导干部；为党增加经济收入。党报功能的充分发挥，有赖于党报的角色扮演、角色实现。党报的角色定位，应该有利于党报功能定位的实现。

## 第三节　不同级别党报的角色分工

《中国新闻出版广电报》刊发的《2016 年全国新闻出版业基本情况》[①]显示，2016 年全国共出版报纸 1 894 种，其中全国性和省级报纸 997 种，地、市级报纸 878 种，县级报纸 19 种。

全国范围内，党报大致可分为三级：中央级党报，省级党报(港澳台地区均无党报)，地市级党报(海南三沙市无党报)。[②]

不同区域、层级、类型的党报，会承担一些相同的角色，但也会承担不同的角色。

不同区域的党报，扮演的角色显然是不一样的。少数民族自治地区的党报，要比其他地区的党报更多地承担"民族团结者"的角色。边疆地区的党报，要特别担当好"国家利益捍卫者"的角色。欠发达地区的党报，需要格外考虑承担"扶贫者""组织公益慈善活动"的角色。位于发达地区的党报，如《厦门日报》的角色定位是：党的声音的传播者、城市发展的瞭望者、中国故事的讲述者、传媒转型的创新者。[③]

在角色丛中，必须对扮演的各种角色有所分工、统筹安排，否则就会产生角色冲

① 网址为 http://www.chinaxwcb.com/2017-07/25/content_358637.htm。统计数据未包含香港、澳门、台湾地区有关统计机构数据。

② 因县级党报极少，忽略不计。

③ 江曙曜.媒体融合的根本目的是增强政治优势[J].新闻战线，2018(6)：26-28.

突。不同级别的党报的角色定位不应当完全一样，而应当尽量错开定位，避免正面冲突，形成各自不可替代的特色定位。正因为不同级别党报的角色定位有所不同，所以其内容定位、读者定位、发行定位也应有所不同。

三级党报的读者定位就应当有所分工。例如，将"中央级党报的主要目标读者"定位为全国范围内所有县处级及以上干部；将"省级党报的主要目标读者"定位为本行政区域内所有乡镇级至省级干部；[①]将"地级党报的主要目标读者"定位为本行政区域内所有干部群众。这样，各级党报、各家党报的读者定位有所差别，整个党报系统在读者定位上可以做到对全国范围内读者的无缝覆盖。

当然，这三级党报在发行、读者等方面的定位，可以有一定程度的重叠，特别是如果不同级别党报的内容大大不同，那么在发行、读者方面就可以有较大程度的重叠。但是，如果不同级别党报的内容大同小异，那么在发行、读者方面就无法有较大程度的重叠，否则读者会"抵制"党报，发行会比较困难。

反过来，如果不同级别党报在发行定位上有较大程度的重叠，则必须在内容定位上有较大程度的错开，形成较大程度的差异，否则读者很可能会"抵制"其中一级的党报，甚至会同时"抵制"不同级别的党报。因此，即使出于"保护自己"的考虑，作为下级党报，也必须要与上级党报错开定位。不仅如此，各级党报"要根据读者对象确定报道的指导思想和内容。读者对象不同，各级党报的报道内容和侧重点就理所应当有所不同"[②]。

不过，如果不同级别党报在读者定位和发行定位上有较大程度的错开，则在内容上有较大程度的雷同，亦无不可。

三级党报的主管主办单位的层次不同，功能不同，按说就应该定位不同。针对中国三级党报暴露出来的缺憾，当前各级党报的首要问题就是如何进一步明确各自的定位。当然，三级党报的定位，有所交叉在所难免，但是不可以存在较大范围的交叉，特别是对于最基层的读者，是不可以完全相同的，如果三级党报都把目光瞄向最基层的党员群众，不但给基层出了一个难解之题，也给三级党报的出版者和发行者出了难解之题，因此，三级党报应当有明确的定位分工。在实际工作中，只要分清了三级党报的读者定位，各自的特色不但清晰了，版面和内容重复过多的问题也就有解决的基础了。[③]

---

① 因北京、上海、天津、重庆没有地级党报，这些直辖市的省级党报的主要目标读者可定位为本行政区域内所有干部群众。

② 张秀平.调整整体结构 推进党报繁荣[N].中国新闻出版报，2004-07-05(3).

③ 张秀平.调整整体结构 推进党报繁荣[N].中国新闻出版报，2004-07-05(3).

关于不同级别党报的定位分工，“一是要因地制宜，二是需要很慎重的研究和较长一段时间的实践，通过试点，取得经验再行推广。各级党报就应当根据不同的读者群体的需求来确定相应的报道指导思想和内容，而不能笼统地以满足所有民众的需求作为指针”①。

不同类型的党报，扮演的角色显然是不一样的。军队系统的党报，②不必像地方党报那样扮演“经济建设者”“资本运作者”的角色，但要更加注重扮演“国防建设者”的角色。新疆建设兵团的党报《兵团日报》，与沿海省份的省级党报不同之处在于：需要同时扮演“戍边卫士”“维护社会政治稳定者”“维护民族团结者”“经济建设者”这四种角色。

党报与子报子刊子网，也应该存在一定的角色分工和角色协作。

对党报媒体群（包括党报所办的子报）而言，在承担相同角色（如“信息传播者”“党的思想的传播者”）的前提下，也要进行合理的角色分工，保证彼此之间在角色方面有一定的差异。

应该承认，不同党报及其子报一定程度的角色定位重合是合理的，甚至是必要的，但如果党报和子报的内容高度雷同，而又要求同时订阅，肯定会招致一部分读者的不满，甚至会招致一部分读者对其中一份报纸的抛弃、冷落，这就对不同报纸的差异定位提出了要求。对党报媒体群（包括党报所办的子报）而言，进行合理的角色分工，错开定位，绝对有利于彼此的健康发展。

为减轻党报的“传播负担”，或者为取得更好的传播效果，党报可以将以前承担的宣传职责，分出一部分给自己的子报或农村版或其他媒体。以前把所有的舆论阵地都交给党报负责，是因为当时中共只有党报。现在，中共的舆论工具多了，就应当由其他舆论工具来分担原来党报的部分任务，让党报集中力量承担其对主要读者群体的宣传责任。新闻媒介的大分工应当随着媒介结构的大调整进行。现在媒介结构调整了（即舆论工具多了），而新闻媒介的分工依旧不变显然是不妥的，不符合客观规律的。

正因为上述原因，有些党报如《南方日报》将对农村的宣传工作分给《南方农村报》，将对城市居民的宣传工作分给旗下的都市报《南方都市报》等。但是，不是所有党报都办有农村版，为了实现舆论宣传对所属行政区域内居民全面而无缝的覆盖，那些没有农村版的党报，要么创办农村版，要么将农村读者纳入核心读者范围内。

---

① 张秀平.调整整体结构 推进党报繁荣[N].中国新闻出版报，2004-07-05(3).

② 《解放军报》是中央军委的机关报，是党在军队的喉舌，是我军新闻宣传工作的重要阵地。各战区、不同军兵种也有各自的党报。

# 第三章

# 媒介新格局对党报角色的影响

从互联网诞生至今，人类社会的媒介格局发生了显著变化，而人类使用媒介的方式大致经历了两次革命性的变化：从翻阅时代（翻阅纸页）发展到点击时代（点击屏幕），再从点击时代发展到现在的划屏时代（划动屏幕）。

法国科学史专家米歇尔·塞尔（Michel Serres）认为："世界在短短几十年间发生了天翻地覆的变化，人类从依赖自然变成了依赖科技。现有的机制已过时，无法追随突变的社会，所有的一切将取决于拇指一代：突变的一代。他们对变化的适应将远远胜过其父母和祖父母，这将是一种质变！面对这全然不同的新世界，年青一代必须重新构建一种崭新的社会秩序、生活形态、生存方式以及认知方式，这也标志着一个新纪元的开始：草根战胜精英；讨论压倒教条；自由链接的非物质社会取代单向运作的社会。"①

"互联网时代，特别是在社交媒体和移动终端崛起之后，传播方式和传播效果发生了很大的改变，媒体在社会中承担的角色和功能开始变得不一样，精英媒体的衰落和媒体精英的流失成了传统媒体的不可承受之痛。"②

"随着数据捕捉和数据挖掘技术的不断发展，自动写作广度与深度的持续增加，云计算、人工智能、个性化推荐等不断改变传播中的信息分发机制，物联网等不断扩展信息传播的终端范围，人类的传播格局正在发生剧烈变革。以万物皆媒、人机合一、自我进化等为特征的智媒时代正在到来。数不胜数的智慧机器和数十亿互联互通的智慧大脑结合在一起，正在逐渐颠覆我们之前的世界。数字化技术在给我们带来极大便利

---

① 塞尔.拇指一代[M].上海：华东师范大学出版社，2015.

② 杨军.传统媒体的真正对手不是新媒体——清华大学新闻与传播学院尹鸿教授专访[EB/OL].(2017-01-12)[2018-05-22].http://www.nfcmag.com/article/6973.html.

的同时,也给各种行业乃至人类社会带来永久性、颠覆性的改变。”①

近年来,中共中央总书记习近平就网络舆论引导工作发表了一系列重要讲话,其中就特别指出,“互联网已经成为舆论斗争的主战场”,“没有网络安全就没有国家安全”。

## 第一节　媒介新格局形成

1946 年 2 月 15 日,世界上出现的第一台计算机,是奠定互联网(又名因特网)飞速发展的第一块基石。1974 年,“互联网之父”文顿·瑟夫研究成功 TCP/ IP(传输控制协议/网络间协议),互联网时代正式开启。

互联网的诞生,被视为第三次工业革命的开始,其推动社会各个方面发生了巨大变革。互联网的发展,使人类的传播格局发生了沧海桑田式的巨变。后来居上的互联网,作为新闻和其他信息交汇传播的大平台,成为名副其实的“21 世纪第一媒体”。这个变化,是在短短的数十年间发生的。

这种新格局的形成,经历了以下三个阶段。

第一阶段,互联网进入寻常百姓家,人们(许多人)可以在网上发表自己的所见所闻所思所想。

1981 年,第一台个人计算机(PC)被推出,消息栏首次在美国计算机网络上被使用。不过,在 20 世纪 90 年代以前, 互联网仅限于科研教育领域使用,尚未在普通百姓家庭普及。

1993 年,万维网开始推广,计算机网络真正“飞入寻常百姓家”。万维网,也称 WWW(World Wide Web)或 Web,它是互联网中的一种多媒体信息服务系统,它能以超文本链接的方式存取信息文档,并支持图形、声音、视频和文本。1993 年,美国国家超级计算机中心开发了基于万维网这项技术的浏览器软件,大大方便了网上浏览,使得上网漫游成为普通人都能做到的事情,从此互联网才走向千家万户。

到 1994 年年底,互联网连接了 150 多个国家和地区的 3 万多个子网、320 多万台计算机主机,直接用户超过 3 500 万,成为世界上最大的计算机网络,互联网的名称也就传遍了全世界。

---

① 引自上海社会科学院新闻研究所发布的第六届尚社新闻论坛征稿函,该论坛以“智媒时代的传播新格局”为主题。

第二阶段，在互联网占据主流地位的小部分商业网站成为“网上超级通讯社”。

在中国，这类网站的代表是：新浪网、搜狐网、网易网、凤凰网、人民网、新华网。在这个阶段，网站成为人们获取新闻资讯的第一媒体。

第三阶段，人类社会进入自媒体时代。

互联网及其衍生自媒体（博客、微博、微信等）的出现与普及，使普通民众也能像编辑、记者、主持人一样拥有信息传播“麦克风”，自媒体数量由此急速扩张，这大大地改变了中国的媒介格局——从“传统媒体独唱”变为“新旧媒体竞唱”。

1999年2月，QQ的前身OICQ上线，这是由腾讯自主开发的基于互联网的即时通信网络工具。

2004年2月4日，Facebook（脸谱网）上线，成为世界排名第一的照片分享站点，截至2012年5月，Facebook已拥有全球约9亿用户。

2005年4月23日，YouTube（油管）上线，这是一家可以让用户下载、观看及分享影片或短片的视频网站。

2005年9月8日，新浪博客上线，新浪网成为国内首家推出博客频道的门户网站。

2006年7月，Twitter（推特）上线，这是一家美国社交网络及微博客服务公司，也是全球互联网上访问量最大的十个网站之一。截至2012年3月，Twitter共有1.4亿活跃用户。

2009年8月14日，新浪微博（后更名为微博）开始内测，这是一个为大众提供信息分享和交流的平台。截至2017年12月，微博月活跃用户数3.92亿，日活跃用户数1.72亿。①

2017年6月，Facebook月度活跃用户数达到20亿，YouTube凭借15亿用户数位列第二；Facebook旗下的WhatsApp和Facebook Messenger用户数均为12亿。②

在2011年1月21日上线的微信（WeChat），截至2018年春节月活跃用户数超过10亿。

在媒介新格局中，新兴媒体在媒介竞争中占据上风，其用户规模、受众活跃度、经济收入、传播范围力压包括党报在内的传统媒体。以腾讯旗下的社交媒体为例，截至2017年12月31日，QQ的月活跃账户数达到7.83亿（最高同时在线账户数达到2.71亿），微信的月活跃账户数达9.89亿，这是任何一家传统媒体都难以企及的传播指标。

---

① 数据引自微博2017年第四季度及全年财报。

② 王姗姗.中国媒体通过社交平台对美传播特点分析[EB/OL].(2018-08-16)[2018-08-16].https://mp.weixin.qq.com/s/GNC6vqhS_G83tuRH-YDBUQ.

包括党报在内的传统媒体，不得不与新兴媒体深度融合，在新兴媒介平台开辟“第二战场”，其影响力、引导力高度依赖新兴媒体的二次传播。

“以前中国最大的媒体是 CCTV，广告招标一天就可以达到上百亿。但是现在，BAT[①]任何一家公司的广告收入，都超过了 CCTV。随着新的传播媒体的变化，媒体也发生了分阶层的变化，分为三大阵营。BAT 成为第一阵营；第二阵营就是新媒介渠道，比如分众传媒和今日头条；第三大阵营才是电视媒体，例如 CCTV、江苏卫视等。”[②]

移动互联网的出现和普及，大大地改变了媒介与受众的互动格局。

“移动互联网正在改变着我们的生活形态。与之前的泡沫不同，现在的互联网已经被实实在在地应用到生活中了。很多传统企业错过了互联网的上半场，没有把握住入口经济。随着人工智能和 IT 技术的发展，互联网又将迎来下半场的新风口——入口随时随地。……移动互联网时代是什么？是入口、平台、关系、生态。”[③]

在媒介新格局中，即使是普通人也可以成长为拥有巨量粉丝和强大话语权的意见领袖，如连岳、韩寒、占豪、吴晓波、高晓松、罗振宇、秦朔、papi 酱（姜逸磊）等一批新媒体创业者就是其中代表。

2018 年 4 月 7 日，微博@谢娜 粉丝量突破 1 亿。2018 年 4 月 9 日，谢娜凭借100 396 561粉丝数获得两项吉尼斯世界纪录称号：“第一个累计粉丝数量达到一亿的微博账户”和“粉丝数最多的微博账户”。微博@谢娜 的粉丝量超过一亿，正是媒介新格局形成的标志性事件之一。粉丝如此众多的意见领袖，在传统的媒介格局中是不可能出现的，即使出现，粉丝数量也不会这么多。

## 一、媒介格局的嬗变

自从互联网成长为中国的优势媒介（受众规模超越任何一家传统媒体），中国的媒介格局就发生了根本性的变化。

这种嬗变，首先表现在网民规模不断扩大且超级巨大，互联网普及率不断攀升。

中国互联网络信息中心（CNNIC）发布的第 1 次《中国互联网络发展状况统计报

---

① 百度公司（Baidu）、阿里巴巴公司（Alibaba）、腾讯控股有限公司（Tencent）三者合在一起的简称。

② 李光斗.吃透这六大铁律，互联网下半场你做主[EB/OL].(2017-02-14)[2018-02-07].http://www.myzaker.com/article/58a275931bc8e0246500000d/.

③ 李光斗.吃透这六大铁律，互联网下半场你做主[EB/OL].(2017-02-14)[2018-02-07].http://www.myzaker.com/article/58a275931bc8e0246500000d/.

告》显示，截至1997年10月31日，中国上网用户数仅为62万。中国互联网络信息中心发布的第45次《中国互联网络发展状况统计报告》显示，截至2020年3月，中国网民规模达90 359万，互联网普及率达64.5%。[①] 从1997年10月底到2020年3月的22年时间里，中国网民增长了1 457倍。

中国媒介格局的变化，还表现在网民上网时间的延长和增加。

从原始社会的结绳记事，到语言、纸张的产生，再到图书、报纸、杂志、广播、电视、电影、互联网、智能手机的诞生，人类使用的媒介类型越来越多样，人们使用媒介的时间也越来越长。但是，每一个人的时间都是有限的，每一天都只有24小时，如果把用户可用于使用媒介的时间比作一块蛋糕，那么这个“时间蛋糕”随着时代的发展在不断变大，特别是在网络媒体兴起风靡的近些年，用户使用媒介的“时间蛋糕”增大的速度较之以往更快。不过，用户使用媒介的“时间蛋糕”不可能无限增大，因为除了使用媒介，用户还要进行其他活动（如睡觉、吃饭、运动健身、刷牙洗脸、出行乘车等）。

用户使用不同媒介的“时间蛋糕”是有限的。用户在选择使用一种媒介的同时，就不能使用其他媒介，也就是说各种媒介为了争夺用户相互博弈，当一种媒介被用户使用时，意味着其他的媒介被闲置、被遗忘、被冷落，如果用户长期坚持使用同一种媒介，则其他类型的媒介很可能会被迫出局。

《中国互联网络发展状况统计报告》数据显示，1999年至2017年中国网民每周使用网络媒介的时间总体呈上升趋势，媒介用户的“时间蛋糕”分配越来越集中于便捷的、无所不包的新媒介。如此一来，可供网民使用互联网以外的传统媒体的时间便越来越少。抛弃报纸，选择上网看新闻；推开收音机，选择上网听信息或音乐；关掉电视机，选择上网看视频……

1999年到2018年，中国网民平均每周上网时间最低是8小时，到2018年6月，中国网民的人均周上网时长高达27.7小时（每天接近4小时）。

中国媒介格局的变化，还表现在民众对不同媒介的使用偏好发生变化。

中国互联网络信息中心发布的《2016年中国互联网新闻市场研究报告》显示，互联网新闻已成为网民高频使用的基础类网络应用，社交媒体、手机浏览器及新闻客户端已成为移动新闻市场的主要入口。[②]

2018年4月18日，中国新闻出版研究院公布第十五次全国国民阅读调查数据：

---

① 中国互联网络信息中心.第45次《中国互联网络发展状况统计报告》[EB/OL].(2020-04-28)[2020-04-28].http://www.cnnic.net.cn/hlwfzyj/hlwxzbg/hlwtjbg/202004/t20200428_70974.htm.

② 中国互联网络信息中心.2016年中国互联网新闻市场研究报告[EB/OL].(2017-01-11)[2018-02-01].http://www.cnnic.net.cn/hlwfzyj/hlwxzbg/mtbg/201701/t20170111_66401.htm.

2017 年成年国民综合阅读率为 80.3%，较 2016 年的 79.9%有所提升；数字化阅读接触率为 73%；报纸阅读率为 37.6%，较 2016 年的 39.7%下降了 2.1 个百分点；手机是中国成年国民每天接触时间最长的媒介，2017 年人均每天手机阅读时长为 80.43 分钟，比 2016 年的 74.4 分钟增加了 6.03 分钟；中国成年国民读报时间在减少，2017 年人均每天读报时长为 12 分钟，比 2016 年的 13.15 分钟减少了 1.15 分钟。① 见表 3-1。

**表 3-1　全国成年国民阅读调查数据(2013—2017)**

| 年份 | 综合阅读率 | 数字化阅读接触率 | 报纸阅读量期(份) | 每天读报时长(分钟) | 每天互联网接触时长(分钟) | 每天手机阅读时长(分钟) |
|---|---|---|---|---|---|---|
| 2013 | 76.70% | 50.10% | 70.85 | 15.50 | 50.78 | 21.70 |
| 2014 | 78.60% | 58.10% | 65.03 | 18.80 | 54.87 | 33.82 |
| 2015 | 79.60% | 64.00% | 54.76 | 17.01 | 54.84 | 62.21 |
| 2016 | 79.90% | 68.20% | 44.66 | 13.15 | 57.22 | 74.40 |
| 2017 | 80.30% | 73.00% | 33.62 | 12.00 | 60.70 | 80.43 |

数据来源：中国新闻出版研究院

## 二、报纸媒体式微

与受众接触报纸时间减少相对应的，是报纸印刷发行数量的不断下滑。包括互联网媒体、手机媒体在内的新媒体，在给传统媒体带来全新的信息发布平台的同时，也给传统媒体带来了全新的竞争，这种没有硝烟的竞争，使传统媒体面临严峻的生存危机。

2004 年，美国北卡罗莱纳大学教授菲利普·迈耶在《正在消失的报纸》一书中预测：到 2043 年第一季度末，日报的读者将归于零。2008 年，他又在《美国新闻学评论》发表的《未来的精英报纸》一文中强调："日报报纸读者数量将更加急剧地下滑，事实上，'最后一个每天读报的读者'消失的时间将早于 2044 年 10 月。"日本《每日新闻》前总编辑歌川令三在《报纸消失的日子》一书中，明确指出报纸消失的日子是 2030 年。清华大学刘建明教授根据报纸读者的代际老化规律，于 2005 年 11 月做出了"在 30 年后，报纸将无可救药"的预测。②

虽然报纸不一定会如预言的那样消失，但被边缘化的命运估计很难改变，就像毛

---

① 邓杨.第十五次全国国民阅读调查成果发布[EB/OL].(2018-04-18)[2018-04-20].http://www.chuban.cc/yw/201804/t20180418_178740.html.

② 王君超.报纸的未来：消亡还是再生？[J].新闻记者，2009(8)：9.

笔、钢笔被圆珠笔、水性笔边缘化一样。

2005年，《京华时报》社长吴海民在接受《传媒》杂志记者采访时曾断言：都市报的冬天提前来到了；都市报的这个冬天，会比人们想象的还要漫长；一些脆弱的报纸可能会熬不过去。[①] 当时，"报业寒冬论"并未获得一致认同，[②]但是，从2011年到2019年，"报业寒冬论"已经在新闻界得到了验证。

2012年，中国共出版报纸1 918种，平均期印数22 762万份，总印数482.26亿份，总印张数2 211亿印张，定价总金额434.39亿元。与2011年相比，中国报纸2012年种数下降0.52%，平均期印数增长5.79%，总印数增长3.17%，总印张数下降2.68%，定价总金额增长8.48%。[③]

2016年，中国出版报纸1 894种，平均期印数19 494.94万份，总印数390.07亿份，总印张数为1 267.27亿印张，定价总金额408.2亿元。与2015年相比，中国报纸2016年种数下降0.63%，平均期印数下降7.03%，总印数下降9.31%，总印张数下降18.5%，定价总金额下降6%。[④]

**表3-2 中国报纸出版数据(2012—2016)**

| | 2012年 | 2013年 | 2014年 | 2015年 | 2016年 | 5年数量增减 |
|---|---|---|---|---|---|---|
| 报纸种数(种) | 1 918.00 | 1 915.00 | 1 912.00 | 1 906.00 | 1 894.00 | -24.00 (-1.25%) |
| 平均期印数(万) | 22 762.00 | 23 695.77 | 22 265.00 | 20 968.37 | 19 494.94 | -3 267.06 (-14.35%) |
| 总印数(亿) | 482.26 | 482.41 | 463.90 | 430.09 | 390.07 | -92.19 (-19.12%) |
| 总印张数(亿) | 2 211.00 | 2 097.84 | 1 922.30 | 1 554.93 | 1 267.27 | -943.73 (-42.68%) |
| 定价总金额(亿元) | 434.39 | 440.36 | 443.66 | 434.25 | 408.20 | -26.19 (-6.03%) |

由表3-2可知，从2012年至2016年，中国报纸的报纸种数、平均期印数、总印数、总印张数、定价总金额均在下降，其中总印张数下降幅度最大(接近减半)。

2019年，中国报业延续前几年的颓势，一些报纸相继休刊，其中包括：《华商晨报》

① 肖武.吴海民——都市报的冬天提前到来了[J].传媒，2005(7)：20-21.

② 范以锦.我不赞成"报业寒冬论"[J].青年记者，2006(3)：15.

③ 国家新闻出版广电总局出版产业发展司. 2012年全国新闻出版业基本情况[EB/OL].(2013-07-31)[2017-12-29].http://www.gapp.gov.cn/govpublic/80/684_2.shtml.

④ 国家新闻出版广电总局规划发展司.2017中国新闻出版统计资料汇编[M].北京：中国书籍出版社，2017：6.

《北京晨报》《法制晚报》《中国测绘报》《赣州晚报》《郴州新报》《新商报》《亳州新报》《新知讯报》《春城地铁报》《成都晚报》。《上海金融报》从 2020 年 1 月 1 日起休刊，上海金融新闻网、《上海金融报》微信公众号、《上海金融报》微博等也将同时暂停更新。

中国媒介格局的变化，还表现在不同媒介的收入比重发生变化——此消彼长。

报纸印刷发行数量的不断下滑，导致许多报纸收入减少。以党报为主体的报业集团的经营遭遇困境，多项指标同比严重下降。

《2015 年新闻出版产业分析报告》显示，截至 2015 年年底，中国报纸出版营业收入 626.2 亿元，降低 10.3%；利润总额 35.8 亿元，降低 53.21%。43 家报业集团主营业务收入与利润总额分别降低 6.9%与 45.1%，其中 31 家报业集团营业利润出现亏损，较 2014 年增加 14 家。[①]

《2016 年新闻出版产业分析报告》显示，截至 2016 年年底，中国报纸出版营业收入降低 7.6%，利润总额降低 15.7%，43 家报业集团主营业务收入降低 2.5%，营业利润出现亏损的报业集团已达 29 家。[②]

央视市场研究股份有限公司（CTR）的数据显示，2016 年中国报纸广告刊例花费比 2015 年下降 38.7%，2017 年中国报纸广告刊例花费比 2016 年下降 32.5%。[③]

媒介格局之变引起党报集团收入变化，包括党报及其子报在内的报业面临严峻的生存挑战，由此引发党报集团职工因被欠薪而群集维权事件。2018 年 6 月 30 日，"《大庆日报》记者自曝被欠薪 22 个月"的消息在微信、凤凰网[④]、搜狐网、网易网等多家网络媒体传播。网上发布的《大庆日报联名请愿书》中称，大庆日报集团现已拖欠职工养老保险达 40 个月，公积金也已欠缴 22 个月，虽然每个月财务都在工资中按时扣除个人所需承担部分，却没有正常缴纳。

## 三、舆论场景多元

21 世纪的中国舆论场，比 19 世纪、20 世纪的中国舆论场更为复杂，线上舆论场和线下舆论场相互影响，民间舆论场和官方舆论场相互交叉，国内舆论场和国外舆论场

① 国家新闻出版广电总局.2015 年新闻出版产业分析报告[EB/OL].(2017-05-31)[2017-12-29] .http://news.xinhuanet.com/zgjx/2017-05/31/c_136314150_3.htm.

② 国家新闻出版广电总局.2016 年新闻出版产业分析报告（摘要版）[EB/OL].(2017-07-25)[2017-12-29].http://www.chinaxwcb.com/2017-07/25/content_358659.htm.

③ CTR 媒介智讯.2018 年中国媒体市场趋势：广告企稳回升，头部化格局显现[EB/OL].(2018-04-16)[2018-06-22].http://www.ctrchina.cn/insightView.asp? id=2238.

④ 蓝鲸财经.《大庆日报》记者自曝被欠薪 22 个月，回归财政拨款或成趋势[EB/OL].(2018-06-30)[2018-06-30].http://finance.ifeng.com/a/20180630/16360565_0.shtml.

相互激荡。

在媒介新格局中，任何错误，经过媒体的报道，都可能被揭露、被放大，成为热点舆情；在媒介新格局中，任何谎言，都可能被“集思广益”的网民和媒体识破，广而告之。

2018 年 5 月 4 日是五四青年节，也是北京大学 120 周年校庆日。当天上午，北京大学举行建校 120 周年纪念大会，北京大学校长林建华发表了题为《大学是通向未来的桥》的讲话。在讲话中，林建华将“鸿鹄”(hóng hú)念成 hóng hào，相关句段和视频在网络上被大量转发，引发热烈讨论。2018 年 5 月 5 日，林建华就此事件写的回应信再次成为舆论焦点，其中一句“焦虑与质疑并不能创造价值”被广泛质疑。

值得注意的是，习近平于 2018 年 5 月 2 日在北京大学师生座谈会上发表重要讲话，同年 5 月 4 日习近平在纪念马克思诞辰 200 周年大会上发表重要讲话。这两次讲话都被《人民日报》在头版和第 2 版重点报道，这两次讲话本应成为五四青年节前后的舆论焦点，但林建华致辞失误事件的引爆改变了这一舆论走向。

2018 年 5 月 6 日在新浪微舆情网站检索“鸿鹄”“北大校庆”“马克思”，可以发现“鸿鹄”的声量峰值(18 376)远远高于“北大校庆”的声量峰值(1 642)和“马克思”的声量峰值(7 677)(见图 3-1)。

在上述三个关键词在线传播的活跃媒体中，遥遥领先的是微信，其后是搜狐网、凤凰新闻、突袭网、腾讯新闻、一点资讯、百家号、天天快报、今日头条、百度贴吧、新浪博客，而党报(如《人民日报》)及其所辖网站(如人民网)、客户端(如人民日报客户端)不在其中(见图 3-2)。

在国际互联网络出现并普及之前，本就存在民间舆论场、官方舆论场，国内舆论场、国外舆论场。国际互联网络出现后，民间舆论场、国外舆论场凸显，国内舆论场、国外舆论场更容易连接打通，线上舆论场、线下舆论场同时存在、相互激荡。

复旦大学新闻学院教授童兵在第五届中国传媒领袖大讲堂发表演讲时说，新媒体是信息传播技术发展到较高阶段的产物，新媒体为广大民众提供了广泛参与新闻传授、舆论表达和舆论引导的空间及渠道，极大地改变了舆论存储、舆论表达和舆论引导的格局。①

在媒介新格局中，传统媒体(包括党报)的社会角色和功能发生了很大的改变，新闻事业管理也由“容易监督”变为“难以监督”，舆论格局随之而变。

清华大学新闻与传播学院教授尹鸿在接受《南风窗》专访时分析了传统媒体传播(线性传播)与新媒体传播(网状传播、点对点传播)在总体传播形态、传播效果的决定

---

① 修璐璐，王安卉，童兵.新媒体时代舆论表达和舆论引导的新格局[EB/OL].(2014-07-14)[2018-04-24]. http://media.people.com.cn/n/2014/0714/c14677-25278022.html.

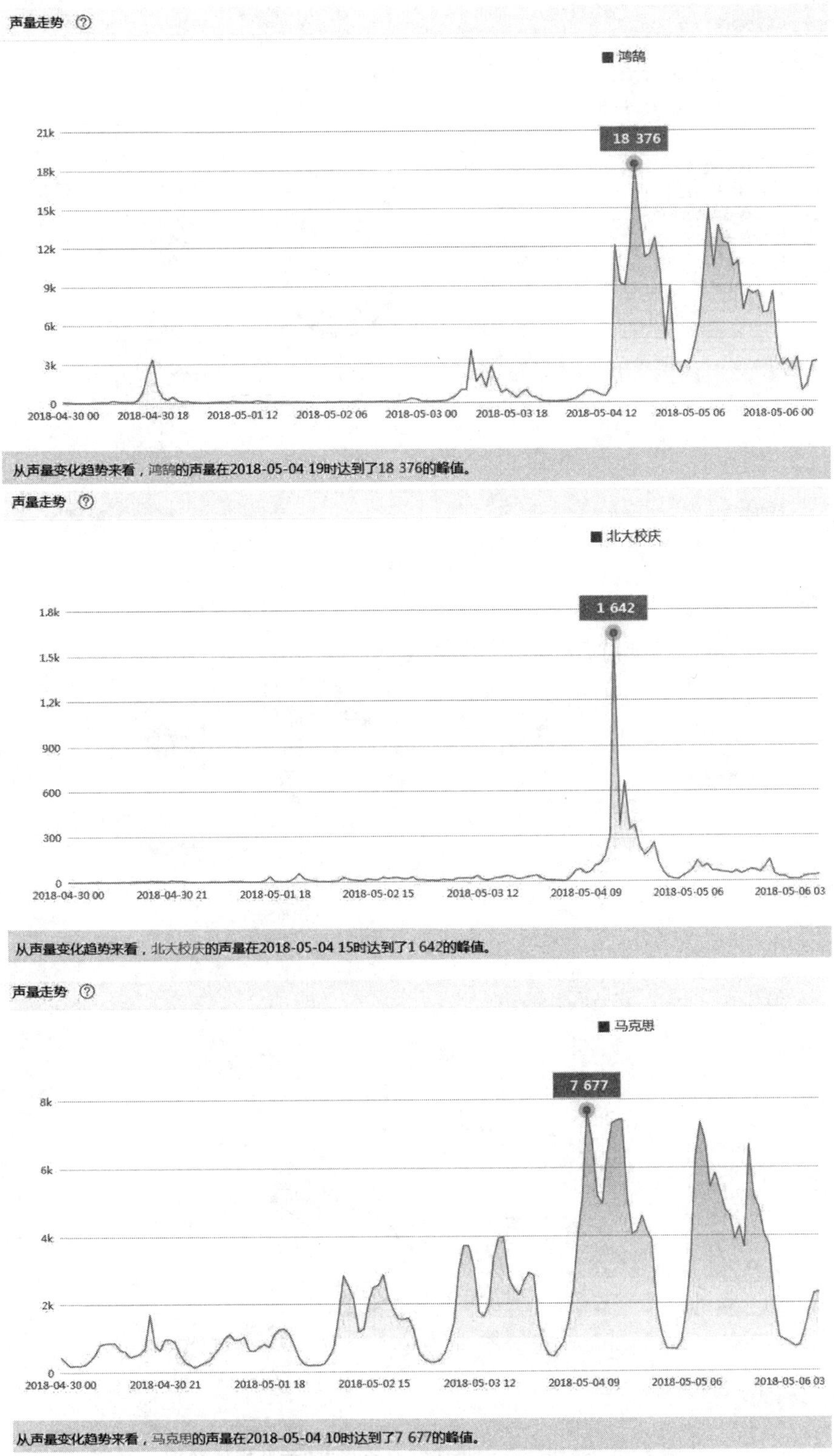


**图 3-1　“鸿鹄”“北大校庆”“马克思”的声量数据**

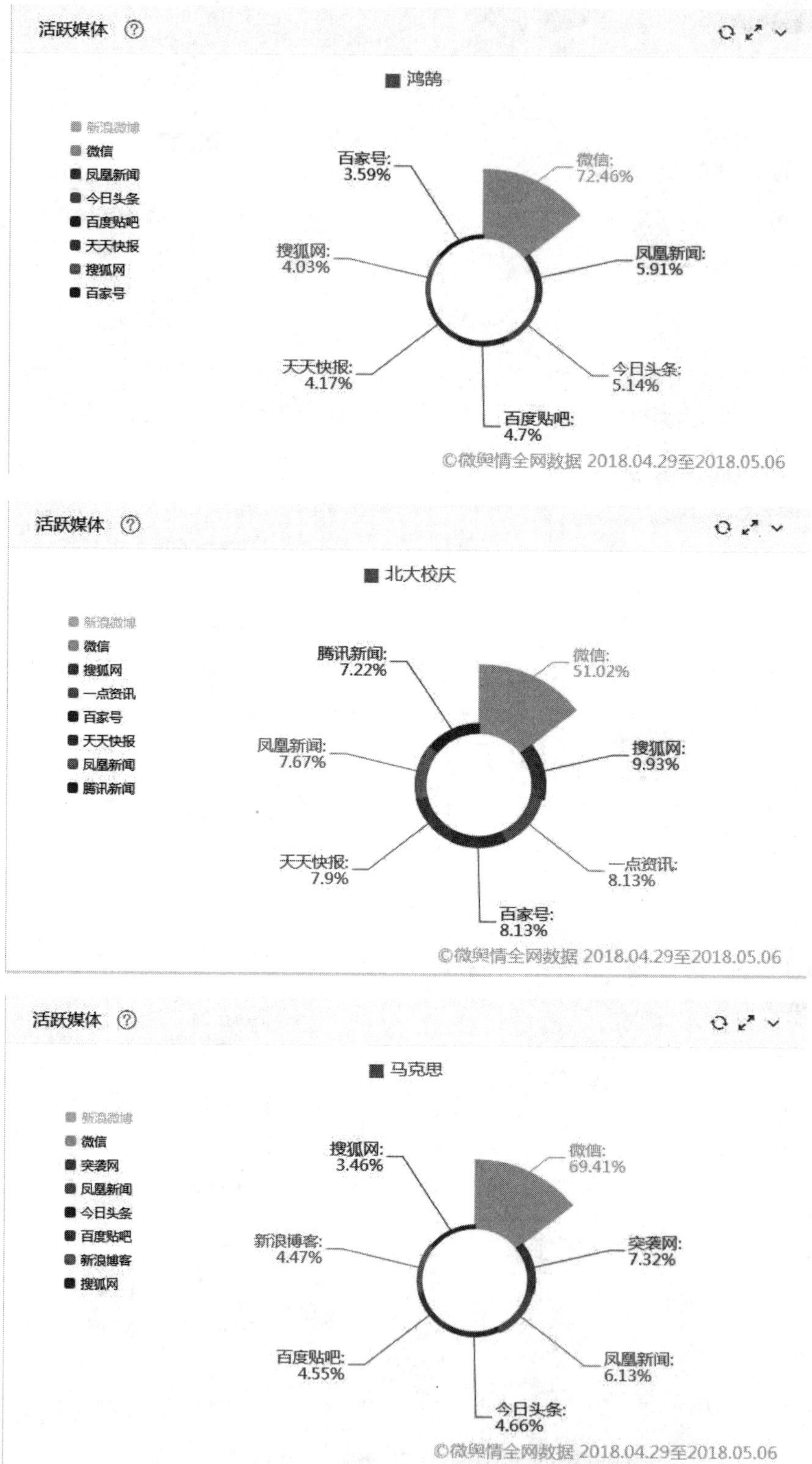


**图 3-2 “鸿鹄”“北大校庆”“马克思”的活跃媒体数据**

（图片来源：微博的微舆情）

因素、传播内容的质量等方面的差异。

大众传播是点对面的，传统媒体是线性传播的大众传媒，新媒体的传播则是点对点的，是网状的传播。

在线性传播的时候，线上的人可以把控内容，从记者、编辑到主编、社长、台长等，线上的人可以决定做什么选题，发什么内容，不发什么内容，这就是传统媒体的把关人功能，受众没有选择。传统媒体时代渠道是稀缺的，以覆盖来决定效果，所以，像报纸、杂志等，会强调发行量、发行区域和覆盖范围。

而网状传播时代，海量的内容，每个点都可以将内容扩散出去，并且从以前的一次性传播变成了N次传播。相比之下，网状传播必然会造成传统把关人机制的失灵。渠道不再稀缺了，人人都能成为媒体，传统媒体靠覆盖决定效果的时代也就终结了。

点对点传播时代，信息的传播是靠点的接收度决定的，是接收者而不是生产者决定什么信息会传播开来，接收者决定了信息传播的数量、速度和规模。舆论领袖高度分散，所以会出现很多大V。用户决定了信息的价值和传播，传统媒体失去了很大一部分传播能力，这是传统媒体弱化的根本原因。

线性传播时代，信息都是经过知识分子加工过的，流传的内容都经过精致化处理。网状传播时代，门槛变低，也缺了传统意义上的把关人，内容可能会过度草根化、粗鄙化，很多信息缺乏专业过滤，会有大量未经加工的信息传播出去，可能会有“劣币驱逐良币”的现象。①

## 第二节　媒介格局变化对党报传播及党报角色的影响

### 一、提供机遇：角色扮演的新平台

媒介新格局的形成，毋庸置疑给党报带来了冲击，使其受众流失，舆论监督、舆论引导更加困难，动摇其主流价值观引导者的地位。同时，媒介新格局的形成也给党报带来了机遇——促使党报在地位受到威胁时，顺应时代发展做出改变和改进。借此机遇，党报能够利用各种新媒体拓展自身的发展空间。

① 杨军.传统媒体的真正对手不是新媒体——清华大学新闻与传播学院尹鸿教授专访[EB/OL].(2017-01-12)[2018-05-22].http://www.nfcmag.com/article/6973.html.

“目前,《人民日报》体系是一个旗舰＋三大平台＋一个新平台。旗舰是《人民日报》,三大平台为《人民日报》、两微一端、户外电子屏,总用户数 3.5 亿,旗舰《人民日报》的用户数其实只占总用户数的 1%,人民日报社 99%的传播阵地已经转移到了互联网。”①

由于新媒体的出现和利用,《人民日报》“已由过去的一张报纸,发展成为拥有报纸、杂志、网站、网络电视、网络广播、电子屏、手机报、微博、微信、客户端等 10 多种载体、400 多个媒体平台、报网端微综合覆盖用户共计 7.8 亿的全媒体形态的新型媒体集团”②。这句话恰好说明了媒介格局变化给党报带来新机遇。

省级党报也因媒介格局之变获得了前所未有的传播平台和受众群。例如,“江西日报社以前只有报纸、杂志两种媒介,年总期发量最高时也只有 120 万,现在已形成了有报纸、杂志、网站、微博、微信、户外、手机报、移动客户端等 8 种媒介形态,端口载体达 63 个的媒体矩阵,覆盖用户总数超过 2 000 万。融合发展,使媒体过去单一的表现手段得到了极大的丰富,既有报纸的内容,又有电台的功能,还兼具电视台的长处,这就是融合的魅力、融合的力量”③。

党报的存在方式得到了拓展。受众接触新闻信息主要通过互联网,党报作为纸质媒体,就必须丰富自己的存在形式以顺应受众接触新闻信息的习惯。因此,党报寻求和其网站、法人微博、官方微信、新闻客户端、手机报的不断融合。党报的新闻信息不只呈现在纸质版上,也要存在于互联网上。人民网就将党报纸质版所有内容做成电子版呈现在网络上。法人微博、官方微信也要把纸质版的重要新闻或者重要舆论引导提炼成小段内容发布。党报与人民网、法人微博、官方微信的互动还体现在,对同一则新闻,运用双方不同的优势合作完成,实现新闻社会效应的最大化。网络媒体的快捷能够把信息简要且及时地公布出去,党报的新闻追踪能力和深度报道能够将新闻更全面、更深入地展现出来。

党报的声音延伸至网络。以往,党报的受众多数为党政机关的工作人员,普通百姓读党报要订阅或者去报刊亭购买,这样的不便捷使党报流失了一部分受众,党报的声音也多数只在党政机关里传送。媒介新格局下,党报与新媒体的融合,使党报信息能够在网络上迅速流通。如今,中国网民已突破 7 亿,其中手机网民所占比例达到 90%,如此一来,党报能捕捉到更多的受众,党报的声音能够通过网络获得更为广泛的传播。

---

① 叶蓁蓁.人民日报“中央厨房”有什么不一样[EB/OL].(2017-02-22)[2020-01-12].http://mp.weixin.qq.com/s/mFbW5a2VkxRrwD1CbqX44g.

② 李宝善.弘扬光荣传统 勇立时代潮头 忠实履职尽责[N].人民日报,2018-06-16(5).

③ 王晖.适应传播新趋势 构建引导新格局[J].新闻战线,2016(11):7.

2018年6月24日,《人民日报》法人微博粉丝数超过5 805万,《广州日报》法人微博粉丝数超过1 270万,均远超报纸发行量。其他党报也是类似情况。

《人民日报》记者魏本貌认为,人人都有麦克风,但每个人的麦克风成色不同。他认为,党报要利用好"品牌外溢"效应。

## 二、形成挑战:角色扮演的新对象

党报在适应媒介新格局的过程中,必然要面对"媒介格局变化"这个挑战,实现党报角色多样化,不仅能迎合受众的需求,也能针对网络环境发挥党报作用,特别是在网络舆情引导方面。党报对网络舆情的回应,代表了主流媒体对相关事件的态度和立场,党报在向社会传达主流价值观方面发挥了重要作用。

新媒体的信息传播有快捷性、广泛性、多元性以及互动性的特点,网络信息的冗杂让事实真假难辨,网络舆论的复杂容易煽动网民情绪,使网民受到错误思想的影响。党报的舆论监督和舆论引导不再像以往那般单向性了,要结合网络上舆论热点来做引导。网络舆论的复杂性和突发性让党报"事实查证者""信息公证者"的角色以及"舆论引导者"等角色负担更重。中国传媒大学网络舆情研究所2011年上半年网络舆情报告显示:2011年上半年以微博为源头的15个热点事件中,党报对其中7起事件做出了回应。党报的回应在一定程度上起到了舆论引导的作用,但仍然存在回应时间滞后、回应形式简单、缺乏互动等问题。[①]

党报要有"变"也要有"不变",党性原则便是其不能改变的方面,在此基础上,党报要考虑必须承担什么角色,可以承担什么角色,不能承担什么角色。如何在坚持党性原则的同时又满足受众多元需求,如何让党的声音走进互联网并产生效果,面对要承担的诸多角色该怎样平衡等这些问题,都要得到妥善处理。媒介格局在变化,且仍然在变化,党报要根据媒介环境的变化不断调整,不断接受挑战以保证社会影响力。

媒介格局的变化,使得舆情事件很容易被广泛传播,如果党报对此视若无睹则可能因角色缺位而损及公信力。2018年6月,江苏省镇江市发生"退役老兵聚集维权"事件,外国媒体、国内网站对此进行报道,不少人在微博平台议论此事,现场视频被转发到微信群。对此类事件,当地党报(《镇江日报》《新华日报》)就面临这样的难题:该不该报道?

---

① 张树庭,孔清溪.党报如何引导网络舆情——以《人民日报》为例[A]//中国传媒大学党报党刊研究中心,等.人民共和国党报论坛2010卷.北京:中国传媒大学出版社,2011:40-42.

## 三、提出要求：角色扮演的新手段

媒介格局的嬗变，对党报的角色扮演提出了新要求——针对新兴媒体的竞争优势，与时俱进采用新的传播手段。

针对新闻舆论工作面临的新形势、新挑战，习近平总书记在党的新闻舆论工作座谈会上指出，“做好党的新闻舆论工作，要遵循新闻传播规律，创新方法手段，不断提高能力和水平”，“要适应分众化、差异化传播趋势，加快构建舆论引导新格局”。

在适应传播新趋势、构建引导新格局方面，江西日报社的经验是：不断创新、突出特色、精准定位；通过生动形式、多样手段来传播正能量，高扬主旋律；形成全方位、多层次、多声部的主流媒体矩阵，构建舆论引导新格局；增强主动性，让报道议题成为社会舆论关注的话题；提高针对性，从“我报道什么你看什么”转变为“你需要什么我报道什么”；注重广泛性，以媒体融合把党的新闻舆论的“引力波”传得更广更远。①

打破传统的报道模式及时开展融合传播，是其中的一种新手段，也是媒介格局变化给党报角色扮演提出的新要求。

例如，2016 年 8 月 22 日，中共中央政治局常委、国务院总理李克强抵达江西赣州考察，进村庄入企业，看果园访棚户区。《江西日报》次日在头版对此事进行了详细报道(标题为《李克强总理来到江西考察指导 靠高品质产品创造新供给满足新需求》)。中国江西网(大江网)2016 年 8 月 23 日转载了《江西日报》的报道，标题是《李克强总理来到江西考察指导》。大江网官方微信也在 2016 年 8 月 23 日开始报道，标题是《激动！克强总理来江西啦！与农户拉家常！考察途中临时停车走进田间察看》。《江南都市报》副总编辑李晚成总结说：“总理来了，先是围观群众和自媒体的现场直播引爆朋友圈，然后是各大传统新媒体的报道铺天盖地，最后党报也改变前几年考察结束后再发稿的惯例，第二天即出稿，特别解渴。一种立体式传播新格局似乎正在形成。”

---

① 王晖.适应传播新趋势 构建引导新格局[M].新闻战线，2016(11).

# 第四章

# 党报在媒介新格局中的角色类型[①]

党报的角色，在不同的历史时期会有不同的转变，有些角色是不变的（例如：信息传播者，党的意见、意志的表达者，党的思想的传播者，民族团结维护者），有些角色却是变化的。

"指导者""教育者"应该成为党报长期担当的角色。1944 年 3 月 22 日，毛泽东在陕甘宁边区文化教育工作座谈会上讲话指出："应该把报纸拿在自己手里，作为组织一切工作的一个武器，反映政治、军事、经济又指导政治、军事、经济的一个武器，组织群众和教育群众的一个武器。"[②]

毛泽东 1948 年明确要求，"各地党报必须无条件地宣传中央的路线和政策"[③]。由此可见，毛泽东要求党报担当"党中央宣传者、路线政策的宣传者"角色。实际上，"党中央宣传者、路线政策的宣传者"是党报在各个历史时期一直担当的角色。

毛泽东 1958 年指出："一张省报，对于全省工作，全体人民，有极大的组织、鼓舞、激励、批判、推动的作用。"[④]由此可见，在社会主义建设的初级阶段，"工作的组织者、推动者""人民群众的鼓舞者、激励者""批判者"，都是党报的角色。

在土地革命时期，党报担当着"土地革命推动者"角色。

在革命战争年代，在社会主义建设时期，党报分别担当着不一样的角色。在革命战争年代，党报几乎不承担"维护社会政治稳定者""经济建设者""扶贫者""资本运作

---

① 本章部分内容出自王卫明指导的硕士学位论文：南昌大学罗颖（2015）的硕士学位论文《〈人民日报〉在媒介新格局中的角色研究》，南昌大学王兴华（2016）的硕士学位论文《媒介新格局中〈人民日报〉角色担当的内容分析》，南昌大学楼慧琴（2016）的硕士学位论文《党报在媒介新格局下的"帮办者"角色研究——以〈江西日报·党报帮你办〉为例》。

② 毛泽东.报纸是指导工作教育群众的武器[M].北京：新华出版社，1983：113-115.

③ 本书编委会.马克思主义新闻出版观重要文献选编[C].北京：人民出版社，2014：48.

④ 中共中央文献研究室.毛泽东文集：第 7 卷[M].北京：人民出版社，1999：338.

者”等角色。

在抗日战争时期，党报是“抗日民族统一战线的支持者、维护者”。1941 年 5 月 16 日，毛泽东在《延安〈解放日报〉发刊词》中指出：“本报之使命为何？团结全国人民战胜日本帝国主义一语足以尽之。这是中国共产党的总路线，也就是本报的使命。……中国共产党的使命就是本报的使命。”①这个时期党报就是为本党“团结全国人民战胜日本帝国主义”的历史使命服务。

在解放战争时期，“解放战争的参与者、推动者”“军事斗争报道者”是党报担当的主要角色，“慈善公益传播者”是党报没有担当的角色。

在和平建设时期，“军事斗争报道者”不再是党报担当的主要角色之一。

1957 年至 1978 年党的十一届三中全会召开期间，“以阶级斗争为纲”是中国共产党的政治路线。因此，在改革开放之前，党报长期担当“阶级斗争参与者”的角色。在改革开放之后，随着“以阶级斗争为纲”退出历史舞台，党报几乎不再担当“阶级斗争参与者”的角色。

在改革开放之后，党报是“改革开放的号召者、推动者、支持者”“经济建设的组织者、参与者、推动者”。

1980 年 1 月 16 日，邓小平同志在中共中央召集的干部会议上指出：“要使我们党的报刊成为全国安定团结的思想上的中心。报刊、广播、电视都要把促进安定团结，提高青年的社会主义觉悟，作为自己的一项经常性的、基本的任务。”②由此可见，“全国安定团结的促进者”是邓小平同志对党报的角色期待。

中华人民共和国成立之后，改革开放之前，党报长期未担当“资本运作者”“慈善公益活动组织者”等角色。

在媒介新格局中，党报一方面要继续担当一些过去的角色，另一方面还要开始担当一些新角色，例如：“社会主义核心价值观倡导者”“智库服务提供者”“互动分享者”“慈善公益活动组织者”“新媒体舆论的回应引导者”。

## 第一节　天职角色

党报是报纸，党报姓党。这句话规定了党报的两类天职角色(先赋角色)。

---

① 毛泽东.延安《解放日报》发刊词[EB/OL].(2009-09-01)[2018-06-26].http://www.mzdlib.com/libmzdwk/libchongyaochuzuo/18238.htm.

② 邓小平.邓小平文选：第 2 卷[M].北京：人民出版社，1994：218.

第一类是任何报纸、任何大众传播媒介都会担当的“信息传播者”“风险预警者”“事实查证者”“信息公证者”角色。

第二类是政党赋予党报的政治性角色——“党的意见、意志、思想的表达者、传播者”“党的政策、路线、主张的宣传者”“党的利益的捍卫者”。

## 一、信息传播者

从本质上看，党报首先是一种大众传播媒介，它是信息传播者，承担着“信息传播者”的角色，是采集信息、传播信息的专门机构，是“社会环境瞭望者”①“时代风云记录者”。

传播信息是大众媒体的首要任务，《人民日报》随着时代变化不断改版，新闻报道的信息量大为增加，选题范围扩大，囊括政治、经济、民生、科教卫生、科技文化、社会百态等各个方面，并且增加了新的报道话题，如假日生活、时尚、消费、股票、地产、信息产业、旅游行业等。

1948 年 6 月 15 日，《人民日报》诞生于河北省平山县里庄，从此担当起“报道新闻、记录历史、传播信息”的媒介角色，成为社会环境的瞭望者、时代风云的记录者。这可以从《人民日报》创刊至今的一些重要版面得到充分佐证。② 在媒介新格局中，以《人民日报》为代表的党报依然担当着类似的媒介角色。

再如，朝鲜劳动党委员长、国务委员会委员长金正恩于 2018 年 3 月 25 日至 28 日对中国进行非正式访问，并与中共中央总书记、中国国家主席习近平会谈。对此重大事件，《人民日报》在 2018 年 3 月 29 日的头版、第 2 版、第 3 版予以详细报道，朝鲜党报《劳动新闻》用七个整版进行报道。③

“信息传播者”是大众媒介最基本的角色，其中包含“风险预警者”“事实查证者”“信息公证者”等二级角色。

“风险预警者”是党报在媒介新格局中履行“瞭望者”职责的重要角色——对现实风险和潜在风险发出预警。2018 年 2 月 3 日、6 日，美国股市遭遇“黑色星期五”“黑色星期一”。对这次暴跌，《人民日报》早在 2018 年 1 月 11 日就刊文发出预警——中国

---

① “瞭望者”一说出自美国报业大王约瑟夫·普利策。“瞭望者”这个角色其实就是“风险预警者”角色。“信息传播者”不仅是“社会风险的预警者”，而且是“常规信息的传播者”。

② 人民网传媒频道.报道新闻记录历史 70 载 人民日报见证中国发展大事[EB/OL].(2018-05-28)[2018-05-29].https://mp.weixin.qq.com/s/sIAhIuaIi-dJ0PVrjGsvow.

③ 公务员仕途.金的外交处女秀，演讲稿全文划点版(附朝方《劳动新闻》七个整版报道)[EB/OL].(2018-03-31)[2018-05-29].https://mp.weixin.qq.com/s/ey2xnvkKhimzfjtb6W6kxAg.

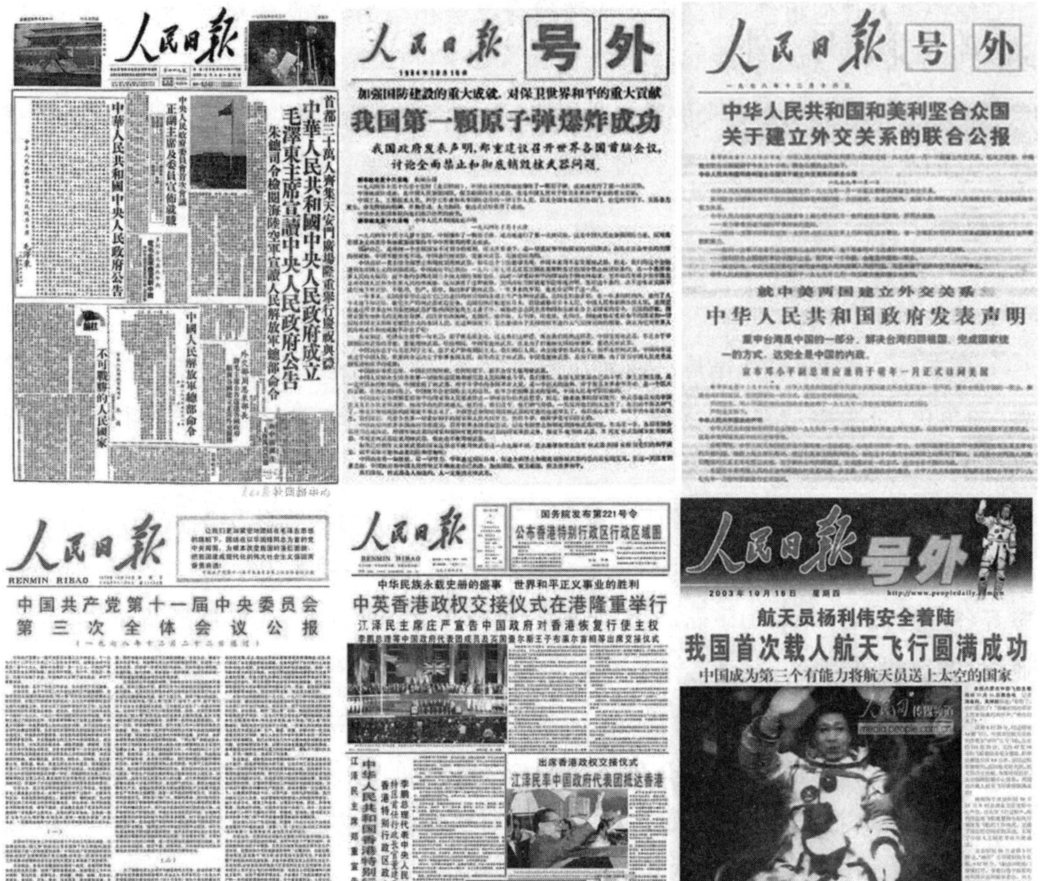


图 4-1 《人民日报》对部分大事件的报道版面

社科院世界经济与政治研究所研究员张明在第22版(版名:国际)的文章《美股,火爆背后有风险》中指出:“展望2018年,尽管美国股市上升的动能可能仍将持续,但出现整体20%左右下调的可能性是存在的。……盛极必衰,规律使然。2018年美国股市走势具有很强的不确定性,投资者应警惕和防范风险。”①

在媒介新格局中,信息泛滥,其中夹杂着大量的谣言或尚未得到确认的信息,特别需要党报担当起“事实查证者”的角色,对真假难辨的事实进行查核,收集证据对真伪做出公正的说明,以便正本清源、去伪存真。②

《人民日报》的《求证》栏目,就是典型的“事实查证者”和“信息公证者”。

2011年1月27日,《求证》栏目在《人民日报》第4版开栏,《开栏的话》写道:“网络技术的飞速发展,让人们享受海量信息的便利,也饱尝‘雾里看花’之苦:凭空捏造的信息四处散播,似是而非的观点以讹传讹。这些不实信息,小则引起思想混乱,影响公众认知,大则扰乱社会秩序,造成严重危害。……求真务实是党报的品格。帮助公众辨真伪、明是非,是媒体的职责。我们今起开设《求证》栏目,对各类争议新闻、疑点事件进行探寻,力求通过严谨核实与深入调查,澄清事实,还原真相,回应关切,阻击谣传,促进和谐,提升公信力。”

《求证》栏目2011年、2012年共刊出117篇报道,③其中包括:《郑东新区是不是“空城”》(首篇报道)、《“甬温线动车事故29人失踪”说法不准确》《海监五职位“零合格”缘于门槛高》。

2013年4月雅安地震后,网上出现一些抹黑政府、影响稳定的传闻。《求证》栏目刊出《重建房遇震开裂怎么看?》《地震能够准确预测吗?》《晒晒谣言的真面目》《阻击谣言,速度加快》等系列稿件,向民众解疑释惑。

2014年,《求证》栏目刊出《“猪肉有虫”谣言为何反复出现》《“自驾全球从换香港驾照开始”属误导》《“可随意取姓氏”说法不准确》《牛奶包装代码背后没有蹊跷》等报道。

2015年4月3日,《求证》栏目刊出《那些“多吃”“少吃”的真相》④、《“外国男子投毒”信息系杜撰》《吃了“致癌物”未必得癌症》《“网络支付拟每天限额5 000元”系误读》等报道。

---

① 张明.美股,火爆背后有风险[EB/OL].(2018-01-11)[2018-01-11].http://www.people.com.cn/n1/2018/0111/c416168-29758901.html.

② 黄莹.传统媒体的公共事件报道研究——以2007年至2011年典型公共事件媒体报道为例[D].济南:山东大学,2012.

③ 王冰.从辟谣专栏看党报的舆论引导——基于《人民日报》“求证”栏目的研究[D].合肥:安徽大学,2013.

④ 此报道为“求证生活中的谣言”系列报道第一篇。

2016 年，《求证》栏目刊出《存在耐药性基因≠导致人体抗药》《“无籽葡萄抹避孕药”纯属无稽之谈》《宝贝成长，这些传言要不要理会》等报道。

2017 年，《求证》栏目刊出《胶带扎蔬菜，不会有危害》《柑橘未检出甜蜜素》《九寨沟地震不是汶川地震余震》等报道。

2018 年 1 月 10 日，《求证》栏目刊出报道《目前流感不具备大流行条件》。

## 二、党的意见、意志的表达者

党的意见、意志是指党对一件事或者一类事的看法或想法。“党的意见、意志表达者”角色是指将党对一件事的看法和态度表达出来的人或机构。① 党报以文字为载体，表达党的意见、意志。

《中国共产党章程》（中国共产党第十九次全国代表大会部分修改，2017 年 10 月 24 日通过）第十六条规定：“党的各级组织的报刊和其他宣传工具，必须宣传党的路线、方针、政策和决议。”②这句话实际上表明了党报必须承担的规定性角色。

党的意见、意志的表达也是在进行主流舆论引导。在网络舆论多元化的当下，党的意见和意志的表达尤为重要。党报通常是通过社论或者本报评论员文章来表达党的意见和意志。表 4-1 是笔者对《人民日报》2014 年度共 20 篇社论的统计，笔者将这 20 篇社论归类为 7 个意见类别。通过表格可以发现，《人民日报》社论一般发 2—4 篇稿件来表达党中央对一类事件的意见和态度。

“党的决议，是为完成党的目标、总任务，在某一时期，对某一项工作或某一件事情，经过党员大会或党员代表大会或党的委员会集体讨论决定，全体党员必须贯彻执行的事项。”③党的决议是党的意见、意志的集中体现。毛泽东早在战争年代就指出：“党报的作用和力量就在于它能使党的纲领路线、方针政策、工作任务和工作方法，最迅速最广泛地同群众见面。”④而最直接的方式就是党的决议的发布，无论在中国党报历史的任何一个时期，党报始终都担当了这一角色。随着政治民主化和社会的进步，不仅是政府机关人员，有更多的普通百姓也想要了解党发布的决议、要读懂党的决议内容，所以党报不单要做好党的决议的发布者角色，还要做好党的决议的阐释者角色。

---

① 刘力力.论执政党角色的确立[J].鞍山师范学院学报，2003(5).

② 详见《人民日报》2017 年 10 月 29 日第 3 版。

③ 杨猛.为什么把“执行党的决议”作为入党的一个条件[EB/OL].(2012-06-12)[2015-03-12].http://fuwu.12371.cn/2012/06/12/ARTI1339468609697258.shtml.

④ 韩相笃.新媒体时代党报舆论主导地位研究[D].济南：山东师范大学，2010.

**表 4-1　《人民日报》2014 年发表的 20 篇社论**

| 意见类别 | 标题 | 时间 |
|---|---|---|
| 关于农业现代化改革 | 深化农村改革 加快推进农业现代化 | 2014.12.24 |
| | 改革创新 加快推进农业现代化 | 2014.01.20 |
| 关于“一国两制”制度 | “一国两制”事业具有强大生命力 | 2014.12.22 |
| | 走好香港政制发展的关键一步 | 2014.09.01 |
| | 全面准确地贯彻“一国两制” | 2014.06.11 |
| 关于日本侵略历史 | 构筑捍卫正义的国家记忆 | 2014.12.13 |
| | 历史悲剧决不允许重演 | 2014.07.07 |
| 关于社会发展 | 主动适应新常态 奋力开创新局面 | 2014.12.12 |
| | 为实现中国梦激发青春力量 | 2014.05.04 |
| | 锻造更为坚强的领导核心 | 2014.07.01 |
| | 选拔好干部的制度保证 | 2014.01.16 |
| 关于民主法治 | 塑造共同的宪法信仰 | 2014.12.05 |
| | 实现依法治国的历史跨越 | 2014.10.24 |
| | 以法治促改革 以民主聚力量 | 2014.03.14 |
| 关于民族团结 | 汇聚中华民族大团结的磅礴力量 | 2014.09.30 |
| | 牢牢把握新疆社会稳定和长治久安总目标 | 2014.05.30 |
| 关于深化改革 | 在改革大潮中彰显劳动力量 | 2014.05.04 |
| | 为全面深化改革提供有力制度保障 | 2014.03.05 |
| | 为全面深化改革凝聚强大正能量 | 2014.03.03 |
| | 发扬民主优势 激活改革动力 | 2014.03.13 |

各级党报是党的各项决议最权威的发布平台。在历史上，党报历来是传递党的方针路线的宣传阵地，是全体党员乃至全体百姓了解、学习党的决议的重要平台。通过了解党的目标和总任务，了解党当前的工作事项，全体党员乃至全体百姓能够引导自身为党的建设和国家建设贡献力量。

《中国共产党章程》经中国共产党第十九次全国代表大会部分修改，于 2017 年 10 月 24 日在这次大会获得通过。2017 年 10 月 29 日，《人民日报》在第 1、2、3、4 版刊登了最新版本的《中国共产党章程》全文，这体现党报对党的决议的及时发布，以供全体党员乃至全体百姓学习。

《人民日报》2017 年 10 月 29 日头版刊登的报道《建设马克思主义执政党的光辉指引——〈中国共产党章程(修正案)〉诞生记》，则是对党的决议的阐释——阐释了党章修改的原因、经过、意义。

党报要维护中央权威。自中国共产党成立以来，党报一直承担着发布、阐释党的决议的职责，担当着发布者、阐释者的重要角色。在媒介新格局中，党报依然如此。

2016年10月24日至27日，中国共产党第十八届中央委员会第六次全体会议（以下简称十八届六中全会）在北京举行。全会听取和讨论了习近平受中央政治局委托做的工作报告，审议通过了《关于新形势下党内政治生活的若干准则》《中国共产党党内监督条例》和《关于召开党的第十九次全国代表大会的决议》。习近平就《准则（讨论稿）》和《条例（讨论稿）》向全会做了说明。

2016年10月28日，《人民日报》对十八届六中全会做了详细报道，并配发社论和其他评论。

——头版，以"中共十八届六中全会在京举行"为主标题，整版刊发中共十八届六中全会通过的《中国共产党第十八届中央委员会第六次全体会议公报》全文（6 200余字，部分文字转第2版），并配发习近平讲话图片和会议现场全景图片。在报眼位置，《人民日报》摘要刊登了《会议公报》的关键句，"全会号召，全党同志紧密团结在以习近平同志为核心的党中央周围，全面深入贯彻本次全会精神，牢固树立政治意识、大局意识、核心意识、看齐意识，坚定不移维护党中央权威和党中央集中统一领导，继续推进全面从严治党，共同营造风清气正的政治生态，确保党团结带领人民不断开创中国特色社会主义事业新局面"。

——第2版，《人民日报》刊登了专门为中共十八届六中全会撰写的社论《坚定不移推进全面从严治党》。

——第5版，是评论版，《人民日报》在头条位置的《人民时评》栏目刊登了专门为中共十八届六中全会撰写的评论《烧旺党内政治生活大熔炉》。作者关航在文中写道："刚刚闭幕的党的十八届六中全会制定了《关于新形势下党内政治生活的若干准则》，正是要烧旺党内政治生活的大熔炉，筑牢从严治党的政治根基。"

2016年11月3日，《人民日报》第2版全文刊登习近平的《关于〈关于新形势下党内政治生活的若干准则〉和〈中国共产党党内监督条例〉的说明》，这是对两份重要决议的全面阐释，是学习领会两份决议精神的权威辅导材料。

2016年11月3日，《人民日报》第5版、第6版全文刊登《关于新形势下党内政治生活的若干准则》，第6版全文刊登《中国共产党党内监督条例》。

作为重要的执政资源，党报也是政府许多重要文件的传播者、宣传者、阐释者。

## 三、党的思想的传播者

党的思想是党的思想建设、政治建设、组织建设、作风建设、文化建设、制度建设和反腐倡廉建设的理论基础。[①] 传播党的思想的人或机构被称为“党的思想的传播者”，党报当然要担当这样的角色。

党通过党报的传播来教育人民、领导人民。在新时代，中国共产党以马克思列宁主义、毛泽东思想、邓小平理论、“三个代表”重要思想、科学发展观、习近平系列重要讲话精神为指导，这些指导思想需要通过传播才能到达全党全国各族人民那里。党报传播党的思想，可以让广大党员群众了解党的思想，从而使他们对党产生政治认同和跟随行为。

以《人民日报》为代表的党报是党的意识形态的产物，必须充当好党的喉舌，传播党的思想。在媒介新格局形成的舆论多元化中，不免会出现有悖于党的思想的错误思潮，加强党的思想建设传播对规范和引导大众思想尤为重要。《人民日报》是最权威也是最能够系统传播党的思想的媒介载体，起着不可替代的作用。党的思想的传播者面对的受众主要是中国共产党员、党政机关工作人员，也包括中国所有人民群众。同时，《人民日报》自身也要按党的思想来工作。关于党的机关报，马克思、恩格斯都要求其按照“党的精神”进行工作，这也同时要求党的领导机关和党的报刊都要遵循党的纲领和党的策略原则。《人民日报》从 2013 年 12 月 9 日起在其理论版开辟的《深入学习贯彻习近平同志系列讲话精神》栏目便是《人民日报》承担党的思想的传播者角色的表现，《人民日报》通过此栏目传播党的思想的最新动态。

2016 年 9 月 20 日，《人民日报》在头版头条位置刊发报道《〈胡锦涛文选〉在全国出版发行》，并配发社论《坚持用发展着的理论指导发展着的实践——热烈祝贺〈胡锦涛文选〉出版发行》。这篇社论正文如下：

> 伟大的事业需要科学的理论，科学的理论指引伟大的事业。
>
> 《胡锦涛文选》的出版发行，是我们党和国家政治生活中的一件大事。《胡锦涛文选》是马克思主义中国化的重大成果，是学习贯彻中国特色社会主义理论体系的生动教材，为我们坚持用发展着的理论指导发展着的实践、不断夺取中国特色社会主义新胜利提供了强大思想武器，为正在决战决胜全面

---

① 姚选民.论中国共产党指导思想的内在结构[J].岭南学刊,2014(5).

小康的全党全国各族人民注入了强大精神动力。

党的十八大强调，科学发展观是中国特色社会主义理论体系最新成果，是中国共产党集体智慧的结晶，是指导党和国家全部工作的强大思想武器，同马克思列宁主义、毛泽东思想、邓小平理论、“三个代表”重要思想一道，是党必须长期坚持的指导思想。《胡锦涛文选》集中反映了我们党坚持把马克思主义基本原理同当代中国实际和时代特征相结合创造性提出的一系列重大理论成果，全面展示了科学发展观孕育、形成、发展的历史过程，是学习贯彻科学发展观的最好教材。以习近平同志为核心的党中央做出编辑出版《胡锦涛文选》的决定，就是贯彻落实党的十八大精神的重大举措。

科学的理论产生于发展着的实践，又指导着发展的实践。胡锦涛同志是科学发展观的主要创立者。党的十六大后的10年里，以胡锦涛同志为核心的党中央团结带领全党全国各族人民坚持和发展中国特色社会主义，依靠人民战胜一系列重大挑战，推动改革开放和社会主义现代化建设取得新的重大成就，积累了宝贵经验。《胡锦涛文选》生动记录了这一历史进程，科学总结了这些宝贵经验，内容涉及经济、政治、文化、社会、生态等各领域，涵盖改革发展稳定、内政外交国防、治党治国治军等各方面，系统阐述了科学发展观的一系列重大观点，进一步回答了什么是社会主义、怎样建设社会主义和建设什么样的党、怎样建设党的问题，创造性回答了新形势下实现什么样的发展、怎样发展等重大问题。

《胡锦涛文选》收入了胡锦涛同志具有代表性、独创性的重要著作242篇。这些内容丰富、内涵深刻的篇章，充分反映了胡锦涛同志作为马克思主义政治家的远见卓识、政治智慧、领导才能，充分体现了胡锦涛同志作为马克思主义者的求真务实精神和巨大理论勇气，充分展现了胡锦涛同志为党和人民事业做出的杰出贡献和心系人民的真挚情怀。我们要学习胡锦涛同志的战略思想和理论观点，学习他与时俱进的马克思主义理论品格、实践品格和严谨求实的科学态度，推动改革开放和社会主义现代化建设不断取得新的更大成就。

马克思主义并没有结束真理，而是开辟了通向真理的道路。95年来，我们党之所以能够完成近代以来各种政治力量不可能完成的艰巨任务，就在于始终把马克思主义这一科学理论作为自己的行动指南，并坚持在实践中不断丰富和发展马克思主义。在实现“两个一百年”奋斗目标、实现中华民族伟大复兴中国梦的历史征程上，全党全国各族人民要紧密团结在以习近平同志为核心的党中央周围,以马克思列宁主义、毛泽东思想、邓小平理论、"三个代表"重要思想、科学发展观为指导,深入贯彻习近平总书记系列重要讲话精神,统筹推进"五位一体"总体布局,协调推进"四个全面"战略布局,协力同心,攻坚克难,努力向历史、向人民交出新的更加优异的答卷。

2016年9月30日,《人民日报》在头版头条位置刊发报道《中共中央举行学习〈胡锦涛文选〉报告会》,在头版的报眼位置和第2版刊登《中共中央关于学习〈胡锦涛文选〉的决定》,当天的第2版,还刊登了习近平的《在学习〈胡锦涛文选〉报告会上的讲话》全文。

《中共中央关于学习〈胡锦涛文选〉的决定》对《胡锦涛文选》是这样介绍和评价的:"《胡锦涛文选》汇集了胡锦涛同志从1988年6月到2012年11月这一时期,特别是党的十六大到党的十八大期间的重要著作。这些重要著作,生动记录了以胡锦涛同志为总书记的党中央团结带领全党全国各族人民在新的历史起点上坚持和发展中国特色社会主义的历史进程,科学总结了我们党依靠人民战胜一系列重大挑战、推动改革开放和社会主义现代化建设取得新的重大成就的宝贵经验,集中反映了我们党坚持以马克思列宁主义、毛泽东思想、邓小平理论、'三个代表'重要思想、科学发展观为指导,坚持把马克思主义基本原理同当代中国实践和时代特征相结合创造性提出的重大理论成果,为巩固全党全国各族人民团结奋斗的共同思想基础提供了重要教材。"

《中共中央关于学习〈胡锦涛文选〉的决定》指出:"认真学习《胡锦涛文选》,对于全党全国各族人民高举中国特色社会主义伟大旗帜,坚定不移贯彻落实党的基本理论、基本路线、基本纲领、基本经验、基本要求,坚定不移贯彻落实习近平总书记系列重要讲话精神和党中央治国理政新理念新思想新战略,巩固马克思主义在意识形态领域的指导地位,正确认识国内外发展大势,齐心协力为实现'两个一百年'奋斗目标、实现中华民族伟大复兴的中国梦而奋斗具有十分重要的意义。"

中共中央、各省(直辖市、自治区)省委召开重要会议之后,党报一般都会刊发评论文章传播会议精神。

例如,2016年10月24日至27日,十八届六中全会在北京举行。2016年10月29日开始,《人民日报》连续刊发学习贯彻党的十八届六中全会精神的系列评论(署名:本报评论员),首篇是《全面从严治党是锻造坚强领导力量的必然要求——一论学习贯彻党的十八届六中全会精神》(10月29日第4版),第二篇是《增强"四个意识" 维护党中央权威——二论学习贯彻党的十八届六中全会精神》(10月30日头版),之后是《严肃党内政治生活是全面从严治党重要基础——三论学习贯彻党的十八届六中全会精神》

(10月31日头版)、《强化党内监督是全面从严治党重要保障——四论学习贯彻党的十八届六中全会精神》(11月1日头版)、《突出抓好领导干部这个关键——五论学习贯彻党的十八届六中全会精神》(11月2日第4版)。

党的决议是党的精神的载体。党报不仅是党的决议的发布者、阐释者,而且是党的精神的传播者。

2016年11月3日,《人民日报》头版刊登了导读《习近平:关于〈关于新形势下党内政治生活的若干准则〉和〈中国共产党党内监督条例〉的说明》和消息稿《〈关于新形势下党内政治生活的若干准则〉〈中国共产党党内监督条例〉发布》,第2版刊登了《〈关于新形势下党内政治生活的若干准则〉〈中国共产党党内监督条例〉单行本出版》《党的十八届六中全会精神学习辅导材料出版》两篇消息稿件,第4版刊登消息稿《学习贯彻六中全会精神 中央宣讲团成立》,推动全党学习十八届六中全会精神。

## 四、党和政府工作的推动者

党中央和各级党委一向要求所辖党报为党和政府的中心工作服务,各级党报也把"服务党和政府的中心工作"作为自己的天职,自觉承担"党和政府工作的推动者"角色。

党报对党和政府工作的推动,大致可分为政治动员、议程设置、指导教育、监督引导四个方面,手段包括组织采写系列报道、推出系列评论、设置专栏和专版、发起主题征文活动等。

自建党以来,中国共产党一直重视政治动员。① 党报是中国共产党倚重的政治动员媒介。"党报是我国整个政治系统中特殊而重要的一环,在各时期动员活动中一直起着举足轻重、连通上下的作用。"②

以"中央八项规定"为关键词在《人民日报》图文数据库进行标题检索,可检索到1 962篇文章(截至2018年6月10日数据),最早的报道是《濮阳砍掉六成机关简报》,发表于2012年12月11日第11版。

---

① 参见:王旭宽.政治动员与政治参与:以井冈山斗争时期为例[M].北京:中央编译出版社,2012;赵云泽,王畔.延安时期党报对农村选举的宣传及动员[J].现代传播,2012(8);金子求.延安时期中共党报的抗战动员——以《新中华报》为例[J].中共中央党校学报,2015(4);张蓓.论党报在抗战时期的民众动员作用——基于《晋察冀日报》冬学运动报道的内容分析[J].编辑之友,2012(3);陈晓静.延安办报与重庆办报:《解放日报》《新华日报》政治动员比较研究(1942—1945)[D].合肥:安徽大学,2016;殷福东.《解放日报》整风宣传与政治动员[D].合肥:安徽大学,2012.

② 张颖芬.论《人民日报》上典型人物报道的政治动员——以雷锋相关报道为例(1963—2013)[D].武汉:华中科技大学,2014.

以“一带一路”为关键词在《人民日报》图文数据库进行标题检索，可检索到 1 267 篇文章（截至 2018 年 6 月 10 日数据），最早的报道是《云南研讨融入“一带一路”国家战略》，发表于 2013 年 12 月 31 日第 11 版。

2018 年上半年，长沙房地产市场剧烈震荡，房价快速上涨。为促进长沙房地产市场平稳健康发展，《湖南日报》2018 年 6 月 19 日起连续 4 天在头版刊发署名“晨风”的系列评论：《坚持“房子是用来住的，不是用来炒的”定位——一论促进长沙房地产市场平稳健康发展》《不能让长沙成为投机者的乐园——二论促进长沙房地产市场平稳健康发展》《稳定市场预期 政府要敢担责——三论促进长沙房地产市场平稳健康发展》《保持房价稳定 助力安居乐业——四论促进长沙房地产市场平稳健康发展》。这四篇评论引起人们强烈共鸣，[①]民众纷纷为这家党报点赞。长沙市随后发布了新的“反炒房”调控政策，[②]市住建委出台“反炒房”调控政策实施细则。

2013 年 4 月 27 日，《南方日报》在头版刊登《征文启事》，发起“共筑中国梦 当好建设者”征文活动。

2016 年 2 月，中共中央办公厅印发了《关于在全体党员中开展“学党章党规、学系列讲话，做合格党员”学习教育方案》，并发出通知，要求各地区各部门认真贯彻执行。

2016 年 6 月 14 日起，为把“两学一做”学习教育引向深入，中共厦门市委“两学一做”学习教育协调小组、厦门日报社联合举办“两学一做”学习教育征文活动，面向全市广大党员开展有奖征文活动。2017 年 5 月 16 日起，人民日报政治文化部与人民网·中国共产党新闻网联合举办“迎接十九大 做合格党员” 征文活动。

## 五、利益捍卫者

中国共产党是中国工人阶级的先锋队，是中国人民和中华民族的先锋队，是中国特色社会主义事业的领导核心，代表中国最广大人民的根本利益，以“全心全意为人民服务”为宗旨，以“实现中华民族伟大复兴”为己任。因此，其党报理所应当成为公共利益、国家利益、民族利益、人民利益的捍卫者。捍卫人民的利益，就是捍卫党的利益；捍卫党的执政地位，更是捍卫党的利益。

“利益捍卫者”角色，是指党报在国家利益、民族利益、人民利益、公共利益受到损

---

① 微信公众号“侠客岛”就此发表李永华撰写的述评《罕见！一省党报痛批楼市乱象，这事儿很有看点》后，微博@人民日报 以《罕见！〈湖南日报〉连发四篇社论痛批长沙楼市乱象》为题全文转发，“澎湃”App 以《湖南党报批长沙楼市乱象：被房价绑架的城市，抢人又有何用》为题全文转发。

② 《长沙市人民政府办公厅关于进一步加强房地产市场调控工作的通知》。

害的时候充当坚定的忠实捍卫者。党报之所以要承担起此角色的原因有二：第一，以《人民日报》为代表的党报是中国最权威的媒体，它代表中共中央和中国政府发声，代表中国人民发声；第二，党报是主流舆论的引导者，是社会情绪的调节器，在国家利益和民族利益受到威胁的关头，发挥舆论引导功能，团结国民，呼吁号召理性爱国，齐心协力面对外敌。

《人民日报》虽然是一份政党报纸，但在捍卫国家利益方面从来都是主动担当。

2013 年 1 月 22 日，菲律宾共和国时任政府单方面就中菲在南海的有关争议提起仲裁，意图否定"九段线"和中国对南海海域的"历史性所有权"。《人民日报》对此进行了针锋相对的舆论斗争，坚决捍卫国家利益。例如，《人民日报》2016 年 5 月 24 日在第 3 版刊登了中国社会科学院中国边疆研究所研究员李国强撰写的文章《中国拥有南海诸岛主权的历史事实无可争辩》，详解介绍了中国拥有南海诸岛主权的历史事实。《人民日报》2016 年 5 月 25 日在第 3 版刊登评论《真相永远只有一个——关于南海仲裁案中菲方历史证据的使用》，揭批菲方历史证据的七个硬伤：自相矛盾、断章取义、刻意隐瞒、以偏概全、移花接木、割裂"一中"、以个别研究取代客观事实。

2017 年 6 月 18 日，印度边防部队越过中印边界锡金段进入中国领土洞朗地区，并长时间非法滞留，这明显侵犯了中国的国家主权和国家利益。作为中共中央机关报，《人民日报》刊登了一系列文章揭露印方的错误，阐述中方立场主张，支持中国政府捍卫国家利益。2017 年 8 月 3 日，《人民日报》在头版和第 3 版刊登文件《印度边防部队在中印边界锡金段越界进入中国领土的事实和中国的立场》。① 当天的第 3 版，还刊登了报道《外交部发言人就中方发布印军非法越界立场文件答记者问》。2017 年 8 月 4 日，《人民日报》在第 3 版刊发报道《外交部发言人——印军非法越界行为不负责任、不计后果》，并在该版的《钟声》栏目刊发评论《揭露印军非法越界真相》。评论指出："此次印方越界事件的非法性质十分明确。中国努力通过外交渠道与印度沟通解决此次事件，但任何国家都不应低估中国政府和人民捍卫领土主权的决心，中国将采取一切必要措施维护自己的正当合法权益。"

2018 年 3 月 22 日，美国总统特朗普签署备忘录，基于美贸易代表办公室公布的对华 301 调查报告，指令有关部门对华采取限制措施（拟提高税收），企图危害中国的国家利益。《人民日报》为此连续多日刊登有关报道、漫画和评论，反驳、批评、回应美方的言行，捍卫国家利益（见表 4-2）。

---

① 新华社北京 8 月 2 日电。

**表 4-2　《人民日报》2018 年 3 月发表的部分文章和图片**

| 时间 | 版面 | 标题 | 体裁 |
| --- | --- | --- | --- |
| 2018.03.23 | 10 | 商务部回应美可能公布 301 调查结果<br>中方将采取所有必要措施捍卫合法权益 | 消息 |
| 2018.03.24 | 2 | 美国 301 调查无视中方加强知识产权保护的事实，无视世贸组织规则，无视广大业界的呼声，中方坚决反对并有信心有能力应对任何挑战——<br>要打贸易战，中国奉陪到底！ | 通讯 |
| 2018.03.24① | 2 | 我外交部、商务部发言人<br>就美国决定对中国输美产品采取限制措施表明立场——<br>中方坚决捍卫自身合法利益 | 消息 |
| 2018.03.24 | 2 | 美国须为无理莽撞之举担责 | 评论 |
| 2018.03.24 | 2 | 商务部发布中止减让产品清单<br>中国国际商会强烈反对美国贸易投资保护主义措施 | 消息 |
| 2018.03.25 | 3 | 美政府决定对中国输美产品采取限制措施，<br>引发美国各界人士广泛担忧——<br>这不是保护美国，而是在坑美国 | 通讯 |
| 2018.03.25 | 3 | 单边主义有悖时代潮流<br>国内外专家和企业家呼吁美国回归理性 | 通讯 |
| 2018.03.25 | 3 | 刘鹤与美国财政部长姆努钦通话 | 消息 |
| 2018.03.26 | 4 | 中国不怕贸易战 | 通讯 |
| 2018.03.26 | 4 | “美国优先”伤害全球利益<br>（作者为美国乔治·华盛顿大学教授） | 评论 |
| 2018.03.26 | 4 | 开放者方有真风光 | 评论 |
| 2018.03.26 | 4 | “美国开了一个恶劣的先例”<br>——国际舆论批评美国政府单方面挑起贸易争端 | 通讯 |
| 2018.03.27 | 3 | 美国自身产业竞争力不足并限制高技术产品出口，<br>又需要进口来维持超出其生产能力的消费水平——<br>中美贸易逆差从何而来 | 通讯 |
| 2018.03.27 | 3 | “对全球自由贸易体系的严重破坏”<br>——国际舆论批评美国单方面挑起贸易争端 | 通讯 |

① 2018 年 3 月 24 日，《人民日报》在第 3 版刊发消息《国防部新闻发言人就美国军舰进入中国南海岛礁邻近海域发表谈话》，其中写道：“中国对南海诸岛及其附近海域拥有无可争辩的主权，美方一再派军舰擅自进入中国南海岛礁邻近海域，其行为严重损害中国的主权和安全，违背国际关系基本准则，危害地区和平稳定。美方这种做法破坏中美两国两军关系氛围，造成双方海空兵力近距离接触，极易引发误判甚至海空意外事件，这是对中方的严重政治和军事挑衅。中国军队对此坚决反对。……我们要求美方切实尊重中国的主权和安全，尊重地区国家维护和平、稳定与安宁的强烈共同愿望，不要无事生非、兴风作浪。美方的挑衅行动只会促使中国军队进一步加强各项防卫能力建设，坚定捍卫国家主权和安全，坚定维护地区和平稳定。”

续表

| 时间 | 版面 | 标题 | 体裁 |
| --- | --- | --- | --- |
| 2018.03.27 | 3 | 有悖于国际规则 与时代格格不入 | 评论 |
| 2018.03.27 | 3 | 中国驻世贸组织代表——<br>美国单边行径严重损害多边贸易体制 | 消息 |
| 2018.03.28 | 1 | 李克强会见美国国会议员访华团 | 消息 |
| 2018.03.28 | 3 | “希望贸易战永远不要出现”<br>——美中贸易摩擦在美国国内引发担忧 | 通讯 |
| 2018.03.28 | 3 | 挑起贸易战是危险的经济暴力行为<br>（作者为法国国际关系与战略研究院副院长、经济学家） | 评论 |
| 2018.03.28 | 3 | 美国保护主义严重危害全球经济 | 通讯 |
| 2018.03.28 | 3 | 外交部回应“中美正就避免贸易战开展谈判”报道 | 消息 |
| 2018.03.28 | 23① | 美国单边行径危害全球贸易秩序 | 通讯 |
| 2018.03.28 | 23 | 错误政策的错误逻辑 | 评论 |
| 2018.03.28 | 23 | 唯有合作 才能共赢 | 记者手记 |
| 2018.03.28 | 23 | 多边贸易体系面临威胁<br>（作者为美国布鲁金斯学会高级研究员、康奈尔大学教授） | 评论 |
| 2018.03.28 | 23 |  | 漫画 |
| 2018.03.28 | 23 |  | 图片 |
| 2018.03.28 | 23 |  | 图片 |

2018 年 3 月 31 日，《人民日报》第 3 版刊登通讯《美国多州表达对特朗普贸易政策的担忧——“关税措施将惩罚普通美国人”》、消息《外交部发言人——美国不要撞上南墙再回头》，对美国发出警告。

美东时间 2018 年 4 月 3 日，美贸易代表办公室公布对华 301 调查项下征税产品建议清单，涉及我国 500 亿美元出口，建议税率为 25%。2018 年 4 月 4 日，中国有关方面对此做出回应。对此，《人民日报》2018 年 4 月 5 日在 8 个版面中的 4 个版面发表 12 篇有关稿件：头版，消息——《国务院关税税则委员会发布公告 对原产于美国部分进口商品加征关税 中国就美对华 301 调查项下征税产品建议清单正式启动 WTO 争端解决程序》；第 2 版，通讯——《两部委负责人回应中美贸易摩擦热点问题——打，奉陪到底！》，评论——《这场贸易战，中国有底气打赢！》；第 3 版，评论——《美方止损的唯一出路是悬崖勒马》（《钟声》栏目），消息——《外交部发言人——妄图通过施压或

① 当天第 23 版整版关注美国挑起的贸易战。

恫吓使中国屈服不会成功》《商务部新闻发言人就美方发布对华301调查项下征税产品建议清单发表谈话——有信心有能力应对美方任何贸易保护主义措施》《中国工商界坚决反对美拟对我产品加征关税》《中国机电产品进出口商会——坚决反对美对我产品加征关税 坚决支持中国政府反击措施》《中国驻美大使馆强烈谴责美对华发起301调查并公布征税建议》《中国驻世贸组织代表谴责美方蓄意严重违反世贸组织规则》;第5版,通讯——《针对美国公布加征关税的1 300余种中国商品清单,受访专家指出——保护主义提升不了美国竞争力》,评论——《美国保护主义执念存在严重缺陷》(《国际论坛》栏目)。

2018年4月6日,美国福克斯新闻网在头条位置报道中方反应。这一天,《人民日报》继续刊登有关报道、评论:头版,消息——《启动争端解决程序 坚决捍卫合法权益 中国已向世贸组织起诉美国232措施》;第2版,通讯——《国内两大智库的8位专家谈中美贸易摩擦:坚决有力,打疼美方》,评论——《美国为逆差大打出手是缘木求鱼》;第3版,通讯——《针对特朗普政府挑起的中美贸易争端,美国地方官员表示——"我们需要与中国有繁荣的贸易关系"》,评论——《关税威胁加剧欧美大西洋裂痕》(《国际论坛》栏目);第5版,通讯——《"美国的做法不仅伤害世界,也会伤害自身"》。

2018年6月15日,美国置中美双方已经形成的共识《中美经贸磋商的联合声明》于不顾,对中国输美产品抛出500亿美元征税清单,正式挑起了世界两大经济体之间的贸易战。《人民日报》2018年6月16日在第3版刊登报道《外交部发言人、商务部新闻发言人分别就美方公布对华贸易措施答记者问和发表谈话 中方坚决捍卫国家利益和人民利益》和署名评论《美方一意孤行必将损人害己》(作者:吴秋余)。《人民日报》2018年6月17日第2版刊登报道《国务院关税税则委员会发布公告 对原产于美国的五百亿美元进口商品加征关税》,配合中国政府对美外交;第3版刊登报道《担忧给全球经济带来巨大下行风险 国际舆论纷纷批评美国政府加征关税》。

2019年5月8日,《人民日报》第3版《钟声》栏目发表评论《关键之处见从容》,就美方关于加征关税的消息,表明中国立场,发出中国声音,为捍卫中国的国家利益提供舆论支持:"谈下去,谈好了,符合中美双方的利益,也符合世界利益。值得强调的是,中美双方曾经明确同意,要在互惠互利基础上拓展合作,在相互尊重基础上管控分歧,共同推进以协调、合作、稳定为基调的中美关系。美方应当按照这一共识指引的方向坚定往前走,推动双边经贸关系尽快回到正常轨道,让合作共赢造福两国和世界。这才是重信守诺的大国大义。"

在维护国家领土主权完整方面,《人民日报》《西藏日报》《新疆日报》等党报积极发声,坚决捍卫国家利益,坚决反对"港独""台独""藏独""疆独",坚决反对境内外势力挑战“一个中国”原则。

无论是“港独”“台独”，还是“藏独”“疆独”，都是损害民族利益的行为。《人民日报》在这方面主动担当起“国家利益捍卫者”的角色，为此刊发了大量的图文报道。2018 年 7 月 1 日，笔者以“九二共识”为关键词在《人民日报》图文数据库进行全文检索，可检索到 920 篇文章；以“台独”为关键词在《人民日报》图文数据库进行全文检索，可检索到 4 055 篇文章；以“藏独”为关键词在《人民日报》图文数据库进行全文检索，可检索到 383 篇文章；以“港独”为关键词在《人民日报》图文数据库进行全文检索，可检索到 83 篇文章；以“疆独”为关键词在《人民日报》图文数据库进行全文检索，可检索到 20 篇文章。

2016 年 11 月 4 日，十二届全国人大常委会第八十一次委员长会议 4 日下午在北京人民大会堂举行，会议听取了全国人大常委会副秘书长李飞作的关于委员长会议提请审议香港特别行政区基本法第一百零四条的解释草案有关情况的汇报。2016 年 11 月 5 日，《人民日报》在第 4 版刊出本报评论员文章《人大释法是权力也是宪制责任》对此予以声援。2016 年 11 月 5 日，《人民日报》第 4 版也刊出报道《香港舆论和社会各界人士指出 人大释法将有效维护香港法治》，其与上述评论相呼应，为全国人大针对“港独”专门释法提供舆论支持。2016 年 11 月 8 日，《人民日报》在第 4 版刊出本报评论员文章《中央依法打击遏制“港独”绝不手软》，文章指出：“全国人大常委会此次释法，起到了正本清源、划明底线、完善制度的作用，对今后香港特别行政区处理宣誓方面的有关问题提供了普遍、清晰的依据和指引。根据香港基本法，全国人大常委会解释法律具有最高的法律权威，所作法律解释与基本法具有同等效力，香港特区的行政机关、立法机关和司法机关都必须共同遵循。”

2016 年 11 月 8 日《人民日报》第 4 版还以公告的形式刊出全国人民代表大会常务委员会关于《中华人民共和国香港特别行政区基本法》第一百零四条的解释的全文，并刊出 5 篇以全国人大针对“港独”专门释法为主题的报道：《全国人大常委会办公厅举行新闻发布会 人大释法有利于保障“一国两制”正确实施》《外交部发言人：香港事务属中国内政，外国不应干涉》《国务院港澳办发言人就全国人大常委会有关解释发表谈话》《香港中联办负责人就全国人大常委会有关解释发表谈话》《香港特区行政长官梁振英表示 全面切实执行全国人大常委会解释》。

当一些国家侵犯“一个中国”原则，损害中国国家利益时，《人民日报》通常会协同外交部门给予舆论上的配合，共同捍卫国家利益。

2018 年 3 月 16 日（当地时间），美国方面签署“与台湾交往法案”。2018 年 3 月 18 日，《人民日报》第 12 版《钟声》栏目发表的题为《破坏中美关系政治基础是愚蠢的》

未署名文章称，美方一意孤行推出所谓“与台湾交往法案”，挑战一个中国底线，是对中美关系和台海局势的严重干扰，中国人民不会答应。这篇文章的下面，是消息稿件《外交部、国防部新闻发言人—— 坚决反对美方签署“与台湾交往法案”》。

2019 年 5 月 7 日（当地时间），美国国会众议院不顾中美关系大局，审议通过所谓的“2019 年台湾保证法”与“重新确认美国对台及对执行台湾关系法承诺”决议案。中方对此坚决反对并已向美方提出严正交涉。《人民日报》2019 年 5 月 9 日头版刊发本报评论员文章《中国捍卫核心利益的决心坚定不移》，文中严正指出：“这是粗暴干涉中国内政的冒险。……美方若一意孤行在错误道路上走下去，势将严重损害中美重要领域的合作和台海和平稳定。……中方严正敦促美方尊重中国主权，尊重国与国交往的底线，恪守一个中国原则和中美三个联合公报规定，阻止美国国会审议推进有关法案，妥善处理涉台问题。中国政府和人民有坚定的意志、充分的信心和足够的能力，挫败任何粗暴干涉中国内政的行为，坚定捍卫国家主权和领土完整。”

## 六、民意的倾听传播者

中国共产党党徽为镰刀和锤头组成的图案，镰刀、锤头分别代表农民、工人。中国共产党党章明确规定，中国共产党“代表中国最广大人民的根本利益”。为人民服务，是中国共产党的宗旨。

从中国共产党的党章、党徽、立党宗旨来看，党报都应该倾听民意、传播民意。

刘少奇对党报工作者说：“党要依靠你们。党怎样领导人民呢？除了依靠军政机关、群众团体领导人民之外，更多的更频繁的是依靠你们去联系群众，领导人民；经过你们这个工具，或者说是手段，去领导人民。……人民也是依靠你们的。你们记者会到各地去。人民想和毛主席通通气，想和中央通通气，有所反映，有所要求，有所呼吁。他们不会写字，邮路不通，电报不通，见毛主席很难见到。这是没法子的事情，本来天天见面就好了，可是办不到，没法子。这就依靠你们把他们的呼声、要求、困难、经验以至错误反映上来，变成新闻、通讯，给新华社，给各级党委，给党中央，给毛主席，这就联系起来了。”①

《人民日报》在党与群众血肉联系中起沟通作用，一方面要贯彻党的路线方针政策，另一方面还要反映群众的呼声、群众的意见；社会政治民主化进程不断推进，人们

---

① 刘少奇.对华北记者团的谈话[A]//中国社会科学院新闻研究所.中国共产党新闻工作文件汇编：下册.北京：新华出版社，1980：251.

思想观念解放，诉求渴望得到回应；新媒介格局下，获取和传播信息的便捷让民众有各种渠道发声，基于上述几点，《人民日报》有责任担当起“民众意见呼声的倾听者、传播者和回应者”的角色。

2009 年《人民日报》改版后，增设社会建设新闻，另外开设特色版“民生周刊”，该版主要关注老百姓关心的一些问题。[①]《民生调查》《民生观》栏目根据民生热点问题展开调查，发表观点，为民众呼吁。《百姓生活》《连线基层》栏目通过对基层的报道，将民众的声音和状态通过新闻的形式呈现出来。“读者来信”版面开设有近 30 个年头，文章内容以读者第一人称的形式报道，是民众表达意见最直接的方式。重视民众的呼声，《人民日报》能够起到社会舆论稳压器的作用。随着社会形态的加速转型，各类问题层出不穷，各类矛盾集中爆发，人民内部具体利益矛盾也凸显出来，社会成员的多元利益诉求交织产生矛盾，要用倾听、回应的方式来疏导民众焦虑，稳定社会情绪。

最能体会政策在实行中有不足之处的往往是民众，所以倾听民众的意见和呼声，能够有效了解社会现状以及政策贯彻成效。民众提出的建议，是源于他们的困难和诉求，倾听他们的呼声，是了解党的工作不足之处的有效途径。《人民日报》不仅要传播对党的赞美声，还要传播人民群众的呼声。从舆论监督角度而言，对于群众的声音不能“堵”，要“疏”，在新媒介格局舆情复杂且平台多元的情况下，民众可能通过各种渠道发泄，与其如此造成不可控的负面影响，倒不如《人民日报》提供渠道来倾听，来回应。

《人民日报》的“读者来信”版面，在 2008 年 12 月 6 日刊登了年仅 9 岁女孩的来信，题目是《我和母亲的合法权益被村干部剥夺》，信件中称其母亲离婚后，村里的土地补偿款、医疗救助款以及基本养老保险金均没有发放给其母亲，被村里扣留，希望有关部门主持公道。信件在《人民日报》刊登以后，引起了小女孩所在地区金台区西关街道办事处工作人员以及其所在村的村支书的反馈，反馈称，此问题涉及全村，会召开村民大会讨论解决此事。《人民日报》利用其强大的舆论监督功能，帮助小女孩维权成功。随着社会的发展，民众的维权意识不断加强，维权的成果却不太显著。《人民日报》捍卫人民各个方面的正当权益，如消费维权方面，《人民日报》刊出《消费维权呼唤“诚信中国”》，呼吁企业诚信；刊出《淘宝舌战工商总局：电商应负把关责任》，呼吁规范网络市场；刊出《把霸王条款撤下餐桌 》，呼吁公平交易。在文教维权方面，2013 年 6 月 13 日，《人民日报》的“文教周刊”版，用了二分之一的版面刊登了《编剧维权，为啥这么难》，报道针对编剧被欠薪，署名权被剥夺现象，探析编剧维权的难点及对策，呼吁规范编剧维权。

---

① 杭孝平，陈坚.把握时代潮流 树立党报权威——《人民日报》五次扩版述评[J].新闻知识，2010(7).

《人民日报》的"读者来信"版已创办多年。[①] 近年来,"读者来信"版面每周二出版,包含的子栏目有:《读者聚焦》《建议》《曝光》《身边事》《来信》《读者论坛》《金台视线》等。除《金台视线》是《人民日报》记者撰写的调查报道或者评论外,其余栏目均采用读者来信反映的形式。《人民日报》用人民群众反映问题的声音形成舆论,以此促成问题的解决,事情的进展也是用读者的声音展现,刊登在《读者追踪》《读者反馈》子栏目。由此可见,《人民日报》能够一定程度担任"帮办者"和"跑腿者"的角色,能促成部分群众问题的解决,但是仍力度有限。

《人民日报》对民众正当权益的捍卫能涉及生活的各个方面,在报纸上大事小事的维权都能够得到各界关注。

2018 年 3 月 31 日《人民日报》头版刊登吕晓勋的短评《给孩子高质量陪伴》,反映了孩子们的声音——需要陪伴,并呼吁家长们给予孩子高质量的陪伴。

《安徽日报》有个"社情民意"版面,也在倾听、传播民意民声。例如,该报 2018 年 5 月 30 日的"社情民意"版面(第 12 版),刊登了如下稿件:《开山挖石太扰民》《乱扔垃圾应整治》《超载车辆须严查》《应为考生和家长减减压》。特别值得一提的是,这个版面有一个特别栏目《跟踪鸡毛信》,该栏目文章标题是《信访反映民意 请速查处回复》,这一天刊登了 9 条群众信访线索。

## 七、舆论的回应引导者

党报对舆论的引导,因其权威性,影响很大。邓小平在中央党政军机关副部长以上干部会议上讲道:"《人民日报》对上访问题发表过两篇文章,时间相隔不久。第一篇是 9 月 17 日,文章一出去,上访人员呼噜呼噜地都上来了;第二篇是 10 月 22 日,文章把道理讲清楚了,上访人员很快就减少了。这说明什么呢? 说明单单是报纸的舆论就可以发生这样大的影响。"

评论栏目和评论版面是党报发表观点的重要阵地,党报以评论的方式对社会上的热点事件发表观点,以此引导社会舆论,或在调查事实的基础上进行评论,以还原事件本质,疏导民众情绪。[②] 这时候,党报便承担了"社会舆论的回应者和引导者"的角色。

例如,《人民日报》的"评论"版在 2013 年 5 月 20 日至 24 日连续刊发 5 篇评论,为"辩证看待社会发展与问题"的系列评论,文章从不同角度对观点加以论述,将社会舆

① 马会玲.《人民日报》读者来信版研究(1949—1952)[D].南京:南京大学,2013.

② 米博华.党报评论的定位与发展——关于党报评论工作的交流[J].中国记者,2005(6).

论引导至“辩证认识转型期中国”的特定方向，帮助社会缓解舆论压力，促进社会稳定。

2017 年 3 月 25 日，《南方周末》刊发的深度报道《刺死辱母者》在互联网空间引起广泛关注、转发、评论，“辱母杀人案”迅速成为舆论焦点。《人民日报》评论部微信公众号“人民日报评论”快速反应，当天推出锐评《辱母杀人案：法律如何回应伦理困局》①，其中写道：“舆论的强烈反应提示我们，应该正视此事发生之时的伦理情境，站在当事人的角度更多考虑。在某种程度上，也正是这样的伦理情境，让很多人在讨论这一案件时，不仅基于法律来做出自己的判断。”这篇评论虽未刊发于纸质版《人民日报》，但在微信平台的阅读量很快突破 100 000+，截至 2017 年 3 月 27 日获得 4 500 多个点赞。

近年来，网上和线下大量出现以“再评价”“揭秘”“纪实”为名诋毁英雄、消解崇高、虚无历史的杂音噪音，②在一定程度上动摇着人们的理想信仰，削弱着人们的责任担当，各级党报对此及时有力地进行反驳和引导，并最终促成了《中华人民共和国英雄烈士保护法》的诞生。

2017 年 2 月 6 日，影评人、编辑@黄青蕉 贴出一条质疑“八千湘女上天山”正当性的微博，③引起网民热议和舆论“恐慌”。对此，湖南省级党报《湖南日报》于 2017 年 2 月 24 日第 3 版刊出陈瑞来的评论《“八千湘女上天山”不容虚无》予以引导。这篇评论的全文见图 4-2。

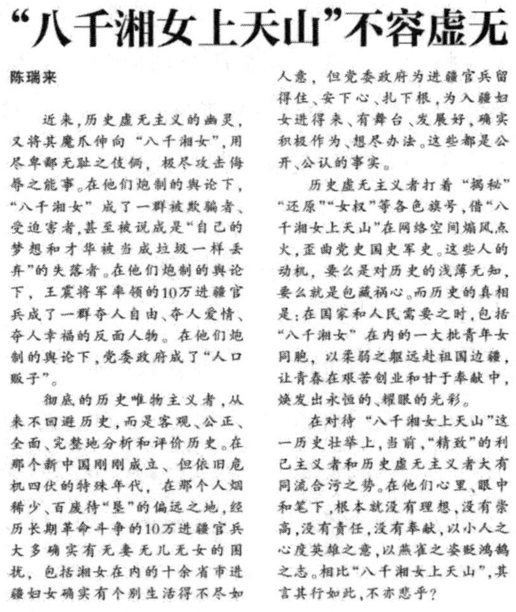

“八千湘女上天山”不容虚无

陈瑞来

近来，历史虚无主义的幽灵，又将其魔爪伸向“八千湘女”，用尽卑鄙无耻之伎俩，极尽攻击侮辱之能事。在他们炮制的舆论下，“八千湘女”成了一群被欺骗者、受迫害者，甚至被说成是“自己的梦想和才华被当成垃圾一样丢弃”的失落者。在他们炮制的舆论下，王震将军率领的10万进疆官兵成了一群夺人自由、夺人爱情、夺人幸福的反面人物。在他们炮制的舆论下，党委政府成了“人口贩子”。

彻底的历史唯物主义者，从来不回避历史，而是客观、公正、全面、完整地分析和评价历史。在那个新中国刚刚成立、但依旧危机四伏的特殊年代，在那个人烟稀少、百废待“垦”的偏远之地，经历长期革命斗争的10万进疆官兵大多确实有无妻无儿无女的困扰，包括湘女在内的十余省市进疆妇女确实有个别生活得不尽如人意，但党委政府为进疆官兵留得住、安下心、扎下根，为入疆妇女进得来、有舞台、发展好，确实积极作为、想尽办法。这些都是公开、公认的事实。

历史虚无主义者打着“揭秘”“还原”“女权”等各色旗号，借“八千湘女上天山”在网络空间煽风点火，歪曲党史国史军史。这些人的动机，要么是对历史的浅薄无知，要么就是包藏祸心。而历史的真相是：在国家和人民需要之时，包括“八千湘女”在内的一大批青年女同胞，以柔弱之躯远赴祖国边疆，让青春在艰苦创业和甘于奉献中，焕发出永恒的、耀眼的光彩。

在对待“八千湘女上天山”这一历史壮举上，当前，“精致”的利己主义者和历史虚无主义者大有同流合污之势。在他们心里、眼中和笔下，根本就没有理想，没有崇高，没有责任，没有奉献，以小人之心度英雄之意，以燕雀之姿眨鸿鹄之志。相比“八千湘女上天山”，其言其行如此，不亦悲乎？

**图 4-2 《湖南日报》2017 年 2 月 24 日刊出的评论**

---

① 网址为 http://mp.weixin.qq.com/s/TYQW8_JAgn9mRbjVYw0E8w。

② 例如，2013 年 5 月 22 日，网络大 V 孙杰在新浪微博通过用户名为“作业本”的账号发文称：“由于邱少云趴在火堆里一动不动最终食客们拒绝为半面熟买单，他们纷纷表示还是赖宁的烤肉较好。”北京市大兴区人民法院认为，孙杰发表的言论是对邱少云烈士人格的贬损和侮辱，属于故意的侵权行为，且该言论通过公众网络平台快速传播，已经造成了严重的社会影响，伤害了社会公众的民族和历史感情，同时损害了公共利益，也给邱少云烈士的亲属带来了精神伤害。

③ 其核心观点是：这群湖南籍女青年以为自己入伍是保卫建设边疆，却被强行嫁给老男人。详见 http://news.ifeng.com/a/20170209/50668452_0.shtml。

为正本清源、以正视听,《人民日报》刊登了《网络不能成为诋毁英雄之地》①、《忘记英雄的民族没有魂》②、《抹黑英雄恶搞历史成网络公害》③、《对否定英雄的错误思潮说不》④、《"我们和英雄在一起"——社会各界"捍卫英雄"行动综述》⑤、《崇尚英雄 捍卫英雄》⑥、《仰望英雄 砥砺精神》⑦、《英雄精神历久弥新》⑧、《崇尚英雄才会诞生英雄》⑨等报道和评论,批评诋毁英雄的言行,倡导"崇尚英雄,捍卫英雄"。

党报的舆论引导,不但包括事后引导,还包括前置引导。例如,2018 年 5 月 20 日,《人民日报》第 2 版在刊登报道《中美就经贸磋商发表联合声明》⑩的同时,刊登《扩大进口有利于民生福祉——访北京大学国家发展研究院教授余淼杰》《我国能源领域对外开放不断扩大》两篇报道对可能发生的重要舆情(有些人可能指责中国在经贸磋商中对美国让步过多)进行前置的预防性引导。

党报对舆论的回应和引导,不但有对国内舆论的回应和引导,而且还有对国外舆论的回应和引导。

例如,2016 年 8 月 2 日至 5 日,周世锋、胡石根、翟岩民、勾洪国颠覆国家政权犯罪案件一审先后由天津市第二中级人民法院公开开庭审理并当庭宣判,周世锋、胡石根、翟岩民、勾洪国分别被判处七年半至三年不等有期徒刑,其中翟岩民、勾洪国被宣告缓刑。西方反华势力和部分外国媒体对此案颇为不满,在网上为这四名罪犯张目,这是媒介新格局中的涉外舆论战。所以,《人民日报》有针对性地刊发了有关报道和评论。2016 年 8 月 4 日,《人民日报》第 10 版刊发《胡石根颠覆国家政权案一审当庭宣判——被告人被判刑七年半,表示认罪悔罪不上诉》《"推墙"思想如何蛊惑人心?——聚焦胡石根颠覆国家政权案一审庭审辩论》。2016 年 8 月 5 日,《人民日报》第 10 版刊发《周世锋案一审当庭宣判 颠覆国家政权罪名成立——被告人被判处有期徒刑七

---

① 甄言.网络不能成为诋毁英雄之地[N].人民日报,2015-04-29(5).

② 辛士红.忘记英雄的民族没有魂[N].人民日报,2015-06-17(4).

③ 蒋波.抹黑英雄恶搞历史成网络公害[N].人民日报,2015-06-25(23).

④ 王卫星.对否定英雄的错误思潮说不[N].人民日报,2015-07-23(7).

⑤ 倪光辉."我们和英雄在一起"——社会各界"捍卫英雄"行动综述[N].人民日报,2015-07-27(6).

⑥ 倪光辉,冯春梅,葛亮亮.崇尚英雄 捍卫英雄[N].人民日报,2015-09-07(6).

⑦ 李拯.仰望英雄 砥砺精神[N].人民日报,2015-09-30(5).

⑧ 银城.英雄精神历久弥新[N].人民日报,2017-09-17(6).

⑨ 李斌.崇尚英雄才会诞生英雄[N].人民日报,2018-05-04(4).

⑩ 声明内容如下:"……双方同意,将采取有效措施实质性减少美对华货物贸易逆差。为满足中国人民不断增长的消费需求和促进高质量经济发展,中方将大量增加自美购买商品和服务。这也有助于美国经济增长和就业。双方同意有意义地增加美国农产品和能源出口,美方将派团赴华讨论具体事项。双方就扩大制造业产品和服务贸易进行了讨论,就创造有利条件增加上述领域的贸易达成共识。双方高度重视知识产权保护,同意加强合作。中方将推进包括《专利法》在内的相关法律法规修订工作。双方同意鼓励双向投资,将努力创造公平竞争营商环境。双方同意继续就此保持高层沟通,积极寻求解决各自关注的经贸问题。"

年，表示认罪悔罪不上诉》《一个死磕律师的收场——聚焦北京锋锐律所主任周世锋案庭审》《全国律协负责人就周世锋案答记者问——坚决支持法院一审判决 律师当坚守三条法律底线》。2016 年 8 月 6 日，《人民日报》第 4 版刊发本报评论员文章《用法治守护国家安全》、述评《人民根本利益国家法律尊严不容挑战——周世锋胡石根翟岩民勾洪国颠覆国家政权犯罪案件警示录》。同一天的《人民日报》第 5 版刊发 3 篇相关文章：《周世锋胡石根翟岩民勾洪国颠覆国家政权案一审公开开庭审理并当庭宣判——四名被告人均当庭表示认罪服法不上诉》《北京锋锐律师事务所律师王宇——若强颁“人权奖”，是对人权的践踏和侵犯》《勾洪国颠覆国家政权案一审宣判——被告人当庭表示不上诉》。

党报对舆论的回应和引导，也覆盖到民生消费等其他领域。

例如，2018 年 7 月 27 日起，《人民日报》在“百姓生活”版连续刊发多篇通过采访权威专家揭穿一些影响较大的食品谣言的文章，引导人们增强识别食品谣言的能力，恢复消费信心，不信谣不传谣。这些文章包括：《“棉花”真能变“肉松”吗？》《味精加热后真的有毒吗？》《打过药的木耳还能吃吗？》《空心菜重金属含量一定超标吗？》《食盐中的亚铁氰化钾有毒吗？》《大蒜炝锅真的致癌吗？》《喝醋能软化血管吗？》《水果能靠甜蜜素增甜吗？》《洋葱真能杀死感冒病毒吗？》。

## 八、社会主义核心价值观倡导者

“所有舆论引导的努力，最后都要归结到价值认同。”①

“社会主义核心价值观倡导者”，是指倡导和宣传社会主义核心价值观的人或机构。承担“社会主义核心价值观倡导者”角色的人或机构致力于宣传社会主义核心价值观内涵，把富强、民主、文明、和谐、自由、平等、公正、法治、爱国、敬业、诚信、友善的价值观植入人心，熏陶、引导民众践行核心价值观。②

媒介新格局下，传播的多元化必然带来价值观的多元化，《人民日报》承担起社会主义核心价值观倡导者的角色，能规范和引导民众的价值观。社会主义核心价值观规范着个人、社会、国家层面的价值取向，是社会主义核心价值体系的内核，是自中华人民共和国成立以来，党探索价值体系建设的思想结晶、精神支柱、行动导向。

近年来，以《人民日报》为代表的党报不遗余力地做好社会主义核心价值观宣传

---

① 文小天.这些年，中共怎么学习讲故事[N].南方周末，2016-08-25(B10).

② 黄三生.国内关于社会主义核心价值观概念的研究综述[J].华东交通大学学报，2012(6).

者,该报的新闻报道、评论以及其他文章都有涉及核心价值观的宣传和弘扬内容。

2014年2月12日,《人民日报》在头版向社会公布24字的社会主义核心价值观基本内容:富强、民主、文明、和谐,是国家层面的价值目标;自由、平等、公正、法治,是社会层面的价值取向;爱国、敬业、诚信、友善,是公民个人层面的价值准则。

从2014年2月12日起,《人民日报》陆续在头版刊登本报评论员文章,倡导弘扬社会主义核心价值观,标题依次是《人民有信仰,国家才有力量——一论弘扬社会主义核心价值观》《追求矢志不移的强国梦想——二论弘扬社会主义核心价值观》(2014年2月13日)、《坚守公平正义的共同信念——三论弘扬社会主义核心价值观》(2014年2月14日)、《培育昂扬向上的公民品格——四论弘扬社会主义核心价值观》(2014年2月17日)、《呼唤莫若实干 心动不如行动——五论弘扬社会主义核心价值观》(2014年2月18日)。

2014年,《人民日报》开辟《点赞中国》《诚信中国》《对话价值观》和《培育和践行社会主义核心价值观》(2014年2月13日在第4版开栏)等新栏目,专门倡导核心价值观。

《人民日报》的《点赞中国》栏目,致力于为小人物点赞,树立核心价值观。2014年8月9日,《点赞中国》专栏开始在《人民日报》第4版推出,其以弘扬社会主义核心价值观为主题,面向社会征集稿件,分为"点赞中国·爱国、敬业、诚信、友善""点赞中国·随手拍""点赞中国·新闻追踪"和"点赞中国·月度人物"。目前,该栏目已有上百篇的报道反映社会各阶层小人物的善行义举,这些义举有安徽夫妇无偿捐献儿子器官感动苏州;山西"救人交警"贺兵、王风战、张鹏本能推开群众,不幸一人殉职、两人重伤;"托举大叔"陈群为救落水老人溺水身亡;湖北"信义夫妻"生死践诺,湖北应城农民工邓双生遵亡妻嘱如期发放工薪;广西柳州男孩被卷车底,路人徒手抬车救人,等等。《点赞中国》栏目利用民众自己的力量,将蕴含在社会中的道德力量汇聚起来,传递出来,形成风尚。《人民日报》刊登后,各类媒体网站纷纷转载宣传,促进了社会主义核心价值观的弘扬。《点赞中国》中的人物、事迹,对广大民众起着鞭策、鼓舞、引导的作用,营造了良好的践行社会主义核心价值观氛围。

《人民日报》的《诚信中国》专栏于2014年8月10日开栏,栏目设置在《人民日报》头版,聚焦核心价值观中的诚信问题。栏目用"我"的所见所闻,讲述身边关乎诚信的故事,传递美好,鞭挞丑陋,揭露问题,让诚信深植。该栏目首篇报道《郑州七旬老人打工还债十七年》讲述古稀老人还款50万的诚信故事;《彭阳,诚信故事讲不完》讲述了彭阳村的几个讲诚信的故事;《守信处处受益 失信寸步难行——惠州市:为诚实守信者铺路》讲述了惠州市实行多种举措让守信人受益,失信人难行;另外还有《宁愿不扩

张 也要控品质》等报道，这些报道在社会上引起强烈反响，让诚信再次被民众所重视，净化了社会风气。《人民日报》用漫画形式在广告版块整版刊登“图说价值观”公益宣传广告。

2014 年 8 月 11 日开始，《人民日报》推出《对话价值观》栏目，以对专家学者访谈的形式，每期设置价值观的一个方面作为话题，让受访者谈对价值观的理解，从而带领读者一起学习价值观。表 4-3 为 2014 年 8 月 11 日—2015 年 1 月 27 日的《对话价值观》栏目内容。

**表 4-3 《人民日报》宣传核心价值观的部分文章**

| 序号 | 内容 | 标题 | 序号 | 内容 | 标题 |
|---|---|---|---|---|---|
| 1 | 富强篇 | 民富国强 互为依存 | 11 | 诚信篇 | 履约践诺 诚实守信 |
| 2 | 民主篇 | 民主，让人民当家作主 | 12 | 友善篇 | 善心善举 守望相助 |
| 3 | 文明篇 | 五位一体 共筑文明 | 13 | 特别报道 | 汇集向上向善的精神力量 |
| 4 | 和谐篇 | 和谐共存 理解包容 | 14 | 领导干部篇 | 德可为师 行可为范 |
| 5 | 自由篇 | 自由，从心所欲不逾矩 | 15 | 领导干部篇 | 深明大德 严守功德 |
| 6 | 平等篇 | 发展成果 全民共享 | 16 | 公众人物篇 | 公众榜样 价值引领 |
| 7 | 公正篇 | 公正，堪比阳光雨露 | 17 | 特别报道 | 处世之本 治学之魂 |
| 8 | 法治篇 | 依法治国 全民共识 | 18 | 青少年篇 | 正心修德 茁壮成长 |
| 9 | 爱国篇 | 以报国之行，明爱国之志 | 19 | 先进模范篇 | 平淡榜样，精神脊梁 |
| 10 | 敬业篇 | 敬业，平凡中的伟大 | 20 | 特别报道 | 巾帼瞭望者 时代记录人 |

“公益广告通俗易懂，观众喜闻乐见，富有震撼力和感召力，可以使社会主义核心价值观的宣传和各项方针政策的宣传通俗化、具象化、大众化，是倡导文明新风、讲好中国故事、构建国家文化软实力的重要力量。在新闻宣传方式不断加以改进，传统媒体和新兴媒体融合发展的大环境下，微言大义的公益广告直抵人心，影响力巨大。”①

《人民日报》《江西日报》等党报还经常刊登以“社会主义核心价值观”为主题的公益广告，弘扬、倡导以“富强、民主、文明、和谐、自由、平等、公正、法治、爱国、敬业、诚信、友善”为内容的社会主义核心价值观。这是党报在媒介新格局中承担的新角色。

例如，2016 年 11 月 6 日的《人民日报》第 5 版整版刊登公益广告《德高福大 吉庆有余》，2016 年 11 月 12 日的《人民日报》第 8 版整版刊登公益广告《播种善良 幸福吉祥》，2018 年 5 月 20 日的《人民日报》第 8 版整版刊登公益广告《勤俭持家 福运长久》（见图 4-3）。

---

① 丁俊杰.公益广告正成为核心价值观重要传播形式 微言大义 直抵人心[N].人民日报，2014-12-29(6).

图 4-3　《人民日报》宣传核心价值观的公益广告

党报倡导社会主义核心价值观，除了刊登公益广告、刊发有关报道外，还有别的抓手。

2015 年 12 月 4 日，“法媒银 · 失信被执行人曝光台”[①]在江西日报社所属的中国江西网上线，其由江西日报社、江西省高级人民法院、省内 18 家银行共同打造，旨在通过曝光失信被执行人（俗称赖账“老赖”），迫使有关人员履行法定义务，开创了人民法院、新闻媒体、银行金融机构联合惩戒失信被执行人的新模式，在“诚信”方面实现了社会主义核心价值观由“软性要求”向“硬性规范”的转变（见图 4-4）。截至 2017 年 3 月，该平台共曝光 3.2 万名失信被执行人，其中 5 952 人主动履行了义务，标的额达4.13亿元。537 万人次通过“法媒银平台”查询有关信息，收到有效举报信息 200 多条。[②]

江西日报社的这一创新举措对失信被执行人产生了强大的心理震慑作用，产生了非常好的传播效果，[③]获得了中共中央宣传部、最高人民法院、中共江西省委、江西省

---

① 网址为 http://cx.jxnews.com.cn。

② 王晖，王宣海.以融合促进融入 以创新成就创造——从“法媒银平台”看社会主义核心价值观融入法治建设的传播效应[J].新闻战线，2017(9).

③ 《人民日报》2017 年 6 月 21 日第 4 版的消息《“推进诚信建设制度化培育践行核心价值观”》称，截至 2017 年 5 月底，共有 681 万人次通过“法媒银平台”查询失信名单，在曝光的 3.4 万名典型“老赖”中有 6 324 人履行了义务，标的额达 5.06 亿元。

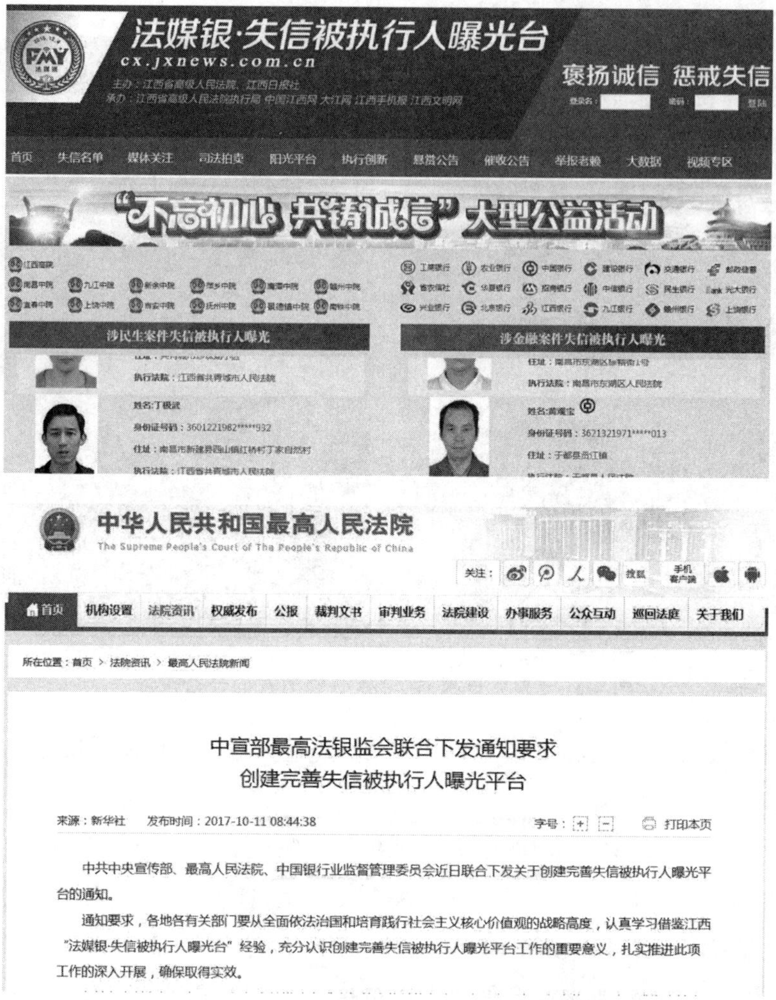


**图 4-4 中国江西网“法媒银·失信被执行人曝光台”网页截图**

政府、中共江西省委宣传部、《人民日报》的高度肯定和社会人士的广泛好评。[①]

2017 年 10 月，中共中央宣传部、最高人民法院、中国银行业监督管理委员会联合下发《关于创建完善失信被执行人曝光平台的通知》，其中要求，各地各有关部门要从全面依法治国和培育践行社会主义核心价值观的战略高度，认真学习借鉴江西“法媒银·失信被执行人曝光台”经验，充分认识创建完善失信被执行人曝光平台工作的重要意义，扎实推进此项工作的深入开展，确保取得实效。

对违背社会主义核心价值观的现象展开深度报道，也是党报担当“社会主义核心

① 推进诚信建设制度化 培育践行核心价值观 现场交流会[EB/OL].(2017-06-20)[2018-04-18].http://cx.jxnews.com.cn/zt/xcjlh/.

价值观倡导者”角色的具体表现。2018 年 6 月 26 日起,《人民日报》在“读者来信”版(第 19 版)推出“关注诚信缺失问题”系列报道,结合读者来信,就相关现象展开报道和讨论,与广大读者共同探讨“如何弘扬诚实守信的文明风尚,完善对失信行为的惩戒机制,共同呵护诚信社会的良好环境”。2018 年 6 月 26 日、7 月 3 日、7 月 4 日,针对读者反映较多的“保健品坑老”“网络售假”“虚假广告”等问题,《人民日报》先后刊出记者调查报道,并通过话题预告组织读者分享被骗经历,探寻对策。

## 第二节 兼职角色

党报的兼职角色是党报可以担当,也可以不担当的角色。

在国外,一些党报(见图 4-5 中的美国共产党党报①)承担着“党员招募者”②、“政党经费募捐者”的角色。这两类角色,中共党报暂未承担。

**图 4-5 美国共产党党报《人民世界报》网站截图**

### 一、智库服务提供者

“智库服务提供者”角色,是指党报中的“专家型”记者利用采访调研的便利,对接专家资源,党报通过提供专业化的智库服务,成为党委和政府的智囊团和编外参谋,充当党委和政府的参谋者。

党报立于党和人民之间,处在承上启下、协调左右、联系各方的枢纽地位,可以为

---

① 详见 https://salsa3.salsalabs.com/o/51018/p/salsa/donation/common/public/? donate_page_KEY=13345。

② 日本共产党中央委员会建议党报《赤旗》的发行系统“在读者中发展党员”。

建言献策提供绝佳平台，也能扮演好“党委和政府的参谋和助手”的角色。

党报是党重要的执政资源，是党的耳目喉舌，同时也是人民的耳目喉舌，这就决定了党报是联系党和人民的桥梁，有义务和责任参与到国家的治理中。[①] 党报要在党和人民之间搭建桥梁，汇集群众的智慧，为党治理国家出谋划策，党报的受众群体多是党政工作人员、高级知识分子，往往能提出切实有效的对策建议，或者能够根据党委已经实施的工作做出反馈，提出改进意见。党报利用好这些资源，就能够担当好“智囊团和参谋者”的角色。

媒体与智库向来关系密切。一方面，媒体是智库成果转化的重要渠道；另一方面，媒体记者也是智库的重要成员。党报建设智库型媒体具有渠道优势、传播优势和地位优势。[②]

“为官一任，造福一方，离不开党报这个好参谋、好帮手。”[③]2016 年，中共河北省委常委、石家庄市委书记孙瑞彬在《人民日报》6 月 30 日第 5 版刊文提倡“用好党报这个好参谋”。

2015 年年初，中共中央办公厅、国务院办公厅印发《关于加强中国特色新型智库建设的意见》，明确提出要支持部分科研院所、高校和新闻媒体先行开展高端智库建设试点工作。这为党报建设智库型媒体提供了难得的历史机遇和新的角色选项。迄今为止，已经有一些党报在尝试担当“智库服务提供者”角色。

南方日报社旗下的南方舆情事业部（现名：南方舆情数据事业部）、南方舆情研究院（现名：南方舆情数据研究院）从 2014 年 4 月启动服务，为超过 100 家用户提供智库服务，在很多危机事件“风起于青萍之末”时就开始介入，发现舆情、分析舆情，对危机事件做出预警并提出对策建议。

《南方日报》佛山全媒体城市智库的定位是：“我们是《南方日报》、南方网、南方＋落地佛山的报网端融合生产运营平台；我们是全媒体城市智库，坚持城市智库与新媒体信息服务双轮驱动；做城市的研究者、青春的思想者、悦读的慢新闻、主流的全媒体。”《南方日报》佛山新闻部主任何又华主张：“媒体人要从管理信息转变成管理知识，党报要成长为新型智库，记者要在碎片化的信息生产中建立起独有的思想模型。”[④] 2017 年，《南方日报》佛山记者站的记者升级为“城市智库”专家和研究员，为政府部门

---

① 张春林.论毛泽东党报群众观及现实意义[J].采写编，2008(2).
② 张苏敏.党报建设智库型媒体：定位、模式与发展策略[J].新闻世界，2015(8).
③ 孙瑞彬.用好党报这个好参谋[N].人民日报，2016-06-30(5).
④ 王玉洁.党报要成长为智库 记者要更有思想[N].海南日报，2016-02-26(A4).

完成供给侧改革、工业 4.0 等 10 余个大型调研报告。[①]

地市级党报也可以担当“智库服务提供者”角色。

2018 年 3 月 30 日，佛山日报社创办的佛山传媒智库正式挂牌成立，开始探索传统媒体服务党委政府的传媒智库模式。[②]

湖北省襄阳日报传媒集团拥有《襄阳日报》《襄阳晚报》《新襄阳》等主流媒体资源，集团发起成立襄阳市智慧文化研究会、襄阳市茶文化研究会等智库机构，汇聚多个领域的近百名专家，定期或不定期组织专题研讨，发布研究报告，着力打造襄阳智慧文化创意园，延伸智库产业链条，为襄阳的城市品牌传播和经济社会发展提供智库服务。[③]

## 二、媒介经营者[④]

对政党而言，更重要的是，经营状况好的党报，理论上可以为政党增加经济收入，成为政党的重要财源，为政党的生存发展、政治活动提供物质支持。例如，日本共产党党报《赤旗》就是如此。报纸、杂志和书籍的收入占了日本共产党的政治资金总收入的 83％以上，利润部分也成了党开展政治活动的最重要的资金来源。由于根植于普通民众的基层组织的存在和近乎无偿的奉献，日本共产党形成了以报纸收入为政治活动资金基础的财政特征。[⑤]

“媒介经营者”角色是指通过经营媒介以获得经济效益的人或机构。媒介经营者借助传播手段、传媒的功能价值和公众的认知度以及社会影响力将传播职能与经营管理有机结合起来，实现传媒组织的社会效益及经济效益。党报担当“媒介经营者”的角色，不仅是为了创收、盈利，与行业前沿紧密对接，不错失发展良机，还为了与受众的流动紧密对接。

党报是一种特殊的媒介——政治传播媒介，以传播政治信息为立身之本。为影响民众或本党党员，开展发行活动是每家党报必然要做的规定动作，但是，开展市场化媒介经营，并不是党报必然要做的。在 20 世纪的很长时间里，党报放弃了以盈利为目标的市场化媒介经营。

---

① 李霄峰，刘焜.媒体深度融合背景下党媒服务地方政府模式浅析[J].传媒评论，2008(6).

② 邱乐.探索传统媒体转型，服务佛山改革发展　佛山传媒智库挂牌成立[N].佛山日报，2018-03-31(A3).

③ 陈栋，王丽明.主流媒体打造新型智库的五大优势[EB/OL].(2016-08-24 )[2018-04-18].http://mp.weixin.qq.com/s/SH_Z2WVyXBlPMWZUANwnPg.

④ 王卫明，辛晖晖.证券化：中国内地传媒发展的新风口[J].传媒观察，2016(5)：9-12.

⑤ 龙一春.日本传媒体制创新[M].广州：南方日报出版社，2006：69，73.

改革开放以来，党报的媒介经营先后经历了恢复广告经营、兴办晚报和都市报①、整体集团化、资产证券化四个发展阶段。1979 年 1 月 4 日，《天津日报》率先恢复刊登商业性广告，广告主题是“天津牙膏主要产品介绍”，这是改革开放后中国党报的第一条工商产品广告。1979 年 11 月 1 日，南昌日报社旗下的《南昌晚报》恢复出刊，成为“文化大革命”后全国第一家复刊的晚报。1993 年 8 月 1 日，贵州日报社创办《贵州都市报》，这是最早以都市报命名的城市综合性日报。1996 年，《广州日报》率先成立报业集团。

媒介经营的中级阶段，是基于媒介经营的版权运营、IP 运营阶段。在这个阶段，党报扮演“版权运营者”角色②和“文化产业运营者”角色③。

媒介经营的高级阶段，是基于媒介经营的资本运营阶段。

“资本市场对公司治理有着标准化、规范化的要求，能够为传统媒体转换经营机制创造条件，为传统媒体与新兴媒体有效对接融合奠定良好的基础。”④

登陆资本市场，开展资本运作，虽然不是所有党报的必然选择，却是市场经济条件下党报可以考虑的重要选项。

资本运作，不同于一般的资金运作（资金额度较大），是在资本市场通过买卖企业或资产而赚钱的经营活动，具体形式主要包括：(1)发行股票、发行债券、配股、增发新股、转让股权、派送红股、转增股本、股权回购（减少注册资本）；(2)企业的合并、托管、收购、兼并、分立，对企业资产进行剥离、置换、出售、转让等重组运作；(3)对企业之外的商业项目进行风险投资，获得投资收益。

实施资本运作，是传媒做大、做强、做久的重要手段，这一点已被国外许多传媒集团的实践所证明。中信证券总经理程博明表示：“经过 20 年的发展，中国资本市场取得了令人瞩目的成就，但文化传媒业市值占总市值的比例还非常低。”⑤

资产证券化，是当今传媒集团进一步做大做强的必然选择。传媒上市，可以为传媒行业带来很多好处。

(1)可以提升品牌形象。上市公司的身份，就是一块金字招牌。公司上市的门槛

---

① 1979 年 10 月 1 日，人民日报社创办第一份子报《市场报》，这是中国第一份经济类报纸，也是首份彩色印刷的报纸。

② 党报生产的内容在被转载时有些不收费，有些独家内容则收费，部分党报已经建立起党报集团版权联盟。

③ 比较典型的是：南方日报社主导的“289 艺术园区”，江西日报社主导的“豫章一号”文化科技园。

④ 王晖，王宣海．借力资本市场 助推转型发展——“大江传媒”走向资本市场的战略选择[J]．中国记者，2015(11)：36．

⑤ 刘阳．人民网今日成功上市 开盘报 31.01 元涨 55.05%[EB/OL]．(2012-04-28)[2020-09-17]．http://news.cntv.cn/20120428/116269.shtml．

是比较高的，公司一旦上市就意味着跨过了这道高高的门槛，其实力不容小觑。拥有上市公司的传媒机构（或本身就是上市公司的传媒机构），相比上市前，更容易得到人们的认可，其知名度、美誉度、可靠度都会因上市而得到明显的提升，享受“明星企业”的待遇。

（2）可以带来直接的资金收入。上市的传媒机构可以通过 IPO（首次公开募股）、定向增发股份等方式，或通过出售部分股份获得直接的资金收入。例如，人民网上市时共募资 13.8 亿元。2013 年 4 月，“浙报传媒”（600633.SH）获准定向增发不超过1.64 亿股，募资约 22.85 亿元。上市传媒机构，还可能因此获得政府补助或奖励。江西省财政厅出台的《支持企业上市融资专项补助资金管理暂行办法》就规定：“在‘新三板’成功挂牌的省内企业每户一次性补助 50 万元；对在上海、深圳及境外证券交易所上市的省内企业每户一次性补助 500 万元。”①

（3）可以带来更多发展机会。传媒机构是典型的轻资产机构，人力资源和注意力是传媒机构的核心资源。传媒机构上市后，发展前景令人看好，有利于留住、激励现有人才，可以吸引新的优秀人才加盟，吸引更多粉丝、受众、网民、用户关注。传媒机构上市后，金融机构对传媒机构的信用评级会提升，贷款的信用额度有望提高，融资、投资的机会更多。就传统媒体而言，上市后其可以利用募集到的大笔资金发展新媒体业务和其他业务，实现与新媒体的融合发展，实现主营业务的多元化。

（4）可以促进管理的规范化。按照法律规定，上市公司必须执行不同于普通企业的现代企业制度，其管理较为规范。按照《证券法》等法律，上市的传媒机构必须建立董事会、监事会，适时召开股东大会，依法接受国务院证券监督管理机构的监管和广大投资者的监督，严格执行重要信息依法披露制度，对重大事项依照法定程序做出决策，这样可以在一定程度上减少随意管理和决策失当。

在媒介新格局中，越来越多的党报开始扮演“资本运作者”角色。

2011 年 9 月 29 日，“浙报传媒”（600633.SH）借壳“ST 白猫股份”在上海证交所成功上市，②浙报集团实际控制了上市公司 64.62％的股权，从而成为国内第一家经营性资产整体上市的党报集团。

2012 年 4 月 27 日，人民日报社旗下的人民网股份有限公司在上海证券交易所上市交易（简称“人民网”，证券代码 603000）。

2012 年 6 月，《广州日报》经营性资产整体注入上市公司，广州日报传媒股份有限

---

① 金融处.江西省财政厅关于印发《支持企业上市融资专项补助资金管理暂行办法》的通知[EB/OL].（2015-08-03）[2015-08-07].http://www.dfdaily.com/html/8757/2014/9/23/1188458.shtml.

② 公司网站网址为 http://www.600633.cn。

公司(简称“粤传媒”，证券代码 002181)成为广东省唯一一家报业传媒集团整体上市公司。

2014 年 2 月 14 日，山东舜网传媒股份有限公司成功登陆新三板[①]，在新三板挂牌上市(简称“舜网传媒”，证券代码 430658)。舜网传媒成为继人民网之后全国第二家上市的新闻网站，是山东传媒行业及互联网信息服务业第一只股票。

2014 年 7 月 1 日上午，湖北荆楚网络科技股份有限公司(简称“荆楚网”)在新三板挂牌。

2014 年 10 月 16 日，杭州日报集团借壳“华智控股”(000607.SZ)实现上市。[②]

2015 年 6 月 16 日，辽宁报业传媒集团旗下新媒体公司辽宁北国传媒网络科技股份有限公司(简称“北国传媒”)在新三板上市。

2015 年 6 月 30 日，湖北特别关注传媒股份有限公司在新三板挂牌，这是湖北日报传媒集团旗下继“荆楚网”之后在新三板挂牌的第二家公司。

2015 年 7 月 28 日，江西日报社所属的江西大江传媒网络股份有限公司在新三板挂牌，成为“江西互联网第一股”(简称“大江传媒”，证券代码 833072)。这是全国第三家拥有挂牌新三板企业的省级党报集团，标志着江西的党报集团开始全面拥抱资本市场。[③] 2018 年 2 月 12 日，江西报业传媒集团有限责任公司揭牌成立，该公司力争实现从单一媒体集团向全媒体综合信息服务商、文化产业战略投资者转型。[④]

值得警惕的是，党报扮演“资本运作者”角色，必须做好风险控制，要投资但不投机，要敢于投资但不赌博，不做“ALL IN”[⑤]操作，不参与“击鼓传花”式的投机游戏，支出、投资、贷款时严格开展投资回报测算、现金流预算、绩效测算，摒弃侥幸心理，重大投资项目一定要设置止损线。

---

① 全国中小企业股份转让系统(新三板)是经国务院批准，依据证券法设立的全国性证券交易场所，主要为创新型、创业型、成长型中小微企业发展服务，被誉为“中国的纳斯达克”，富有活力和成长性。新三板挂牌，对于企业价值发现、规范治理、并购重组、持续融资具有重大意义和价值。

② 引自 http://zj.qq.com/a/20141017/015244.htm。2015 年 1 月 14 日，浙江华智控股股份有限公司更名为“浙江华媒控股股份有限公司”。2015 年 1 月 19 日起，华智控股(000607)证券简称变为“华媒控股”，证券代码不变。

③ 孙娟.江西互联网第一股——“大江传媒”28 日挂牌新三板[EB/OL].(2015-07-23)[2018-06-29].http://jiangxi.jxnews.com.cn/system/2015/07/23/014073170.shtml.

④ 宋茜，郁鑫鹏.江西报业传媒集团江西广电传媒集团正式成立[N].江西日报，2018-02-13(A1).

⑤ 扑克游戏中的术语，即筹码全押。

## 三、民众事务帮办者[①]

每一家党报都在社会中担当或扮演着一定的角色。在当代中国，党报在新闻传播活动中可以且应该担当“民众帮办者”角色——也就是“帮助群众办事”的角色。

“民众事务帮办者”角色指帮助民众办好某事，解决民众困难的人或机构。党报应有效利用党报的权威性和公信力，关注民生、发现问题，为民排忧解难，坚持党的“全心全意为人民服务”的宗旨，实现党报的存在价值。

### (一)“帮办”是坚持党的根本宗旨的需要

中国共产党的根本宗旨是“全心全意为人民服务”。《中国共产党章程》中写道：“党在任何时候都把群众利益放在第一位，同群众同甘共苦，保持最密切的联系，坚持权为民所用、情为民所系、利为民所谋……”

为人民服务的方式很多，其中一种就是“帮助人民群众办事”。为人民服务的平台很多，其中一种就是党报。党报为人民服务的手段很多，其中就包括“开展帮办类新闻报道”。

“帮办者”是党报可以承担的兼职性角色。任何一个政党，若想得到群众的支持、拥护，都必须想方设法为群众谋福利、办实事。党报通过“帮人民办事”，使本党“执政为民”的形象更具体可感，使广大民众成为本党执政的拥护者、支持者。

想群众之所想、急群众之所急、忧群众之所忧，深入基层，深入群众，“零距离”倾听群众呼声，面对面帮助群众解决难题，“帮人民办事”，是党报贯彻的根本宗旨，是实行党的群众路线、密切联系群众的重要途径。

### (二)“帮办”符合党报参与市场竞争的需要

随着新媒体的迅速崛起，党报的主流媒体地位在新的媒介格局中面临前所未有的挑战。按市场营销学观点看，党报只有为受众、为读者服务，才能赢得市场。从传播学“受众中心论”看，党报在新闻传播活动中，只有以满足读者的需要为出发点和落脚点，传播读者的呼声，才能获得受众的喜爱。从“使用与满足”理论看，读者的需求能在使用党报时得到满足，读者才会接近、阅读、购买、订阅党报。

---

① 此内容出自王卫明指导、楼慧琴完成的硕士学位论文《党报在媒介新格局下的“帮办者”角色研究——以〈江西日报·党报帮你办〉为例》(2016)。

美国著名报人普利策曾说："如果一家报纸真是为公众服务，它的发行量一定很大。"他还提到，发行量大的原因之一是报纸的新闻和评论能吸引广大民众。在传统的媒体格局中，媒体数量有限，受众选择的余地不大；在媒体新格局中，仅是新媒体的数量就数不胜数，受众选择余地几乎无限大，媒介市场俨然成为买方市场。党报若要突出重围，在市场竞争中赢得优势地位，就必须充分发挥独特的政治优势，凭借权威性为群众解决难题。《江西日报》的《党报帮你办》栏目，正是党报通过担当"帮办者"角色来吸引读者的典型样本。

(三)党报帮办类栏目现状

迄今为止，党报已经开设了很多帮办类常设栏目，其中包括：《江西日报》的《党报帮你办》，《宁波日报》的《城事帮办》，《绍兴日报》的《卫莉帮办》，《沈阳日报》的《帮办》，《洛阳日报》的《帮办新闻》，《长沙晚报》的《汽车帮办》，《温州日报》的《住建帮办》，《河北日报》的《阳光帮办》，《株洲日报》的《日报帮办》，《广州日报・三水金版》的《民生帮办》，《寿光日报》的《帮办代问》，《富阳日报》的《帮办 100》。另外，《浏阳日报》2014 年曾开设《新闻惠民・帮办 100 件民生实事》栏目，《双鸭山日报》和《扬州日报》都开设了"帮办"热线，《宜宾日报》有帮办工作室。

早在 2004 年 12 月，《宁波日报》就创办了《城事帮办》栏目。截至 2011 年 4 月，该栏目独立募集的读者爱心款超过 1 500 万元，参与募集的爱心款 1 216 万元，共救助贫困学生 400 余人，资助病贫特困家庭挽回了 100 余位亲人的生命。《宁波日报》在宁波市慈善机构设置了帮办专用爱心账号，全程追踪监督爱心款的有效使用，同时接受有关部门的定期审查。2011 年岁末，《宁波日报》开始筹办《帮办周刊》。2014 年 1 月 29 日，《宁波日报》的《帮办周刊》第 100 期出刊。

《帮办 100》是《富阳日报》为深化"走转改"活动而推出的平台级栏目。该栏目坚持"到群众中去，切实帮助群众解决困难"，采访接地气，写作改文风。2003 年至今，《帮办 100》通过有影响力的活动、策划、连续报道，通过一人、一事、一群体的新闻帮办，逐步成为富阳媒体新闻惠民和公益服务第一品牌，不仅得到了广大受惠市民的称赞与感谢，还得到了政府部门的欢迎，真正起到了新闻监督与媒体帮扶的作用。

《江西日报》的《党报帮你办》栏目[①]开办于 2009 年 1 月，最初以边栏形式出现。2012 年 6 月 21 日，《江西日报》群众工作部(现为记者通联部)携手中国江西网正式推出升级版《党报帮你办》栏目，于每周三"民生・民声"版见报。栏目以"记者调查"为

① 《党报帮你办》官方网页为 http://www.jxnews.com.cn/dbbnb。

主，“群众反映”“问题反馈”“党报帮你问”“和谐家园”等为辅，积极发挥党报桥梁纽带作用，以“为群众办实事，密切联系党群血肉联系”为宗旨，在政策法规内为群众办实事，坚持服务与监督并举，发现问题、曝光问题、促进问题的解决。[①] 该栏目每期稿件线索来源于《江西日报》群工部的“读者来信”和“内参”，以及群众在大江网“民声热线”中所反映的问题。在诸多线索中，记者首先要对这些信息进行重要性的评估和真实性的调查，然后把筛选出来的问题反映到相关部门并督促其办理。

与《人民日报》不同的是，问题的解决依靠的是《江西日报》记者亲自到达基层一线，不管山高路远。

《党报帮你办》栏目记者不畏艰难，抓一个问题，解决一个问题。例如，原景德镇宇宙瓷厂有51户老员工的房屋产权证因受国企改制遗留问题影响，20年都没能得到办理，2013年6月开始，《党报帮你办》栏目记者为期三个月为此事奔走调查，最终为老员工圆了“房产梦”。

其他党报也可借鉴《党报帮你办》栏目，在传达群众声音的同时，利用自身的便利，做群众的帮办者和跑腿者，参与到问题的解决中去，形成“问题反映”“调查核实”“记者帮办”三个层面，推出真正帮群众办事的类似平台。

《党报帮你办》栏目是如何担当“帮办者”角色的呢？

笔者选取《党报帮你办》栏目2014年4月1日至2015年3月31日（合计一年）期间的52期版面为统计分析样本，可以得到以下分析结果。

帮办稿件共计209篇，帮办事件162例，事件追踪报道49篇，办结率达75.3%。

帮办对象以村民、市民所占比例最大，分别为33.9%和21.6%。另外，贫困儿童、低保户、老人、民工、退休老职工、事故家属、重症患者等社会弱势群体占16.6%。

《党报帮你办》栏目帮办对象分布在江西省内所有地市（共11个），其中江西省民众占98%，在赣外省民众占2%。

《党报帮你办》栏目帮办报道中，消费维权、环境污染、道路桥梁、住房问题四类选题占比分别为20.99%、8.64%、6.79%、6.79%。其中消费维权类选题所占比例最高。

《党报帮你办》栏目的帮办稿件大量直接或间接引用帮办事件所涉及的对象的发言。经统计，直接引用473次（占39.6%），间接引用721次（占60.4%）。

---

① 陈昱旻，童梦宁.江西日报携手大江网打造《党报帮你办》 报网互动又添新篇[EB/OL].(2012-06-21)[2018-06-29].http://jiangxi.jxnews.com.cn/system/2012/06/21/012019412.shtml.

### (四)党报办好帮办类栏目的建议

1. 做强栏目品牌

党报“帮人民办事”,首先就得让人民知道党报有帮办类栏目,有帮办类报道,有帮办记者。加强党报帮办类栏目的品牌建设,既有利于人民群众寻求党报的帮助,又有利于提升党报的影响力。

要加强党报帮办类栏目的建设,就需要设法推介帮办类栏目和帮办记者,扩大帮办类栏目和帮办记者的知名度。可以请专业人员为帮办类栏目设计 LOGO,可以在相关版面刊登帮办记者的联系方式(包括微博、手机号码等),可以为优秀的帮办记者开设嵌入姓名的品牌专栏(如“某某帮办”),可以利用本报的网站、官方微博、微信公众号等平台对栏目进行宣传,可以在火车站、汽车站、公交站、码头等人员流动大的场所刊登帮办类栏目的报料电话,让更多民众知晓帮办类栏目。

就《党报帮你办》栏目而言,还可以在 2014 年获评“江西新闻名专栏奖”的基础上,将该栏目打造成“中国新闻名专栏”。

2. 通过报网互动发动社会力量

“众人拾柴火焰高。”每个人都需要别人帮助,每个人都有能力帮助别人。帮办记者的力量是有限的,发动民间力量助力帮办可以弥补帮办记者的不足之处。

在“发动民间力量参与帮办”方面,《宁波日报》的《城事帮办》、《扬州日报》的《帮办热线》等栏目已积累了实践经验。《宁波日报》的《城事帮办》栏目创新搭建由爱心读者组成的媒体志愿服务站,服务站小分队通过栏目搭建的各种爱心平台为市民开展志愿服务。其他党报的帮办类栏目可以借鉴这种志愿站模式,发动民间力量扩大帮办范围、增强帮办效果。面对读者遇到的形形色色的难题,《扬州日报》帮办记者力邀法律、教育、金融、医疗等行业的专业人士加入“帮办智囊团”,为读者支招解难。

3. 拓展线索来源

线索帮办类栏目可以通过整合新媒体资源、对接各职能部门等方式拓展线索来源。

例如,《江西日报》的《党报帮你办》栏目的报道线索,目前主要来源于中国江西网“问政江西”留言板、热线电话、投诉信件、官方微博、帮办记者微博等。

《党报帮你办》栏目还可以整合更多新媒体资源拓展线索来源。《江西手机报》是江西日报社的子媒体、新媒体,其移动客户端下载用户超过 100 万。借助手机报平台资源和读者群资源,《党报帮你办》栏目可以在《江西手机报》平台开设帮办诉求平台及帮办播报专栏来拓宽群众诉求渠道，扩大线索来源。《党报帮你办》栏目还可以开通微信公众号，受理更多诉求，收集帮办线索。

《党报帮你办》栏目还可以对接其他单位拓展线索来源：与信访局对接，帮办类栏目可以搜集利益纠纷类线索；与民政局、慈善机构对接，帮办类栏目可以搜集到贫困求助类线索；与医院对接，帮办类栏目可以搜集到没钱治病以及医疗事故维权类线索；与消费者协会对接，帮办类栏目可以获得消费者维权类线索。

4. 巧借评论之力

评论可以言报道所未言。党报有选择性地为帮办类稿件配发短评，以理性与建设性引导社会舆论，可以更好地促进问题的解决，弘扬社会正能量。

在我们统计的 52 期《党报帮你办》栏目 209 篇帮办稿件中，含短评或记者微评的稿件共计 12 篇。如《“红豆杉之乡”红豆杉频遭盗伐》报道中配发了短评《保护珍稀生态资源 需要社会合力》，呼吁民众共同保护稀有林木。后续报道《红豆杉仍需明确“监护人”》中也配发了短评《理清职责才能落实到位》，阐明了保护红豆杉的迫切性与制定保护策略的难点。后续报道《启动“一票否决制”保护红豆杉》中配发了短评《保护资源人人有责》，呼吁人人都要保护生态资源。从接到红豆杉被盗伐的线索到确立红豆杉保护机制的 3 篇连续报道中，3 篇短评很好地起到了引导舆论、促进问题解决的作用。

5. 多用图片佐证

“一图胜千言”，图片的优势在于能将真实场景、重要瞬间定格，向读者还原事实原貌。在帮办类栏目新闻稿件中，适当地运用图片可以直观、有力地佐证文字呈现的事实。

在我们统计的 52 期《党报帮你办》栏目 209 篇帮办稿件中，含配图的稿件共计 54 篇（占 25.8%），其中 49 篇仅有 1 幅配图，仅 5 篇有 2 幅配图，包含配图的帮办稿件还是少数。《断桥架“天梯”竟成上学路》一文写道：“河岸两头架起一座连栏杆都没有的简易桥，由十余块水泥板拼接而成，有 60 米左右长，近 1.5 米宽。桥下已有七八个石墩倒塌，正中间一处十余米长的桥面也坍塌在河中，两端分别架设了近五六米高的木头‘天梯’供行人通行。”[①]尽管稿件对“断桥架‘天梯’”的描述很详尽，但读者很难想象“天梯”的形态，很难理解学生过“天梯”的危险，而稿件中两张分别展示“断桥架‘天梯’”与学生过“天梯”情形的图片弥补了文字的不足。

6. 尽量做到有始有终，避免“断尾新闻”

例如，《江西日报》的《党报帮你办》栏目 2012 年 12 月 20 日刊发《腌菜配剩饭　山

① 童梦宁.断桥架“天梯”竟成上学路[N].江西日报，2014-04-02(C3).

区孩子的心酸午餐》，到 2013 年 1 月 10 日又刊发《我们吃上热腾腾的午餐了！》，就做到了有始有终。

党报帮办的民众事务，解决起来往往并不容易，有时需要不断追踪、持续关注，必要时需要回访当事人。倘若党报在帮办过程中遇到难以克服的困难、难以逾越的障碍，要及时通过后续报道予以解释，这样就不算是“断尾新闻”。倘若党报帮办的事务有新的进展，有关部门或当事人有新的回应或反馈，也应该予以接续报道。

## 四、互动分享者

“互联网不仅仅是一种通讯（信）工具，（互联网上）还出现了社交的需求。谁掌握了社交入口，谁就掌握了未来。……传统互联网时代，人们最看中的就是流量。……而在下半场，只卖流量是远远不够的。新的互联网时代，‘粉丝即用户’，谁拥有了用户，谁就拥有了发言权，谁就拥有了市场流量。……互联网的下半场是粉丝经济时代，粉丝即用户。”[①]

在媒介新格局中，互动成为常态。“一定要研究消费者的趋势、爱好，随时改变。……年轻人需要的是互动。……互动经济渗透到生活的方方面面。越是高高在上，离消费者就越远。”[②]

对媒体而言，如果不与受众互动，就可能被边缘化。在媒介新格局中，党报应该成为一个主动的互动者——与读者互动，与用户互动，与粉丝互动，与年轻人互动。

发红包，是一种非常管用的互动方式。社交媒体的繁荣带来了电子红包大战，抢红包成为近三年春节期间的“全民大狂欢”。不同年龄、不同文化程度、不同地域的用户都参加到火热的抢红包大战之中，发出红包可以争夺用户、提升品牌、提供娱乐。[③]《人民日报》的微信公众号和客户端曾在春节、奥运等特殊时期连续发布“口令红包”，吸引民众抢红包。陈楚敏对此表示：“虽然抢到的口令红包也不过是几元左右的零钱，但《人民日报》巧妙运用新媒体平台，有效结合当代人的生活方式，有效地拉近、拉紧了《人民日报》与大众的距离。《人民日报》不但有新意，也有心意。借助这样的‘红包契机’，我的家人也一道在微信公众号里置顶《人民日报》、下载客户端，每天养成了翻阅

---

① 李光斗.吃透这六大铁律，互联网下半场你做主[EB/OL].(2017-02-14)[2018-02-07].http://www.myzaker.com/article/58a275931bc8e0246500000d/.

② 李光斗.吃透这六大铁律，互联网下半场你做主[EB/OL].(2017-02-14)[2018-02-07].http://www.myzaker.com/article/58a275931bc8e0246500000d/.

③ 幸晖晖，王卫明.“红包大战”参与者的行为与动机[J].东南传播，2015(7)：73-75.

的习惯。”①

2018 年 5 月 25 日，《安徽日报》法人微博@安徽日报 发布微话题：“如何让走偏的奥数回到正轨？”《安徽日报》2018 年 5 月 29 日第 9 版（版名：百姓问政）在《微话题》栏目中刊登了部分网友的回答（见图 4-6）。

@备忘录Mike：奥数很火，多年如此。人们一边吐槽奥数，一边把孩子送进奥数辅导班，这是无数家长的尴尬选择。究其原因，不外乎市场有需求，原本并不接触奥数的人盲目地为孩子选择“奥数”课程，纯粹就是为了升学而学。不改变招生尤其是自主招生评价体系，奥数热还会在争议中继续。

@设计狗王子强：奥赛尤其是奥数其实是被“妖魔化”了。在以往“小升初看奥数”的时代，小学生人人学奥数的势头猛烈，如同“看台效应”，只要有人站起来，就没人会再坚持坐着。“被裹挟着”投入奥数培训，也是许多家长的普遍体验。只有与升学脱钩，奥数教育才能回归理性。

@陈海洋1984：家长们趋之若鹜的奥数已经变了味儿，只能说是伪奥数。虽然国家一再强调奥数和升学脱钩，但家长们的固有观念已经形成，短期内奥数的热度很难降低。现在，国家大力整顿相关问题，正是还奥数真面目的机会，把奥数拉回到原来培养学生思维能力的正确轨道上。

@6个贝：作为一种学科思维的训练，学科竞赛对于培养学生兴趣、遴选未来的学术人才，依然能够发挥有益的作用。不过，学科竞赛终究只是少数人的游戏，不能凌驾于大众教育标准之上。

@安徽头条网事：奥数本身并无对错，只是人们附加其上的升学价值才让它从“天使”变成了“魔鬼”。“全民奥数”让绝大多数学生成了陪练，毁掉了他们学习数学的兴趣。治理奥数并不是要制止奥数，而是应该抛开一些功利性的因素，如果学生是真正出于兴趣学习奥数，那无可厚非。

**图 4-6　《安徽日报》的《微话题》栏目中部分网友回答的截图**

不过，《安徽日报》法人微博@安徽日报 发布的微话题，引起的互动（转发、评论）并不理想，转发数、评论数、点赞数极少超过 20，有时甚至没有被转发，有时只有 1 条评论，有时只有 1 个赞。

在媒介新格局中，党报给受众提供分享信息、分享观点的机会是很有必要的。因为，在 Web 2.0 时代，用户成为内容的生产者、传播者，UGC（User Generated Content）成为大众传播媒介获得关注、粉丝、流量的普遍模式。善于利用 UGC 的媒体，往往可以获得大量粉丝、受众、用户。当然，对党报而言，完全采用 UGC 模式并不可取，但应该比以往更加重视 UGC。

2018 年 6 月 8 日，《人民日报》法人微博@人民日报 置顶发起“高考作文大赛”有奖征文活动。

【挑战#高考作文大赛#，拿 2 000 元现金红包！】140 字的微作文写得不

---

① 陈楚敏.“口令”结交情[N].人民日报，2018-06-23(12).

过瘾？应广大网友要求，我们追加一场比赛，要求和2018年高考作文题完全一样。9个作文题任选一题。6月8日至15日，关注@人民日报，带话题词#高考作文大赛#发布微博，提交作文。2 000元/篇，一共奖励90篇优秀作品哦！@小伙伴，一起来挑战！

开展问卷调查，也是党报与受众互动的一种形式。

为加强同读者、新媒体用户的沟通，人民日报社2016年8月5日开始"读者市场调查"活动，①广泛征求读者对办好报纸的意见和建议，以便改进工作、更好地为读者服务。这次调查，人民日报社随机抽取300名热心参与答题的读者，每人赠送一份定制的纪念品，幸运读者名单在人民日报社微信服务号上公布。

党报应该为受众提供便利畅通的互动渠道，否则互动频率就会受到影响。《人民日报》的许多版面都在版面上长期公布投稿邮箱和联系电话，但理论版、评论版和《人民论坛》等评论栏目没有长期公开投稿渠道。《人民论坛》栏目的投稿邮箱rmrbltan@163.com不会随着每篇稿件的刊发而出现在版面上，一年之中这个邮箱的出现次数屈指可数(2016年12月30日曾在第4版出现)。如此一来，这个投稿邮箱必然不为许多人见到，当人们想往这个栏目投稿时很可能不知往哪儿投稿。

在媒介新格局中，分享也是常态，党报应该成为一个积极的分享者，或直接向受众分享信息，或建立分享平台让受众成为UGC(User Generated Content，用户原创内容)的参与者。

在如今信息碎片化、海量化、"人人都有麦克风""人人都是记者"的时代，人们所处的舆论环境正呈现出传播渠道多元化、多样化、多变化的态势。在媒介过剩的媒介新格局中，党报应当好百姓的"信息管家"。

新媒体环境下，微博、网站等新媒体平台每天都有大量的即时更新的消息，这些消息有的具有普遍意义，很重要，但有的只是一些个人化的小众信息。对于大多数受众而言，他们无法时时掌握，因而一些重要的或者应知却未知的消息容易被埋没在铺天盖地的信息网中，这时，党报便可以很好地充当受众的"信息管家"。

面对新媒体带来的海量信息的挑战，党报可以从这些海量、碎片、平民化的新闻消息中，进行信息的重组和排列，把关乎普通百姓切身利益、贴近普通百姓生活、对普通百姓具有重要意义的信息向读者着重展示出来。党报可以开辟专门的网络新闻版面

---

① 读者点击网页链接(http://baokan.peopleyuqing.com/questionNaireWebController/index.do? userType=web)，便可进入答题页面。读者也可以扫描二维码关注人民日报社微信服务号，再点击右下方的"读者调查"菜单，进入问卷页面答题。

(如《南方都市报》的“网眼”版)、微博新闻版面或相关栏目(如《江南都市报》的“微博天下”版),也有报纸开设了微信新闻版面或相关栏目(如《南昌晚报》的“朋友圈”版)。

新媒体环境下,报纸应在消息的整合归纳和深度化上下功夫。党报要争做百姓的“信息管家”——对铺天盖地的新闻,要会帮读者去粗取精;重要的消息要及时报道;对于网络上流传的错误舆论,党报要激浊扬清,还原事实真相。这符合读者偏好快速获取新闻消息的习惯,增强了党报对读者的服务功能,也夯实了党报在舆论环境中的主流地位。

为读者服务,是报纸与生俱来的使命与职责。在新媒体崛起的媒介新格局中,报纸媒体要继续生存,就必须比以往更加具有服务性,能更好地服务读者。读者也是党报服务的对象。党报的服务性增强不仅表现在内容上,策划组织专题活动也是党报服务于民的重要抓手。党报可利用自身媒体平台的传播优势,多在服务于民的活动组织方面下功夫,注重平台传播、平台服务。

党报在与受众互动的同时,还可以尝试发展平台经济、粉丝经济、社群经济。

党报可以为读者提供社交服务平台。2015 年 1 月 25 日,《绍兴日报》利用过年的休假时间,为当地单身男女举办“过年,把爱带回家”大型公益相亲活动,吸引了 200 多位单身青年参与。

党报可以为读者提供学习服务平台。党报可以与商家、社区、志愿者、非政府组织、政府机关等合作,为读者开设科普课堂和学习课堂,邀请名师、社区高手给居民讲授相关知识,为读者举办学习活动(比如,学包粽子、插花、做月饼、护理、急救等)。

党报可以为读者提供购物服务平台。纸上电商购物是近年来多家报社以及电商都在探索的一种“微距生活”的购物方式,党报通过电商新闻、网购服务等板块,用便利、实惠的方式让读者率先体验“码上生活”的魅力。可以说,这是党报与移动互联网平台融合的一种选项。

党报可以为读者提供旅游服务平台。2014 年 5 月 30 日,《上海日报》与华亭海外旅行社签署战略合作协议,《上海日报》版面上推荐的上海特色节目、活动和景点等符合外籍人士兴趣的内容,被设计开发成可供报名参与的旅游线路产品,并通过媒体平台进行宣传推广。在媒介竞争中,新媒体和报纸各具优势,如果党报能够在“为读者服务”方面狠下功夫,那么,在媒介新格局中,党报不会被抛弃,仍能拥有一席之地。

## 五、舆论监督者

舆论监督是现代法治社会的必需品。党报是一种舆论媒介，也是不正之风、违纪违法行为的揭露批判者。党报担当舆论监督者这一角色，既符合民众和党中央对党报的角色期待，又是马克思主义新闻观的必然要求。[①]

马克思指出，人民报刊是“人民日常思想和感情的表达者”，报刊按其使命来说，“是社会的捍卫者，是针对当权者的孜孜不倦的揭露者”。

习近平同志 2016 年 2 月 19 日在党的新闻舆论工作座谈会上指出：“舆论监督和正面宣传是统一的。新闻媒体要直面工作中存在的问题，直面社会丑恶现象，激浊扬清、针砭时弊，同时发表批评性报道要事实准确、分析客观。”

早在中央苏区时期，中国共产党就注重舆论监督。例如，《红星》第 10 期(1932 年 2 月 26 日)第 4 版，刊登了稿件《这样的宣传员应该撤职》。揭发“工作中的错误和缺点，及一切不正确的倾向”，是主办者和读者给《青年实话》设定的功能。《青年实话》非常重视刊发舆论监督类的批评性稿件，有关稿件主要刊登在《轻骑队》《自我批评》《批评与建议》[②]等栏目中，其中《轻骑队》栏目稿件居多，仅仅第 16 期《轻骑队》栏目就刊登了 5 篇稿件。

事实准确、分析客观的舆论监督报道，可以激浊扬清、针砭时弊，可以揭露问题，促使有关方面改进工作。《江西日报》刊发的通讯作品《中纪委文件刚下发 景德镇市邮政局仍顶风违纪 副科级以上干部公款赴日游 第二批出游者计划明日出发》[③]、《广昌实验小学教师名册弄虚作假迎“省检”》[④]，就是这样的舆论监督作品。

在第二批党的群众路线教育实践活动中，《江西日报》坚持明察暗访，不断加大力度，及时发现、公开曝光、跟踪通报活动开展过程中的问题，有效传导压力、激发动力，促进整改落实落地。《江西日报》从 2014 年 5 月 22 日起在头版开辟《聚焦四风 扫尘除埃》专栏，当天刊发首篇报道《峡江县水边镇行政服务中心如此服务》，曝光该镇行政服务中心多数时间是上午办公、下午关门，这给当地百姓办事带来诸多不便。2014 年

---

① 2014 年 5 月 2 日，《人民日报》在头版刊发评论员文章《加大舆论监督力度——三论持之以恒落实八项规定》，鼓励开展舆论监督。

② 《批评与建议》栏目刊登了《关于“红色儿童号飞机”的募捐运动》一文，作者李才莲。

③ 刊于 2010 年 7 月 7 日 C1 版，全文详见 http://news.163.com/10/0707/05/6AVDS79R00014AEE.html，作者是该报记者杜金存，该报道后来获第 21 届中国新闻奖一等奖。

④ 作者杜金存，全文详见 http://news.163.com/12/0518/02/81OLB86O00014AED.html，该作品后来获第 23 届中国新闻奖二等奖。

8 月 12 日,《江西日报》在《反对四风 扫尘除埃》栏目刊登了《周末不办事,请下周再来——石城县小松镇周末找人难》一文,披露了石城县小松镇"值班领导不在岗,群众办事找人难"的问题。截至 2014 年 9 月 22 日,《江西日报》等媒体共曝光 60 例"四风"问题,刊发整改落实跟踪报道 24 篇。

党报的舆论监督报道,对推动党和政府的各项工作有着难以替代的正面作用。

例如,2011 年 5 月,南昌以创全国文明城、办"七城会"为契机,启动了代号为"啄木鸟在行动"的城市管理行动。南昌日报社立即成立了"啄木鸟在行动"小组,2011 年 5 月 15 日开辟《啄木鸟在行动》专栏,通过媒体曝光开展舆论监督,倒逼职能部门转变作风,改进工作,改善管理,优化环境,根治了一大批城市管理"顽疾",受到群众欢迎。南昌日报社"啄木鸟在行动"小组成功扮演了"舆论监督者"的角色,[①]促进了社会管理机制的创新,增强了人民群众对党委、政府、媒体的信赖,形成了人民群众、新闻媒体、职能部门协作联动的生动局面。南昌日报社"啄木鸟在行动"小组因此荣膺"全国工人先锋号",《啄木鸟在行动》专栏在 2016 年 11 月 1 日荣获中国新闻界最高奖——中国新闻奖一等奖(名专栏)。

为倒逼全市干部作风改进、效能提升,中共南昌市委 2018 年 5 月 24 日召开常委会,审议通过《关于加强媒体监督强化作风建设工作方案》和《关于深化作风建设大监督工作实施方案》,向怕作为、慢作为、假作为、不作为、乱作为等问题亮剑。《南昌日报》随后开设《聚焦"怕慢假庸散"》栏目,聚焦"怕、慢、假、庸、散"等问题开展监督,力求达到"明察暗访发现问题线索,刊播直逼问题,督办整改情况,问效整改成果,曝光问责结果"的效果。

需要注意的是,党报扮演"舆论监督者"角色,也要注意时机、分寸、数量、权限与禁忌。南昌日报社在设立《啄木鸟在行动》专栏,进行舆论监督报道时,就发布了五项禁令[②]:禁止采写虚假不实报道;禁止收受"红包";禁止接受被采访曝光单位吃请;禁止违规透露采访信息;禁止打招呼撤稿。

党报扮演"舆论监督者"角色时,要注意讲究理性、保持建设性、释放正能量,不能以追求新闻轰动效应为目的。

北京市委机关报《北京日报》非常重视舆论监督,[③]且将舆论监督的目标明确定位

---

① 万利平、李全荣在《党报舆论监督该怎么做?"啄木鸟在行动"堪称典范》(2018)一文中透露:《啄木鸟在行动》专栏已推出公开报道 2 518 篇,涉及各类问题 2 304 个,解决问题 2 172 个,办结率达 94.3%。

② 凡参与"啄木鸟在行动"的记者,必须严格遵守这五项禁令,违者立即逐出"啄木鸟"队伍,并接受报社纪委调查与惩处。

③ 《北京日报》2004 年 6 月设立舆论监督固定栏目《来到您身边 听您诉烦恼》(后改名为《党报热线》),2006 年设立《政府与市民》专版。

于“解决问题，推动政府政策的完善”[①]。这方面，《门头沟石门营社区上万户居民上班——靠890“旅游车”进城难》《读者建议合理调配运力——891人少车空890依旧拥挤》《门头沟区调整公交线路——890路拥挤状况将缓解》这3篇追踪报道就是典型的例子。

当然，党报扮演“舆论监督者”角色，并非只能通过新闻报道来完成“角色实现”，通过发表评论也是可以扮演好“舆论监督者”角色的。在这方面，党报的评论栏目[②]、评论版面[③]起到了很大的作用，涌现了不少优秀作品，积累了不少经验。例如，《人民日报》的《人民时评》《今日谈》栏目，就刊发了不少舆论监督性的评论作品。

以舆论监督为己任的新媒体让人们看到了网络舆论监督的强大效果和巨大潜力，[④]也对党报的舆论监督形成了新的挑战。在“人人都是记者、人人都是评论员、人人都是监督者”的媒介新格局中，党报扮演“舆论监督者”角色，必须比以往更加注重时效性、互动性、针对性、权威性，对重大舆情事件不能缺席，要“在场”引导，要注意维护党报的公信力。[⑤]

与其他媒体一样，党报担当“舆论监督者”角色，有时会遇到比较大的阻力。因为，在管理党报的一些人眼中，党报不能开展舆论监督性质的报道。可是，“一个国家，一个社会，如同一棵树，舆论监督是树上驱除虫害的啄木鸟。杀死舆论监督，就是杀死那只啄木鸟。可是，杀死一只啄木鸟，不能维持一棵病树，永远不能”[⑥]。

## 六、慈善公益活动组织者

公益，公共的利益。公益活动是指一定的组织或个人向社会捐赠财物、时间、精力和知识等活动。慈善活动，是指自然人、法人和其他组织以捐赠财产或者提供服务等方式，自愿开展的扶贫、济困、扶老、救孤、恤病、助残、优抚、助学等公益活动。[⑦]“慈善公益活动的组织者”即承办和开展慈善公益活动的人或机构。[⑧]

---

① 罗乔欣.党报舆论监督如何释放更多正能量——以《北京日报》为例[J].传媒，2014(19)：23-24.

② 赵凯，陆柳.党报舆论监督的创新——《人民日报·人民时评》栏目分析[J].新闻战线，2007(10)：31-32.

③ 徐锋.党报评论的价值与发展趋向——兼论《人民日报》创办评论版、《广州日报》评论版改版的现实指向[J].传媒，2013(4)：33-36.

④ 唐燕，王卫明.从“表哥”事件看微博反腐的价值与条件[J].老区建设，2013(2)：36-38.

⑤ 赵慎珠.新媒体时代党报加强舆论监督的几点思考[J].河南社会科学，2013(11)：88-90.

⑥ 杜骏飞.杀死一只啄木鸟[EB/OL].(2018-07-24)[2018-08-01].https://mp.weixin.qq.com/s/2kdS1VrlE4bTlyKfeK1KAA.

⑦ 新华社.中华人民共和国慈善法[N].人民日报，2016-03-20(1).

⑧ 康婧.微博时代传统媒体开展公益活动的研究[D].南昌：南昌大学，2010.

从政党报纸发展历史来看,"慈善公益活动的组织者"不是所有政党报纸都会承担的角色。从中共党报发展历史来看,"慈善公益活动的组织者"也不是党报必然会承担的角色。

中华人民共和国成立后,政府接收、改组原有的慈善机构,将其纳入国家社会保障与福利制度的轨道。后来,受极"左"思潮和"文化大革命"的影响,慈善事业被批判为"旧社会统治阶级麻痹人民的装饰品"①,慈善事业因此陷入停滞状态,慈善事业销声匿迹近30年之久。②

1976年7月28日凌晨3时42分,河北唐山市发生7.8级强烈地震,造成24万人丧生、100多万人受伤。7月29日,《人民日报》刊发了两篇消息:《河北省唐山、丰南一带发生强烈地震后 伟大领袖毛主席、党中央极为关怀 中共中央向灾区人民发出慰问电》和《河北省唐山、丰南一带发生强烈地震 灾区人民在毛主席革命路线指引下 发扬人定胜天的革命精神抗震救灾》,之后10天的相关报道共计10篇,但没有通过刊发报道为唐山灾区灾民组织慈善募捐。③

20世纪80年代以后,慈善事业逐渐复兴,党报也开始关注、报道慈善公益活动。④《人民日报》1989年10月31日第2版刊登《"希望工程"为失学孩子带来希望》。《人民日报》1994年2月24日第4版刊登《为慈善正名》一文。2008年5月12日四川汶川等地发生大地震后,许多党报都参与到为灾区灾民募捐的工作中。《人民日报》2008年5月14日第2版刊登《中华慈善总会关于紧急开展抗震救援行动公告》。

不过,党报担当较多的是"慈善公益活动的报道者"角色,担当"慈善公益活动的组织者"角色的情形起初并不多见。李贺(2012)曾梳理《广州日报》2006年1月1日至2011年12月31日的慈善报道状况:《广州日报》的慈善新闻报道处于较边缘的位置,正面宣传、事件性报道为主,缺少资讯性信息;报道对象侧重于官方和精英阶层,民间话语缺失;缺乏人文精神,叙事角度有娱乐化、"软文"化和强调政绩的特点,偏离了慈善本身,没有担负起应有的社会责任,应从自身观念、传媒功能和业务层面改进慈善报道。⑤

党报承担公益活动组织者的意义在于:承担社会责任,缓解社会矛盾,促进社会和谐;能够培养公民的社会责任意识,引导个人、企业、团体承担社会责任参与公益事业;

---

① 高广成."慈善堂"是"吃人堂"[N].人民日报,1975-03-14(2).

② 周秋光,曾桂林.中国慈善简史[M].北京:人民出版社,2006:375.

③ 唐芬,王梦鸽,郑敏.党报对突发事件报道的变化——以《人民日报》两次地震报道为例[J].青年记者,2011(2):28-29.

④ 《人民日报》1984年3月14日第3版刊登《京港慈善长跑筹款一百八十多万港元》。

⑤ 李贺.《广州日报》慈善报道研究(2006—2011)[D].广州:暨南大学,2012.

有利于推动公益事业的发展，推动公益事业的进步；有助于拉近党报与民众的心理距离，增强党报的“暖媒体”色彩，增加民众对党报品牌的心理认同。

迄今为止，《人民日报》并未直接扮演“慈善公益活动的组织者”角色，没有以《人民日报》的名义发起、组织、开展过慈善公益活动。与《人民日报》不同的是，《江西日报》《广州日报》等地方党报主动担当起了“慈善公益活动的组织者”角色。

在媒介新格局中，《广州日报》尝试担当“慈善公益活动的组织者”角色。2012 年 4 月 25 日，《广州日报》设立专项基金——《广州日报》广爱慈善基金，吸纳社会捐款，推出“广爱重疾救助”“广爱梦想大舞台”“广爱同行社区公益计划”等公益慈善项目。[①] 2014 年 3 月 1 日、2 日，由广州日报报业集团联合广州市文明办、广州市慈善会、广州新闻电台、千禾社区公益基金会举办的“2014 广爱社区公益节”在广州十个社区举行，使居民沉浸在一片欢乐的公益海洋中。为期两天的公益节现场，每个摊位展台都设有一个透明的捐款箱，据统计，此次社区公益节活动共募集到善款 90 814.81 元（义卖数额为工作人员现场点算所得，准确数额将经由银行点算后公布在《广爱同行》专版上）。这笔善款将全部捐入广爱慈善基金，用于资助包括重疾救助和流动社区妇女儿童关爱与发展等项目。[②]

《江西日报》重视刊发慈善公益题材的报道，有时也会组织慈善公益活动。

例如，2015 年 4 月 15 日，《江西日报》的《党报帮你办》栏目联合广丰县洋口镇政府及当地义工联组织，在广丰县月兔广场为 13 岁患病女孩姜小露发起“爱在广丰 我在行动”慈善活动，现场反响强烈，许多父母带着孩子献爱心，正在洋口镇考察的上海客商捐出 1 000 元钱。截至 2015 年 4 月 22 日，《江西日报》组织的这次募捐活动募集的善款已超过 71 万元。2015 年 4 月 22 日，《江西日报》在 C3 版刊登追踪报道《爱心源源不断 救助款已逾 71 万元》。

再如，2015 年 7 月，江西日报社和中国石油公司共同发起助学行动，[③]以便帮助省内品学兼优的寒门学子。相关报道文章《江西日报爱心助学行动今日启动》在最后写道：“本报欢迎更多的爱心企业和爱心人士加入助学行动，帮助更多的寒门学子圆大学

---

① 详见 http://news.dayoo.com/guangzhou/151148.shtml。

② 张丹羊.广州日报等主办的公益节两天来在十大社区举办欢乐“嘉年华” 十万街坊玩着笑着做公益[N].广州日报，2014-03-03(A9).

③ 助学行动的对象为成功被大学录取的高中毕业生，名额共有 16 个，每人可获 6 000 元助学金。申请助学金的学子须符合以下 3 个条件：一是 2015 年新入学的大学生，成绩优秀，家庭贫困，年收入低于当地平均收入水平；二是要有 2015 年高考成绩通知单；三是要有 2015 年度大学录取通知书。助学活动报名时间为 2015 年 7 月 13 日至 7 月 27 日。报名启动后，江西日报社负责筛选、核实受助学生的基本情况。有意向报名的学生需要准备以下 3 项材料：盖有户籍地村委、乡（镇）或街办两级公章的贫困证明，高考成绩单以及大学录取通知书或网上录取信息截屏。

梦。若筹集到更多资金,我们的助学名额也将同步追加。本月底,受助学子名单将公布,本报将举行助学金统一发放仪式。”[①]活动开展期间,《江西日报》记者到申请资助的 30 多名学子家中现场采访,以便筛选资助对象。值得一提的是,该报助学报道推出后,引起一些爱心人士的响应,赣州潘女士将 6 000 元爱心助学款直接捐给寒门学子。[②] 2015 年 7 月 31 日,江西日报社和中国石油公司向 16 名寒门学子每人发放 6 000元助学金。2014 年、2015 年、2016 年,江西日报社连续三年组织开展助学行动。[③]

江西日报社的记者邹海斌也热心于通过微博、《江西日报》《江西手机报》发起组织慈善公益活动。2015 年 10 月 7 日,邹海斌在《江西手机报》发出报道《“治好妈妈的病!”宜春 12 岁女孩“送米救母”》,当天下午很多宜春市民去献爱心,帮“送米女孩”吴奕筹款。2015 年 10 月 9 日,邹海斌在《江西日报》C1 版刊发《宜春 12 岁女孩“送米救母”》,图文并茂,反响强烈,引起了宜春市领导的关注。2015 年 10 月 8 日,邹海斌联合腾讯公益频道、中华社会救助基金会发起“12 岁女孩送米救母”乐捐项目,截至 2016 年 3 月 17 日共募集善款 90 540.7 元。

## 七、民众心灵抚慰者

“民众心灵抚慰者”的角色能够促进人们心理健康,缓解人们心理困扰,给人们心理带来慰藉。天灾人祸等危机性事件,必然给社会公众心理带来急剧变化,党报作为主流舆论引导者,应该做好灾后心灵抚慰者的角色,抚平受灾者的情绪,促进社会朝健康方向发展。在日常生活中,因社会压力大民众产生的心理问题,也需要党报的心灵抚慰。

“5·12”汶川地震是中国灾难新闻报道史上的里程碑。《人民日报》在灾后一个月的报道中(2008 年 5 月 14 日至 2008 年 6 月 11 日共 1 367 篇报道),主要议题集中在慰问与救灾、灾情、防震知识和心理安慰、灾民利益相关等方面。[④] 在这些议题中,能直接体现《人民日报》“民众心灵抚慰者”角色的是防震知识与心理安慰的相关报道。此外,《人民日报》通过慰问报道和救灾报道传达温暖,通过典型人物报道激励人心,都

---

① 万仁辉.江西日报爱心助学行动今日启动[EB/OL].(2015-07-13)[2018-08-01].http://www.jxcn.cn/system/2015/07/13/014038682.shtml.

② 徐黎明,万仁辉,王春.《江西日报》与中石油携手助学 16 名贫困学子喜领助学金[N].江西日报,2015-08-01(A1).

③ 2014 年,江西日报社共筹集了 11.5 万元助学金,资助了 23 名寒门学子,每人获得 5 000 元。

④ 徐庭婧.《人民日报》汶川地震报道的议题设置研究[D].大连:大连理工大学,2009.

能体现其在这次灾难报道中承担了“民众心灵抚慰者”角色。

党报在第一时间报道消息，让真实信息走到了谣言的前面，民众在了解真实的情况下，能够消除心中不安。

2008 年 5 月 14 日，《人民日报》发表报道《温家宝到地震震中汶川察看灾情慰问群众指挥救灾》，给灾民和全国人民以鼓舞——党和政府牵挂灾情、灾区、灾民。《人民日报》持续报道各界爱心人士去支援的消息，给灾区人民以心理安慰，帮助他们消减孤独感；报道灾民顽强自救的事例，将“榜样的正能量”传递给其他灾民；报道外界的捐款捐物，让灾民树立灾后重建的信心。《人民日报》发表社论《悲痛中凝聚不屈的力量》，人民网刊发 20 余篇抗震救灾系列时评，[①]鼓舞灾民渡难关，鼓励社会各界人士伸出援手，营造团结一心克服困难的社会氛围。温家宝总理站在废墟上对灾民喊话、部队官兵和志愿者们不畏艰险展开施救、灾民互救自救的新闻图片，无论是对于灾民还是普通公众都能起到减少恐惧的作用。《人民日报》还对公众进行了救灾防疫知识普及，回答人们心中的疑虑。

2018 年 6 月 28 日上午，上海市徐汇公安分局接到 110 报警，称浦北路近桂林西街人行道附近 1 名男子持菜刀砍伤 3 名男童及 1 名女性家长。接报后，公安民警立即到场处置，在过路群众的配合下当场抓获犯罪嫌疑人黄某，同时将 4 名伤者迅速送医救治。2 名受伤男童经抢救无效死亡，另 1 名受伤男童和女性家长无生命危险。被袭击者是上海市世界外国语小学的学生和家长，上海市民对此深感震惊和悲痛。上海市世界外国语小学的官方网站为表哀悼，将首页调成灰色，并发布了《给世外小学家长的一封信》。

对于引起广大民众悲痛的悲剧性事件，本地党报最好对此事及时予以报道，或者刊文表示哀悼，以抚慰民众心灵。上海市世界外国语小学学生和家长遇袭事件发生后，2018 年 6 月 29 日出版的《解放日报》版面上没有任何与此事有关的报道、评论、公告，报纸依然是彩印的。直到 2018 年 6 月 30 日，《解放日报》才在头版和第 2 版分别刊登报道《全力救治伤员 加强治安防控 创造安全环境——市领导看望慰问浦北路持刀杀人案受害孩童和家属》《上海检察机关昨依法批捕浦北路杀人案犯罪嫌疑人》，但报纸依然是彩印的。可见，《解放日报》这家党报对“心灵抚慰者”角色并不是十分在意。

---

① 其中包括：《心系灾民是当前最重要的爱国主义》《生者的坚强不屈是对逝者的最好祭奠》《对“有一种恶搞丧尽天良”的再思考》《灾区人民，让我们从头再来》等（该系列共 21 篇）。

# 第三节　禁忌角色

禁忌角色，就是不能扮演的禁止性角色、不宜担当的角色。

就党报而言，禁忌角色包括：公共利益、民族利益、国家利益的伤害者，吹捧谄媚者，“个人崇拜”推动者，[①]法治破坏者，造谣者，传谣者，敲诈勒索者，摊派发行者，唯利是图者，抄袭剽窃者，舆论误导者，脱离群众者，舆论引导的缺席者和迟到者，等等。

在媒介新格局中，党报要格外注意避免扮演以下禁忌角色。

## 一、舆论引导的缺席者和迟到者

每当人民利益受到重大损害时，每当重大舆情发生时，人民总是期待党报予以关注，加以引导，希望党报成为舆情引导的在场者，不希望党报成为舆情引导的缺席者、迟到者、说谎者。如果党报没有满足人们的角色期待，就形成了角色缺席。如果党报经常在重大舆情事件缺席，受众就可能对党报角色不再期待，进入“哀莫大于心死”的“党报角色无期待”状态。

以 2018 年 6 月 28 日上海市世界外国语小学学生和家长遇袭事件为例，此事发生后在上海市和网上引起热议，关于犯罪嫌疑人、世外小学毕业典礼等各种说法（可能有谣言），成为轰动全国的舆情事件。当地党报《解放日报》本应对此事予以报道并对舆论加以引导，但 2018 年 6 月 29 日出版的《解放日报》版面上没有任何引导性的文章或图片，处于“重大舆论引导不在场、缺席”的状态。直到事件发生后的第三天，2018 年 6 月 30 日《解放日报》才在头版和第 2 版分别刊登报道。

当重大舆情发生时，倘若党报没有及时开展相关的舆论引导，处于缺席或迟到状态，谣言就容易滋生，问题就不容易得到迅速解决，党报形象、党报公信力、党和政府的形象就会受到损害。所以，“舆论引导的缺席者、迟到者”是党报不该扮演的禁忌性角色。正确的做法是：重大舆情发生后，党报要及时反应，充分利用新媒体，评述语句留

---

① 2013 年 12 月 26 日，习近平在纪念毛泽东同志诞辰 120 周年座谈会上讲话指出：“革命领袖是人不是神。……不能因为他们伟大就把他们像神那样顶礼膜拜，不容许提出并纠正他们的失误和错误；也不能因为他们有失误和错误就全盘否定，抹杀他们的历史功绩，陷入虚无主义的泥潭。”2017 年 10 月 24 日修改通过的《中国共产党章程》第十条第六款明确规定：“党禁止任何形式的个人崇拜。要保证党的领导人的活动处于党和人民的监督之下，同时维护一切代表党和人民利益的领导人的威信。”

有余地，不能因为情况不明而保持缄默，不能禁止本报编辑记者发声，不迟滞发稿，不隐瞒真相，注意引导民众情绪，注意辟谣。

2015年8月12日23:30左右，位于天津市滨海新区天津港的瑞海公司危险品仓库发生火灾爆炸事故，造成165人遇难，8人失踪，798人受伤，304幢建筑物、12 428辆商品汽车、7 533个集装箱受损。这一惨烈事故引起全国民众的极大关注，一时间谣言四起，[①]天津之外的多家媒体(包括外国媒体)前往采访报道。有文章认为天津几大官方媒体在特大新闻事件发生时普遍缺席和“失声”，并引述2012年的旧文《天津，一座没有新闻的城市?》的观点，质疑天津几大官方媒体在“装睡”。[②]

事实上，在这一重要时刻，党报并没有缺席和迟到。2015年8月13日00:09，当地党报《天津日报》的官方微博在事故发生39分钟后就发布了第一条相关报道《滨海新区开发区发生剧烈爆炸?!》。2015年8月13日03:58，《天津日报》的官方微博发布第二条相关报道《爆炸已致7人遇难》。2015年8月13日05:51，《天津日报》的官方微博发布第三条有关的讯息《爆炸已致13人遇难》。天津港“8·12”特别重大火灾爆炸事故发生后的次日和随后几天，《天津日报》的纸质版面也有大量报道。《人民日报》对此也通过报道进行舆论引导，例如在2015年8月16日第4版刊发辟谣报道《“父亲在事故中身亡微博求打赏”系诈骗》。

2016年11月24日07:40左右，江西宜春市丰城发电厂三期在建项目发生冷却塔施工平台坍塌特别重大事故。这一次，党报也没在舆论引导中缺席和迟到。

《人民日报》次日便在头版头条位置和第4版刊发相关报道，及时报道人员伤亡情况、救援进展、中央指示。《江西日报》把“报道救援救治、善后处置工作”作为重点，把“关爱生命”放在首要位置，全面、准确、客观、理性地报道了灾难事故、救援救灾人员的无私奉献、家属的情绪，并先后刊发了《习近平对江西丰城发电厂“11·24”冷却塔施工平台坍塌特别重大事故作出重要批示》《丰城电厂发生冷却塔施工平台坍塌特大事故》《丰城电厂“11·24”事故善后工作见闻》《丰城电厂“11·24”事故善后有序开展》《丰城电厂“11·24”事故善后理赔工作展开》《人文关怀显温情》《安全责任重于山》等报道和

---

① 天津港“8·12”特别重大火灾爆炸事故发生后，一些网站或随意编发“天津大爆炸死亡人数至少1 000人”“方圆一公里无活口”“天津已混乱无序、商场被抢”“天津市主要领导调整”等谣言，或任由网站用户上传来自微博、微信的相关谣言，制造恐慌情绪，造成了恶劣的社会影响，受到网民的谴责和举报。国家网信办会同有关部门，视情节轻重，对车夫网、美行网、军事中国网等18家网站采取永久关闭、注销备案等处罚措施，对新鲜军事网、0668论坛、艾泽拉斯国家地理论坛等32家网站采取暂行关闭1个月的处罚措施。

② 虎嗅.天津真的是一座没有新闻的城市吗?[EB/OL].(2015-08-13)[2018-07-01]. http://www.huxiu.com/article/123082/1.html? f=xianguo.

评论。①

地方党报也不能成为重大舆情引导的缺席者、迟到者，否则难以得到民众的信任和好感。

2018 年 5 月 27 日上午，安徽省六安市发生部分教师维权上访事件，民警依法将少数教师强制带离现场。此事引发重大网络舆情，教师被反扭双手、双手被铐住的画面或短视频在新媒体平台被大量转发，微博上网民情绪偏负面，众说纷纭。②

对此，人民日报客户端转载微博@六安公安在线 发布的警方回应，但《安徽日报》《皖西日报》(中共六安市委党报)及其旗下的六安新闻网(www.luaninfo.com)在 28 日、29 日、30 日、31 日均未通过相应报道或评论引导舆论走向。③

对那些严重影响党和政府形象的重大舆情，党报应该及时介入、及时引导。在党报内部，可以针对重大舆情建立自动响应机制：一旦发生重大舆情，党报必须及时介入。

## 二、摊派发行者

"摊派发行者"角色是指利用职权搞摊派发行报刊的人或机构。摊派发行，关键在"摊派"，是利用权力搞报纸发行，具有强制性，违背订阅者的意愿，属于强迫交易，也属于不正当竞争，所以，党报不能扮演"摊派发行者"角色。

中宣部召开的党报党刊发行工作视频会议强调，对摊派发行等行为，要做到发现一起查处一起。④

现实中，党报有没有摊派发行呢？有的。

2018 年 2 月 9 日上午，江西省 XX 市重点中学校领导就党报发行问题通过微信接受了"党报在媒介新格局中的角色研究"课题组(以下简称"课题组")的采访，以下是部

① 江西日报社.《江西日报》社会责任报告(2016 年度)[EB/OL].(2017-05-25)[2018-07-01].http://www.xinhuanet.com/zgjx/2017-05/25/c_136297421_4.htm.

② 例如：《纪念六安讨薪教师》(作者：陈小二姐)，《新京报》评论《〈教师法〉要硬起来》(作者：熊丙奇)，微博文章《发生大面积教师欠薪 应先把书记市长工资停了》(作者：胡锡进)，央视网文章《让被欠薪的教师有讲理的地方》(作者：敬一山)，光明网评论《请善待为我们接续文明香火的人》(作者：许言悟)，《中国新闻周刊》的深度报道《六安教师讨薪事件：副省长曾批示解决类似问题，但落实不到位》(作者：粟裕)，新加坡《联合早报》文章《教师集体上访遭警方暴力阻止 安徽六安市政府道歉》(作者：于泽远)。

③ 《皖西日报》2018 年 5 月 28 日的 8 个版面内容详见 http://wxrb.luaninfo.com/detail/? id=12696&time=2018-05-28。

④ 新华社.2019 年度党报党刊发行工作视频会议召开 要求切实做好人民日报等中央重点党报党刊发行[N].人民日报，2018-11-17(4).

分记录。

**课题组：**××中学每个学生每个学期都要交钱订党报(《人民日报》《江西日报》《××日报》)吗？

**中学领导：**要的，否则完不成上面的征订任务。

**课题组：**你们要完成多少征订任务？

**中学领导：**哦，下面各学校都有任务的。我们学校一学年大约17万。

**课题组：**这是金额？

**中学领导：**对，份数130份左右。国家、省、市三级党报，还有一些党刊。

**课题组：**一个班订一份吧？

**中学领导：**对。一年每位学生16元。

**课题组：**一学期8元？

**中学领导：**对的。

**课题组：**那倒不多。

**课题组：**是否强制订阅？

**中学领导：**学生及家长没什么怨言，开阔视野，了解天下事，了解国家及世界政策。

**中学领导：**按惯例，一直如此。

**课题组：**我也觉得有必要订。以后也许可以搞个《学生自愿订报家长同意单》。

**中学领导：**但学校出不起，高中生还是许多人看报的。时代催促他们关心国家了，我们也要求班主任引导爱党爱国，正面引导，对学生今后发展好！

**中学领导：**出不起这笔订报费用，家长大多支持。

**中学领导：**我会接受你的意见！

2018年2月9日上午，江西省××市重点中学一位毕业生就党报发行问题通过微信接受了课题组的采访，以下是部分记录。

**课题组：**你是××中学毕业生吗？

**毕业生：**是的。

**课题组：**在那读书时，你要交订报费(《人民日报》《江西日报》《××日报》)吗？

**毕业生：**要，但不知具体订了哪些报纸。

**毕业生：**有个订报费。

**课题组：**当时你们和家长抵触这个订报费吗？

**毕业生：**不抵触，因为是和班费钱一起收，然后被扣掉的，而且数额应该不高。但会莫名其妙，因为从来没看到过报纸。

**毕业生：**学校要求每班订一份《人民日报》，然后每个班级会再自愿选订其他党报党刊，我们班增订的是《半月谈》。因为只有一份，可能我当时没见到。

考虑到党报是重要的执政资源和组织传播媒介，在党政机关和党组织内部要求发行党报，可以说有一定的必要性和合理性。但是，如果向党政机关、党组织、国企、事业单位范围之外的私营企业等民间组织摊派发行党报，把“订阅党报”作为必须完成的指令性任务，就是明显不合理的摊派发行了。因此，在发行党报时，在有关文件和征订言语中应该谨慎使用“指令性任务”等强迫性语句，最好改为“订阅建议”之类非强迫性语句。从现有文件和报道来看，党报并未直接实施摊派发行，而是通过各级党委、各级政府、各级宣传部实施摊派发行，但实际上相当多的党报是通过摊派方式发行出去的。人们普遍反对摊派发行，对摊派发行颇有微词，微博平台就有不少网民对此大加批评。

党报发行工作之所以出现摊派发行这种不正常情况，主要有三个原因：党报发行上的读者定位与内容上的读者定位不一致，内容可读性差；片面追求发行量，以发行量高为荣；忽视发行工作中党和党报的形象损失。①

党报摊派发行的危害甚大。

一是损害党和政府的形象。党报姓党，是党组织的机关报，代表党和政府发声，同时也代表党和政府的形象。如果党报违背人们意愿搞摊派发行，就会损害党和政府的形象，在民众心中造成对党和政府的反感，使党与民众、政府与民众的和谐关系受到破坏，使党失去民心和民众的拥护。

二是损害民众利益。摊派发行行为利用了难以抗拒的行政权力，迫使民众订阅党报，在造成民众反感的同时，也可能给民众增加经济负担，即使是由民众所在工作单位承担订阅费用，也涉及民众利益。在并不发达的地区，订报费用确实成为一些基层组织（如村委会、居委会）的经济负担。

三是损害党报形象。摊派发行是利用权力强制发行，而不是凭借报纸质量获得发

---

① 王卫明，刘勇生.党报发行中的摊派行为分析[J].青年记者，2005(9)：53-54.

行机会，势必会损害党报的形象。作为承担重要职责的舆论机关，党报没有一定的发行量肯定不行，但为了获得发行量而实施强制性的摊派发行无异于饮鸩止渴。摊派发行，容易使被摊派者排斥党报、讨厌党报、远离党报，如此一来党报的公信力、影响力都会大打折扣。

四是造成无效发行。发行量不等于阅读率，在摊派发行的情形下，“订而不阅”的情况并不少见，就像网民“王清洲”说的那样，“党报发行可以靠行政摊派、指令来，但阅读率却是强制不来的”。

党报固然有权力的优势，但是要坚决杜绝利用权力搞摊派发行，尽量避免“无效发行”，这是政治的需要，也是环保的需要。优化党报的发行结构，在合理合法范围内发行，才能更好实现党报的社会效益，有效传播党的政策主张。党报要转变思想、创新内容，做可读性强的、民众喜欢的报纸，想方设法提高自愿订阅率。

党报要杜绝摊派发行，就应做到：党报发行上与内容上的读者定位保持一致；适当弱化“发行量意识”，强化“有效发行意识”；将形象损益量纳入党报工作的绩效考核范围之内；缓解部分党报的经营压力。[①]

## 三、传谣造谣者

周恩来讲过一句流传于大江南北的至理名言：“只有忠于事实，才能忠于真理。”1963 年 5 月 23 日，《人民日报》刊登了刘少奇主席和陈毅副总理兼外长出访归来的照片，这是《人民日报》记者拍摄的照片，发表时裁去了一些民主人士和女同志的形象，并用剪贴的办法移动了某些人的站位。后来，吴冷西撰文[②]回顾了这件因造假被批评的往事。

“造谣者”是捏造虚假信息让特定群众或者广大民众受到迷惑和误导的人或组织。谣言属于不实信息，造谣行为从法律上讲是侵犯他人名誉权和人身权的行为，严重者构成诽谤罪。[③] 破坏公共秩序、威胁社会和谐稳定的造谣者，行径更加恶劣。

“传谣者”角色指不加查证误传谣言或故意传谣的人。媒介新格局下，网络造谣为大毒瘤，危害甚广。网络谣言具有隐秘性、攻击性、诱惑性等特点，极其容易引发社会动荡，威胁公共安全。媒介新格局造就的传播平台多样化和舆论多元化为网络造谣提

---

① 王卫明，刘勇生.党报发行中的摊派行为分析[J].青年记者，2005(9)：54.

② 吴冷西.周总理为何说“我当助理总编辑就行了”[EB/OL].(2018-05-25)[2018-06-27]. http://zhouenlai.people.cn/n1/2018/0525/c409117-30014879.html.

③ 李生.法治终结网络谣言[J].公民导刊，2013(4).

供了载体，使得谣言滋生容易，传播广泛、迅速。现阶段，已出台政策和法律法规追究和严惩网络造谣者。然而，针对网络造谣追究源头难、求证难的特点，从公民和媒体自身出发，不传谣、不造谣才是遏制网络造谣的根本。

党报作为主流媒体的代表，须在媒介系统中起示范标杆作用，以身作则，继续发扬严谨求证的作风，对信息进行把关，只传播真实的新闻信息。纸媒相比于网络媒体，在信息真实性上具有突出优势，纸媒有“把关人”这一程序，也就是说在新闻信息传播之前已经对信息做了各方面审核考量。党报要扮演好“把关人”角色，避免成为“造谣者”和“传谣者”。

# 第五章

# 媒介新格局中党报角色个案分析

如前所述，每一家党报都担当了一些角色。这些角色，是否在党报日常的传播中得到了实现？课题组通过对数量、级别、地域、经济、办报水平、办报规模等因素的综合考虑，特意选取1家中央级党报(《人民日报》)、2家省级党报(《山西日报》《浙江日报》)、3家地市级党报(《井冈山报》《新乡日报》《广州日报》)，采用内容分析法[①]、文本分析法、比较法，从角色担当、角色实现两个方面，对党报内容展开个案分析。

之所以选择《人民日报》《山西日报》《浙江日报》《井冈山报》《新乡日报》《广州日报》这6家党报，是基于如下考虑：

(1)数量方面。中央党报只有1家，不可替代，别无选择。省级党报有34家，所以选择两家。地市级党报有394家，样本数量多于中央级党报、省级党报，所以选择3家。

(2)级别方面。《人民日报》是中央级党报的代表，《光明日报》《经济日报》不是严格意义上的党报(机关报)。《山西日报》《浙江日报》是省级党报的代表，《井冈山报》《新乡日报》《广州日报》是地市级党报的代表。《广州日报》还是省会城市党报的代表。

(3)地域方面。《山西日报》是华北地区党报的代表，《浙江日报》《井冈山报》是华东地区党报的代表，《新乡日报》是华中地区党报的代表，《广州日报》是华南地区党报的代表。《广州日报》还是省会城市党报的代表、发达地区党报的代表。

(4)经济方面。《广州日报》《浙江日报》是发达地区党报的代表，《山西日报》《井冈山报》是相对不发达地区党报的代表。

(5)办报水平方面。《人民日报》《浙江日报》《广州日报》办报水平相对较高，《山西

---

① 一个广告计为一篇。一稿可以统计多种角色。比例数据，四舍五入，保留小数点后一位数字。只统计纸面文本。

日报》《井冈山报》《新乡日报》办报水平相对较低。

(6)办报规模方面。《人民日报》《浙江日报》《广州日报》办报规模相对较大,《山西日报》《井冈山报》《新乡日报》办报规模相对较小。

从数量、级别、地域、经济、办报水平、办报规模等方面来看,《人民日报》《山西日报》《浙江日报》《井冈山报》《新乡日报》《广州日报》这 6 家党报能够代表中国党报。

以上 6 家党报,属于同一组织传播系统(中国共产党党报系统),在角色担当和角色实现方面总体上"大同小异",但从课题组对这 6 家报纸的定量研究结果来看,6 家报纸仍然各具特色,详情见表 5-1。

**表 5-1　六家党报各自的特色**

| | 《人民日报》 | 《山西日报》 | 《浙江日报》 | 《井冈山报》 | 《新乡日报》 | 《广州日报》 |
|---|---|---|---|---|---|---|
| 角色类型 | 角色类型最多样化 | "媒介经营者"角色明显 | "慈善公益活动组织者"和"民意倾听传播者"角色不明显 | | | "娱乐大众者"角色明显 |
| 体裁 | 评论占比大 | | 通讯作品占比最大 | 广告占比较大 | | 广告总量最多 |
| 题材 | | 财经新闻占比较大 | | | | 时政新闻少,文娱新闻多 |
| 报道基调 | | 批评稿件最少 | | | 表扬稿件最多 | |
| 附录二维码 | | | | 占比最小 | | 占比最大 |
| 图像应用 | | | | 图片占比大 | | 图片占比小 |
| 直接引语 | | | 占比最大 | | 占比最小 | |
| 背景资料 | 使用最多 | 使用最少 | | | | |

## 第一节　《人民日报》角色担当与角色实现的内容分析

《人民日报》是中国共产党中央委员会机关报,1948 年 6 月 15 日在河北省平山县里庄创刊,由《晋察冀日报》和晋冀鲁豫《人民日报》合并而成,初为华北中央局机关报,同时担负党中央机关报职能。1949 年 8 月 1 日,中共中央决定《人民日报》为中国共产党中央委员会机关报，并沿用1948年6月15日的期号。1985年7月1日，《人民日报》海外版创办，主要面向海外华人、华侨、港澳台同胞和在各国、各地区的留学生等人员。2009年8月1日，《人民日报》藏文版创办，每天对开4版。党中央对《人民日报》高度重视，在革命、建设和改革的各个时期都对《人民日报》工作给予有力指导。党的十八大以来，以习近平同志为核心的党中央要求《人民日报》发挥"中流砥柱""定海神针"的作用，当好"排头兵""领航者"。2016年2月19日，习近平总书记深刻指出，《人民日报》是党的阵地，全党全国人民都从《人民日报》里寻找精神力量和"定盘星"，并表示"党中央支持你们，我也支持你们"。《人民日报》不断丰富和完善内容与形式，由初创时的每天对开4版增加到目前24版(周六、周日为12版，节假日为8版)。《人民日报》推进编采分开改革，调整优化版面结构，形成要闻、新闻、周刊的版面格局。《人民日报》的"任仲平""国纪平""任理轩"等要论品牌和《人民论坛》等知名专栏影响扩大，《人民观察》《求证》《记者调查》《今日谈》等新创专栏受到欢迎。

《人民日报》是中国第一大报，1992年被联合国教科文组织评为世界十大报纸之一。《人民日报》的新闻信息采集渠道遍布国内外，发行全国及世界其他100多个国家和地区。截至2017年1月1日零时，《人民日报》发行量达到318万份，实现连续15年稳定增长。[①]

## 一、《人民日报》角色担当的内容分析

课题组抽样选取2018年3月、5月、7月共16期的《人民日报》，运用定量分析法中的内容分析法对其担当的角色进行统计分析，结果见表5-2。

**表5-2 《人民日报》担当的各类角色统计表**

| 角色类型 | 篇数 | 占总篇比例(%) |
|---|---|---|
| 信息传播者 | 336 | 21.4 |
| 党的意见、意志的表达者 | 136 | 8.7 |
| 党的思想的传播者 | 138 | 8.8 |
| 党和政府工作的推动者 | 188 | 12.0 |
| 党、人民、国家、民族利益捍卫者 | 75 | 4.8 |
| 民意的倾听传播者 | 82 | 5.2 |
| 舆论的回应引导者 | 10 | 0.6 |
| 社会主义核心价值观倡导者 | 59 | 3.8 |

① 此部分文字引自人民网对人民日报社的简介，详见http://www.people.com.cn/GB/50142/104580/index.html。

续表

| 角色类型 | 篇数 | 占总篇比例(%) |
|---|---|---|
| 智库服务提供者 | 73 | 4.7 |
| 媒介经营者 | 59 | 3.8 |
| 民众事务帮办者 | 32 | 2.0 |
| 互动分享者 | 95 | 6.1 |
| 舆论监督者 | 24 | 1.5 |
| 慈善公益活动组织者 | 12 | 0.8 |
| 社会心灵抚慰者 | 23 | 1.5 |
| 医疗信息传播者 | 47 | 3.0 |
| 娱乐大众者 | 59 | 3.8 |
| 教育者 | 75 | 4.8 |
| 其他角色 | 45 | 2.9 |

注:样本总量为 16 期,1 568 篇。

由表 5-2 可知,在《人民日报》担当的各类角色中,排名前四的角色类型是:“信息传播者”“党和政府工作的推动者”“党的思想的传播者”“党的意见、意志的表达者”。此外,在《人民日报》担当的各类角色中,“互动分享者”“民意的倾听传播者”“智库服务提供者”“教育者”“党、人民、国家、民族利益捍卫者”这五种角色较为突出,“慈善公益活动组织者”“舆论的回应引导者”这两种角色较不明显。

《人民日报》在媒介新格局中担当的角色是“信息传播者”。《人民日报》是中国第一大报,首先要满足读者的信息需求,担当好“国内和国际重要信息传播者”的角色。在被选取的 1 568 篇报道中,《人民日报》充当“信息传播者”角色的文章占 21.4%,排名第一。《人民日报》作为中共中央的机关报,对中共中央负责,但其本质上是新闻传播媒体,“传播信息”是《人民日报》的天职。所以,《人民日报》传播了大量的新闻信息,也传播了一些广告信息。

在《人民日报》传播的信息中,既有中央层面的信息,又有基层的信息;既有国内的信息,又有国外的信息;既有政治信息,又有经济信息、文化信息、体育信息、军事信息、科技信息及其他信息。

媒介新格局中的《人民日报》关注民生,关注基层。1 568 篇样本文章中,《人民日报》体现走基层传播民众意见、声音的角色多达 82 篇,占比 5.2%。《人民日报》版面中不定期开设《连线基层》《新农村》等基层新闻栏目。《产粮大县的田野“四则运算”》《农村承包地确权进入收尾阶段》《让电商助力农村发展菏泽下好三步棋》《河北柏乡春灌用上互联网》等报道，正是《人民日报》对“三农”信息传播的代表。当然，中共中央、中央政府发布的信息，党和国家领导人活动信息，关系到大政方针、国计民生的重要信息，是《人民日报》重点传播的信息。

《人民日报》在报道国内国外领导活动方面占有绝对优势，在每日刊出的《人民日报》中，对党政领导重要活动的报道（国内和国外），对党政活动或会议工作的报道占据大部分版面。

《人民日报》及时报道党和国家的重要会议，及时传播重要人事变动信息，全文刊载党和国家的重要文件，充当了权威信息传播者的角色。例如，《人民日报》全文刊发《中华人民共和国宪法修正案（草案）》，刊登报道《根据国家主席习近平的提名决定李克强为国务院总理》。

《人民日报》在媒介新格局中担当“党和政府工作的推动者”“党的思想的传播者”“党的意见、意志的表达者”等政治角色。

在选定的1 568篇文章中，充分体现《人民日报》是“党和政府工作的推动者”的文章有188篇，占文章总数的12%；充分体现《人民日报》是“党的思想的传播者”的文章有138篇，占文章总数的8.8%；充分体现《人民日报》是“党的意志、意见的表达者”的文章多达136篇，占文章总数的8.7%。

《人民日报》时常报道党和国家领导人的重要讲话精神，刊发党和国家领导人的重要讲话的全文或书信。

2018年5月3日，《人民日报》第2版刊登习近平在北京大学师生座谈会上的讲话全文。

2018年5月5日，《人民日报》头版刊登报道《纪念马克思诞辰200周年大会在京举行 习近平发表重要讲话 李克强栗战书汪洋赵乐际韩正王岐山出席 王沪宁主持》和社论《向人类最伟大的思想家致敬》，第2版刊登习近平2018年5月4日在纪念马克思诞辰200周年大会上的讲话全文。

2018年11月19日，《人民日报》第2版刊登习近平在亚太经合组织第26次领导人非正式会议上的发言《把握时代机遇 共谋亚太繁荣》全文。

2018年11月24日，《人民日报》头版刊登报道《中共中央举行纪念刘少奇同志诞辰120周年座谈会 习近平发表重要讲话 李克强汪洋王沪宁赵乐际韩正出席 栗战书主持》，第2版刊登习近平2018年11月23日在纪念刘少奇同志诞辰120周年座谈会上的讲话全文并刊登报道《〈习近平新时代中国特色社会主义思想三十讲〉课件发布》。

《人民日报》在媒介新格局中充当“民意的倾听传播者”“党、人民、国家、民族利益捍卫者”角色。

作为主流媒体，党报不仅要在宏观上以大视野大姿态着力报道国内国际重大事件，更要体现作为新闻媒介的价值，履行好传递信息、社会喉舌、通情达意的责任，只有这样的报纸才真正是为党和人民服务的报纸。国内外报纸的发展历程大多是从政党办报兴起的，以前的政党报刊多为所依附的政党服务，报纸很少报道社会大众所关心的事，很少听取人民群众的意见，随着历史的不断发展，如今的纸媒已从之前的“观念纸”逐渐回归“新闻纸”。

《人民日报》自始至终承担着守望者的责任，维护着民众的权利和公共利益，同时也给民众出谋划策，帮助人民群众解决问题。

《人民日报》有一个历史悠久的版面——“读者来信”版面，专门聚焦民意，根据读者来信刊发相关报道并刊登反映民意的读者来信，实实在在是在担当“民意的倾听传播者”角色。

以 2018 年 11 月 20 日的《人民日报》为例，“读者来信”版面刊登了记者根据读者来信采写的调查性报道《“小产权房”为何屡禁不止》(配发短评《不折不扣保证政策落实》)，另外《身边事》栏目刊登了读者来信《如此服务 苦了用户》，《曝光》栏目刊登了读者来信《省道中间设路障》，《建议》栏目刊登了山东临沂市孙贵东读者撰写的《根据气温调整供热量》、江苏连云港市吴学安读者撰写的《网销食品监管不能“掉线”》、山东威海市袁壮志读者撰写的《完善“雨污分流”设施》、河南郑州市申国华读者撰写的《共享单车好事要办好》等 4 篇稿件。

此外，“读者来信”版面还会根据民意主动设置有关议题，提前预告以便广大读者通过写稿投稿反映民意。

随着互联网技术的不断发展，公民的信息安全问题开始受到威胁。《人民日报》的报道《如何让个人信息更安全》站在人民群众的立场上，为广大网民出谋划策，捍卫民众利益。

近年来，校内减校外补，校内越减校外越补，学生不堪重负，校外培训的问题已成社会顽疾。《人民日报》报道《斩断校外培训机构与中小学校招生的关联》对此问题进行揭露分析，认为过度宣扬校外培训会对学校的管理和儿童的健康造成严重影响。该报道也是在捍卫民众利益。

《人民日报》在媒介新格局中也担当“智库服务提供者”“教育者”角色。在课题组统计的 16 期《人民日报》中，体现这两种角色的文章占样本总量的 9.5%；体现这两种角色的文章，主要出现在理论版、评论版和其他版面的评论栏目。

《人民日报》通常在星期一至星期五出刊，经常刊登政界、学术界、业界的各种建言。以 2018 年 11 月 21 日《人民日报》理论版为例，其共刊登《民营经济要走向更加广阔的舞台》《以全面预算绩效管理提升国家治理水平》《以新作为开创全面深化改革新局面》《把新时代改革开放推向深入》等4篇文章。

《人民日报》不仅设有评论版，还开设许多评论栏目，包括《今日谈》《人民观点》《人民时评》《人民论坛》《钟声》《来论》《社论》等。

《人民日报》还充当着“互动分享者”“娱乐大众者”的角色，报道有趣的事情或发表有趣的图片等。在课题组的统计文本中，涉及“互动分享”的文章有95篇，占报道总量的6.1%；报道涉及体育娱乐及休闲展览活动等的文章多达59篇，占报道总量的3.8%。

参与文化娱乐活动、享受文化娱乐是人们生活中的一部分。在媒介新格局中《人民日报》在“体育”版、“文化”版、“假日生活”版、“读书”版、“副刊”版刊登了大量的体育新闻、文化新闻、假日资讯，甚至头版也有相关报道。例如，2014年1月25日，李娜在澳大利亚网球公开赛赢得冠军，她夺冠的消息就登上了《人民日报》头版。

另外，媒介新格局中的《人民日报》还是“社会主义核心价值观倡导者”“社会心灵抚慰者”“慈善公益活动组织者”。在这三种角色中，《人民日报》在担当“社会主义核心价值观倡导者”角色方面，频次较密，着力颇深；较少担当“社会心灵抚慰者”“慈善公益活动组织者”角色。党报担当“社会心灵抚慰者”，需要一定的契机（例如：突发灾情、疫情或其他令人悲伤的负面事件）。但党报担当“慈善公益活动组织者”不但必要而且可以常态化，这方面《人民日报》可以有所加强。

媒介新格局下，传播的多元化必然带来价值观的多元化。《人民日报》承担起“社会主义核心价值观倡导者”的角色，能规范和引导民众的价值观。该报的新闻报道、评论以及其他文章都有涉及核心价值观的宣传和弘扬内容。《人民日报》开辟三档新栏目《点赞中国》《诚信中国》和《对话价值观》来对核心价值观做宣传工作。

《人民日报》的《为了民族复兴，英雄烈士谱》栏目，以“不忘初心，牢记使命”为主题，是树立核心价值观的鲜活例子。2018年4月5日，《为了民族复兴，英雄烈士谱》专栏开始在《人民日报》推出，该栏目预备报道793位英雄人物，刊登他们的事迹，传承他们的精神。专栏首期介绍的是“革命军中马前卒”邹容，他所书写的《革命军》是第一部系统阐述革命理论的著作，被誉为中国近代的《人权宣言》。随后该专栏又介绍了“首义功臣”蒋翊武、“生如闪电之耀亮”的青年先锋高君宇、“马克思主义传播者”张伯简等人。《为了民族振兴，英雄烈士谱》专栏报道的人物事迹，对广大民众起着榜样引领的作用，营造了良好的社会主义核心价值观氛围。

## 二、《人民日报》角色实现的内容分析

党报“担当什么角色”是一回事，党报“角色实现得如何”又是另外一回事。如前所述，《人民日报》担当了一些角色，这些角色最终是通过什么方式实现的呢？

以下是课题组对《人民日报》在角色实现过程中的内容的分析。

从体裁来看，在选取的16期样本中，《人民日报》文章多为消息、通讯、评论、论文（理论文章），这比较符合该报首先是“报”的媒介属性（见表5-3）。

**表5-3　《人民日报》体裁运用情况**

| 体裁类型 | 篇数 | 占总篇数比例（%） |
|---|---|---|
| 消息 | 696 | 44.5 |
| 通讯 | 322 | 20.5 |
| 评论 | 253 | 16.1 |
| 论文（理论文章） | 131 | 8.3 |
| 散文 | 30 | 1.9 |
| 诗歌 | 4 | 0.2 |
| 广告 | 59 | 3.7 |
| 其他 | 73 | 4.7 |

注：样本总量为16期，1 568篇，数据四舍五入。

从报道题材来看，在选取的16期《人民日报》刊登的文章（不含广告和副刊文章）中，时政新闻为数最多，占比将近三分之一（32.7%）；比重稍次的是法治新闻、财经新闻[①]，占比均超过10%；教育新闻、科技新闻、文娱新闻、环境气象新闻、军事新闻、体育新闻、健康新闻，占比均低于10%，超过3%；灾难新闻、慈善新闻、旅游新闻、其他新闻，占比均小于2%（见表5-4）。这种题材分布，比较符合《人民日报》的机关报定位，也符合当代中国“以经济建设为中心”的战略安排和“依法治国”的治国理念。

① 《产经广场》《财经纵横》《金融论坛特刊》《读数》等财经栏目不定期活跃在《人民日报》版面上。《一季度物价运行总体稳定》《第一产业固定资产投资成亮点》《发展前景好　八方来客多》等报道，运用数据从宏观角度反映中国经济发展态势。

**表 5-4 《人民日报》报道题材分布情况**

| 题材类型 | 篇数 | 占总篇数比例(%) |
|---|---|---|
| 时政新闻 | 477 | 32.7 |
| 灾难新闻 | 19 | 1.3 |
| 慈善新闻 | 13 | 0.9 |
| 健康新闻 | 53 | 3.6 |
| 财经新闻 | 149 | 10.2 |
| 旅游新闻 | 24 | 1.6 |
| 文娱新闻 | 86 | 5.9 |
| 科技新闻 | 99 | 6.8 |
| 教育新闻 | 130 | 8.9 |
| 体育新闻 | 54 | 3.7 |
| 环境气象新闻 | 79 | 5.4 |
| 军事新闻 | 64 | 4.4 |
| 法治新闻 | 164 | 11.2 |
| 其他新闻 | 10 | 0.7 |

注：样本总量为 16 期，1 460 篇，数据四舍五入。

在选取的 16 期样本中，《人民日报》文章(不含广告)的基调以中性基调为主，表扬讴歌的文章较少，批评揭露的文章极少(见表 5-5)。

**表 5-5 《人民日报》报道基调分布情况**

| 文章基调 | 篇数 | 占总篇数比例(%) |
|---|---|---|
| 批评揭露 | 27 | 1.8 |
| 表扬讴歌 | 90 | 6.0 |
| 中性基调 | 1 392 | 92.2 |

注：样本总量为 16 期，1 509 篇，数据四舍五入。

由此可见，《人民日报》作为一家政党报纸，其文章总体上比较客观中性，但“表扬讴歌”多于“批评揭露”。

在媒介新格局中，“在纸质版本中附加二维码”是党报开展融合传播的有力举措。在选取的 16 期《人民日报》中，附加二维码的文章(不含广告)所占比例极低，仅有 4% 的文章附加二维码，绝大多数文章没有附加二维码(见表 5-6)。

表 5-6　《人民日报》附加二维码情况

| 附加二维码情况 | 篇数 | 占总篇数比例(%) |
|---|---|---|
| 有二维码 | 61 | 4.0 |
| 无二维码 | 1 448 | 96.0 |

注:样本总量为 16 期,1 509 篇,数据四舍五入。

课题组认为,尽管不必苛求每篇文章都附加二维码,但 4%这个比例严重偏小,理应在 10%～20%范围才比较合理。而且,这 4%的文章的二维码,通常只将读者引向人民网网页。《人民日报》与其官方微博、官方微信、客户端、子报子刊的新媒体,较少通过二维码建立相互引流的强连接关系。

值得一提的是,《人民日报》2018 年 3 月 7 日第 16 版,共使用了 7 个二维码(见图 5-1),反映该报融合传播的成功案例及其传播效果。扫描二维码可分别进入人民网、人民日报客户端、《环球时报》英文网站、微信公众号"人民日报评论"。

两会特刊 16

《中国一分钟》
点赞这五年
全网观看量突破 1.58 亿

800字解读政府工作报告

一分钟 5288万元 货物进出口

人民网手绘动漫视频火了

一分钟
中国发生什么

报网联动讲述奋斗者故事

VR 带你感受三大"通道"

图 5-1　《人民日报》2018 年 3 月 7 日第 16 版

在选取的 16 期《人民日报》样本中,大多数文章(不含广告)没有配图,但使用图片的文章为数不少,占比接近四分之一(见表 5-7)。

表 5-7 《人民日报》报道配图情况

| 图片运用情况 | 篇数 | 占总篇数比例(%) |
|---|---|---|
| 有 | 370 | 24.5 |
| 无 | 1 139 | 75.5 |

注：样本总量 16 期，1 509 篇，数据四舍五入。

在新闻宣传中，文章使用直接引语、背景资料有利于提升文章的可读性和传播效果。在选取的 16 期《人民日报》刊登的 1 509 篇文章(不含广告)中，大多数文章(占 66.4%)没有使用直接引语，大多数文章(占 76.9%)使用背景资料(见表 5-8)。由此可见，《人民日报》以后可以适当增加对直接引语的运用。

表 5-8 《人民日报》运用直接引语、背景资料情况

| 出现次数 | 直接引语 | | 背景资料 | |
|---|---|---|---|---|
| | 篇数 | 占总篇数比例(%) | 篇数 | 占总篇数比例(%) |
| 0 次 | 1 001 | 66.4 | 349 | 23.1 |
| 1 次 | 130 | 8.6 | 403 | 26.7 |
| 2 次 | 86 | 5.7 | 265 | 17.6 |
| 3 次 | 66 | 4.4 | 163 | 10.8 |
| 4 次 | 49 | 3.2 | 113 | 7.5 |
| 5 次 | 38 | 2.5 | 86 | 5.7 |
| 5 次以上 | 139 | 9.2 | 130 | 8.6 |

注：样本总量为 16 期，1 509 篇，数据四舍五入。

《人民日报》并非市场经济的绝缘体。从统计样本中可以看出，《人民日报》既在扮演“媒介经营者”角色，又在扮演“公益传播者”角色。在课题组统计的 16 期《人民日报》样本中，商业广告共 59 篇，在全部 1 568 篇文章中约占 3.7%；公益广告及党政公告共有 15 篇，在全部 1 568 篇文章中约占 1%。

## 第二节 《山西日报》角色担当与角色实现的内容分析

《山西日报》是中共山西省委主办主管的省委机关报。1949 年 4 月 26 日，《山西日报》创刊，毛泽东曾两次为《山西日报》题写报名。

2002 年 6 月，山西日报社组建了全民事业性质的山西日报报业集团，于 2004 年

正式挂牌运作，这是山西省首家报业集团。山西日报报业集团包括11报3刊1网站，分别是：《山西日报》《山西晚报》《山西农民报》《三晋都市报》《生活文摘报》《发展导报》《人民摄影报》《良友周报》《山西经济日报》《山西法制报》《山西市场导报》和《先锋队》杂志社、《对联·民间对联故事》杂志社、《青少年日记》杂志社以及山西新闻网。

《山西日报》每天发行量逾19万份，2017年每份定价为480元/年，2018年3月获评为第三届全国"百强报纸"。目前，《山西日报》是在山西全省和太原市发行量最大的纸质媒体，也是山西省发行量最大、影响最广的主流媒体，以62.75%的市场占有率在山西报业市场占统治地位。《山西日报》作为山西日报报业集团的主报，要坚定正确方向，加快创新步伐，打造过硬队伍，讲好山西故事，本着"导向为魂、内容为王、读者为天、报网融合"的办报理念，努力提升党报的传播力、引导力、影响力和公信力。

《山西日报》积极推进传统媒体与新兴媒体融合发展，已形成报纸、网站、微博、微信公众号、客户端、手机网站6种传播平台的综合运用，其社会影响力位居山西省内同行业第一。

《山西日报》的微信公众号（shanxiribaowang）于2017年10月23日完成认证，在它的界面里可以看到"App下载""手机网站""新闻报料"三个菜单。《山西日报》微信公众号从2017年10月23日至2018年12月11日15时，共推送1 656篇原创文章（平均每天4篇文章），推送的内容是当天《山西日报》报纸中较为重要的文章，包括报道、消息和评论。

山西日报客户端则是山西日报社重点打造的移动互联网主流新闻门户、权威观点引擎、聚合信息平台，客户端内容丰富、形式多样、及时便捷、阅读方便。共分为：要闻、报纸、太原、读图、时政、视频、社会、国内、国际、观点、文体、旅游、晋青春、问政14个版块，其栏目可以由用户按照个人兴趣选择添加，能够全方位、多角度地根据用户喜好提供新闻讯息。其中"要闻"版块推送的是8日以内《山西日报》中较为重要的文章；"报纸"版块全文刊载《山西日报》和《人民日报》以供用户在线阅读，实现了纸媒与新媒体的融合。其他版块则作为独立版块以满足用户的各种需求，版块分类将《山西日报》的角色担当更加清晰地显现出来。

将传统媒介和新媒介有机融合起来，强化新旧媒介之间的互动，可以增强《山西日报》的可读性，一定程度上也提高了用户黏性，有助于该报在新媒介格局中继续扮演和实现各种角色。截至2018年12月11日17时，《山西日报》官方微博粉丝数量为565万，已发微博数量为45 177条。2018年12月9日至2018年12月10日，《山西日报》官方微博共发布37条原创微博，截至2018年12月11日17时，这37条微博总计有0次收藏、31次转发、10次评论、117次点赞，可见互动率、用户黏性较差。这反映出《山西日报》的微博运营仍有相当大的提升空间。

## 一、《山西日报》角色担当的内容分析

在媒介新格局中，《山西日报》不仅从价格低廉、可信度高的传统纸质媒介——报纸出发，还与传播快速，受众众多，传播方式多样，便于检索的网站、微博、微信公众号、客户端、手机网站这些新媒介相结合，担当多重角色且不同程度地实现这些角色。课题组对2018年3月、5月、7月的《山西日报》采取“隔五抽一”的抽样方式，通过量化分析考察《山西日报》的角色担当情况。

关于《山西日报》担当的具体角色，课题组得到如下统计数据（见表5-9）。

**表5-9 《山西日报》角色担当情况**

| 角色类型 | 篇数 | 占总篇数比例(%)① |
| --- | --- | --- |
| 信息传播者(不含广告、评论) | 994 | 66.8 |
| 党的意见、意志的表达者 | 115 | 7.7 |
| 党的思想的传播者 | 44 | 3.0 |
| 党和政府工作的推动者 | 143 | 9.6 |
| 党、人民、国家、民族利益捍卫者 | 28 | 1.9 |
| 民意的倾听传播者 | 14 | 0.9 |
| 舆论的回应引导者 | 64 | 4.3 |
| 社会主义核心价值观倡导者 | 85 | 5.7 |
| 智库服务提供者 | 88 | 5.9 |
| 媒介经营者 | 391 | 26.3 |
| 民众事务帮办者 | 0 | 0.0 |
| 互动分享者 | 4 | 0.3 |
| 舆论监督者 | 4 | 0.3 |
| 慈善公益活动组织者 | 0 | 0.0 |
| 社会心灵抚慰者 | 46 | 3.1 |
| 娱乐大众者 | 226 | 15.2 |
| 教育者 | 20 | 1.3 |
| 其他角色 | 15 | 1.0 |

注：样本总量为16期，1 487篇[包括一句话新闻、图片新闻、广告(包括软文)]。

① 保留小数点后一位，四舍五入。下同。

从数据上看，在体现角色方面，“信息传播者”是《山西日报》担当的核心角色，这与党报“首先是报纸”的媒介属性相匹配。此外，涉及“党政喉舌”的相关角色（“党的意见、意志的表达者”“党的思想传播者”“党、人民、国家、民族利益捍卫者”“党和政府工作的推动者”）占相当大的比重。同时，作为社会影响力位居山西省内同行业第一的官方媒体，《山西日报》同样担当着“民意的倾听传播者”“舆论的回应引导者”“社会主义核心价值观倡导者”“智库服务提供者”“媒介经营者”“互动分享者”“舆论监督者”“社会心灵抚慰者”“娱乐大众者”“媒介的经营者”等角色。“慈善公益活动组织者”“民众事务帮办者”这两种角色，在被统计的《山西日报》样本中没有体现，可见该报在“慈善公益活动组织”“民众事务帮办”方面甚少作为，未来可以考虑强化。

在众多所扮演的角色中，“信息传播者”是《山西日报》所扮演的天职角色。信息传播作为大众传播媒介最基本的功能，为读者设置了丰富多彩的“议程”，提供给社会包罗万象的信息。

《山西日报》作为山西省的党报，其扮演“党的意见、意志的表达者”“党的思想的传播者”“党和政府工作的推动者”这些天职角色是较为明显的。在课题组抽取的样本中，《山西日报》经常发布党中央、中共山西省委、山西省人民政府的各项重大决定和意见，传递党和政府的声音，反映人民群众的需求，沟通党和人民的关系，引导社会舆论的方向，激励民众的意志，在众多媒体中，发挥着主流媒体的作用。

《山西日报》扮演“党的思想的传播者”时，以各种不同的方式向读者宣传党的思想，其中包括毛泽东思想、邓小平理论、“三个代表”重要思想、科学发展观、习近平新时代中国特色社会主义思想和相关的重要论述。

作为“党和政府工作的推动者”，党中央和各级党委一向要求所辖党报为党和政府的中心工作服务，《山西日报》也把“服务党和政府的中心工作”作为自己的天职，自觉承担“党和政府工作的推动者”角色。

新传播方式的出现和新媒介格局的形成，将党报与大众之间的距离拉得更近，《山西日报》不只是简单的党的“耳目喉舌”，其“信息分享者”“娱乐大众者”的角色在新媒介格局下变得更加明显。党媒能够利用读者“碎片化”的时间，将信息分享给读者，为他们提供知识和娱乐的内容，适度消除刻板印象，加强自身和读者的互动，使得自身的天职角色在新媒介格局中能够继续起到更好的传播效果。

在传统媒介时代，党报的生存运行离不开自主创收。在媒介新格局中，党报的媒介经营显得格外重要，其经营媒介的能力也越来越强，经营媒介的方式越来越丰富，所以，《山西日报》担当的“媒介经营者”角色日益凸显。

## 二、《山西日报》角色实现的内容分析

《山西日报》担当的各种角色，主要是通过各种内容的传播来实现的。

《山西日报》沿用多数党报版面的传统风格，即穿插咬合式的版面布局，横竖交叉、平直结合、交错咬合。然而这种设计越来越无法满足新媒介格局下的受众，图文组合较为混乱，形式零碎，版面缺乏整体感，且难以突出重点。由此可知《山西日报》在版面设计方面还有待优化。

从体裁类型数据分析来看，消息、通讯、评论三种类型占据《山西日报》体裁的65%以上，尤其是消息这一体裁几乎占据半壁江山（见表5-10）。

**表5-10 《山西日报》文章体裁分布情况**

| 体裁类型 | 篇数 | 占总篇数比例(%) |
| --- | --- | --- |
| 消息 | 675 | 45.4 |
| 通讯 | 243 | 16.3 |
| 评论 | 102 | 6.9 |
| 论文(理论文章) | 14 | 0.9 |
| 散文 | 24 | 1.6 |
| 诗歌 | 20 | 1.3 |
| 广告 | 391 | 26.3 |
| 其他题材 | 18 | 1.2 |

注：样本总量为16期，1 487篇。

就《山西日报》文章（不含广告）的基调来看，该报的多数报道持中性态度，表扬态度次之，批评类报道为数不多（见表5-11）。这种温和的报道基调，有利于弘扬正能量、宣传党的思想、引导社会舆论，但较难把握平衡立场，容易在捍卫公共利益、回应重大舆情时陷入“失语”状态。

**表5-11 《山西日报》文章(不含广告)基调情况**

| 文章基调 | 篇数 | 占总篇数比例(%) |
| --- | --- | --- |
| 批评揭露 | 5 | 0.5 |
| 表扬讴歌 | 103 | 9.4 |
| 中性基调 | 988 | 91.1 |

注：样本总量为16期，1 096篇。

通过对《山西日报》16 期报纸的分析(见表 5-12),我们可以发现:《山西日报》每一期的头版下方都有其微信公众号的二维码、山西日报社的二维码、山西新闻网的二维码。但是,在 16 期报纸的文章(不含广告)中,仅有 6 篇文章附加二维码(占全部文章的 0.5%),可见《山西日报》并不是很注重在文章中附加二维码来增强文章的互动性、趣味性和可读性,融合报道、融合传播的实例极少。因此,在媒介新格局中,为适应新的传播形势,《山西日报》应当顺应潮流,多做融合报道、融合传播。

**表 5-12　《山西日报》文章(不含广告)附加二维码情况**

| 附加二维码情况 | 篇数 | 占总篇数比例(%) |
| --- | --- | --- |
| 有二维码 | 6 | 0.5 |
| 无二维码 | 1 090 | 99.5 |

注:样本总量为 16 期,1 096 篇。

在抽样样本中,《山西日报》超过四分之一的文章(不含广告)有配图(见表 5-13)。其中,配图的一句话新闻最多,几乎每隔一版都会有 3—5 条配图的一句话新闻,涉及政治、经济、科技、环境、社会等方面,这无疑可以增加该报的可读性、趣味性。在传播社会主义核心价值观时,《山西日报》往往会采用讲述革命先烈和英雄模范人物的生平事迹的报道方法并配图刊发。《山西日报》报道重要会议、重大事件的文章中,图片的应用也不少。

**表 5-13　《山西日报》文章(不含广告)图片运用情况**

| 图片运用情况 | 篇数 | 占总篇数比例(%) |
| --- | --- | --- |
| 有图片 | 286 | 26.1 |
| 无图片 | 810 | 73.9 |

注:样本总量为 16 期,1 096 篇。

从表 5-14 可以看出,《山西日报》刊载的文章(不含广告、副刊文章)较少使用直接引语,使用直接引语的文章仅占 27%。但是,《山西日报》的人物通讯、重要会议报道会多使用直接引语拉近读者和人物、事件的距离,使读者有身临其境的感受,能加强文章的真实感,使人物变得有血有肉。在背景资料的使用方面,《山西日报》绝大多数文章不使用背景资料,使用背景资料的文章占比不到 10%。例外的是,《山西日报》的系列报道、先进人物报道则会较多使用背景资料,从而使得事件的来龙去脉变得清晰明朗,有助于读者对事件的理解和把握。

表 5-14 《山西日报》每篇文章（不含广告、副刊文章）直接引语和背景资料使用情况

| 出现次数 | 直接引语 | | 背景资料 | |
|---|---|---|---|---|
| | 篇数 | 占总篇数比例(%) | 篇数 | 占总篇数比例(%) |
| 0 次 | 800 | 73.0 | 988 | 90.1 |
| 1 次 | 112 | 10.2 | 86 | 7.8 |
| 2 次 | 62 | 5.7 | 4 | 0.4 |
| 3 次 | 38 | 3.5 | 4 | 0.4 |
| 4 次 | 22 | 2.0 | 0 | 0.0 |
| 5 次 | 20 | 1.8 | 0 | 0.0 |
| 多于 5 次 | 42 | 3.8 | 14 | 1.3 |

注：样本总量为 16 期，1 096 篇。

表 5-15 是《山西日报》新闻报道题材分布情况，可以发现：时政新闻占比最大（占 36%），其次是文娱新闻（占 15.4%）和财经新闻（占 13.9%）等。《山西日报》作为中共山西省委机关报，在担当“党的耳目喉舌”角色方面起到了重要作用，在报道重要的时政新闻时，尤其是在报道国家重要会议、领导人重要讲话、山西省政府重要会议时，往往会整版对其进行详细的报道。

表 5-15 《山西日报》新闻报道题材分布情况

| 题材类型 | 篇数 | 占总篇数比例(%) |
|---|---|---|
| 时政新闻 | 395 | 36.0 |
| 社区新闻 | 68 | 6.1 |
| 灾难新闻 | 3 | 0.3 |
| 慈善新闻 | 6 | 0.5 |
| 健康新闻 | 16 | 1.5 |
| 财经新闻 | 153 | 13.9 |
| 旅游新闻 | 10 | 0.9 |
| 文娱新闻 | 169 | 15.4 |
| 科技新闻 | 45 | 4.1 |
| 教育新闻 | 68 | 6.1 |
| 体育新闻 | 14 | 1.3 |
| 环境气象新闻 | 28 | 2.6 |
| 军事新闻 | 8 | 0.7 |
| 法治新闻 | 12 | 1.1 |
| 其他新闻 | 101 | 9.2 |

注：样本总量为 16 期，1 096 篇，数据四舍五入。

《山西日报》对于文娱类和财经类的新闻报道也不在少数，为了防止报纸一味报道时政新闻导致报纸可读性差，《山西日报》在最后几版往往会添加《求索》《钩沉》《理论探索》等具有学术价值和《文萃》《黄河》《荟萃》《名家书画》《书房》等饱含艺术价值的栏目，同时，作为财经新闻的代表性栏目《网络商务》《产经》《经济时讯》等也会在每周固定日期刊载在《山西日报》版面上。

在抽取的《山西日报》样本中，教育新闻、社区新闻、科技新闻等各类新闻穿插其中，从而提供全方面的信息，满足不同读者的需求。

## 第三节 《浙江日报》角色担当与角色实现的内容分析

《浙江日报》系中共浙江省委机关报，[①]1949 年 5 月 9 日在杭州创刊，2015 年发行总量达 60 万份，稳居全国省级党报第二位。2000 年 6 月 25 日，浙江日报报业集团成立。目前浙江日报报业集团拥有《浙江日报》《钱江晚报》等传统媒体 38 家；新兴媒体包括浙江在线新闻网站、浙江新闻客户端、《浙江手机报》、腾讯 · 大浙网、边锋浩方网络平台及 App、媒体法人微博、微信公众号等 200 多个。现有 6.4 亿网络注册用户、4 000万活跃用户、2 000 万移动用户。2013—2014 年，浙报集团两次入选“世界媒体 500 强”，被评为全国首批“数字出版转型示范单位”。

作为省级党报，《浙江日报》上承中央。《浙江日报》作为党和政府的喉舌，首要任务就是宣传党和国家的政策方针、重要活动、精神等。其头版要闻报道的就是党和国家领导人的主要讲话、外交活动等。

作为省级党报，《浙江日报》下接地市。《浙江日报》作为中共浙江省委机关报，要以本地新闻为报道对象，重点传播省委省政府的精神来指导地市工作；宣传省委省政府的相关政策和活动；对社会发展建言献策；沟通党和人民的关系，深入群众实践，报道群众的呼声并着力解决；表扬真善美、批评假恶丑，弘扬社会主义核心价值观。

《浙江日报》目前的传播平台有纸媒、网站、微博、微信、新闻客户端等。以“浙江日报”微博为例，其加 V 认证为“《浙江日报》官方微博”。截至 2018 年 12 月 11 日 17 时，《浙江日报》官方微博粉丝数量为 213 万，已发微博数量为 82 115 条。《浙江日报》官方微博 2018 年 12 月 10 日发博数为 39 条，阅读量为 10 万＋，互动数为

---

① 浙江省 2014 年生产总值(GDP)达到 40 153.5 亿元，全省人均 GDP 为 73 312.81 元，高于全国平均水平。浙江省 2017 年生产总值(GDP)达到 51 768 亿元，在全国位居第四名。

1 501 条。可见,《浙江日报》在新媒体平台上运营较为成功。

## 一、《浙江日报》角色担当的内容分析

课题组通过“隔五抽一”抽样选取 2018 年 3 月、5 月和 7 月共 16 期的《浙江日报》[①],运用定量分析法中的内容分析法对其担当的角色类型进行统计分析(比例数值四舍五入),结果见下表 5-16。

**表 5-16 《浙江日报》角色担当情况**

| 角色类型 | 篇数 | 占总篇数比例[②](%) |
|---|---|---|
| 信息传播者(不含广告、评论) | 683 | 90.3 |
| 党的意见、意志的表达者 | 228 | 30.2 |
| 党的思想的传播者 | 30 | 4.0 |
| 党和政府工作的推动者 | 231 | 30.6 |
| 党、人民、国家、民族利益捍卫者 | 51 | 6.7 |
| 民意的倾听传播者 | 0 | 0.0 |
| 舆论的回应引导者 | 13 | 1.7 |
| 社会主义核心价值观倡导者 | 82 | 10.8 |
| 智库服务提供者 | 1 | 0.1 |
| 媒介经营者 | 54 | 7.1 |
| 民众事务帮办者 | 0 | 0.0 |
| 互动分享者 | 18 | 2.4 |
| 舆论监督者 | 13 | 1.7 |
| 慈善公益活动组织者 | 0 | 0.0 |
| 社会心灵抚慰者 | 15 | 2.0 |
| 娱乐大众者 | 96 | 12.7 |
| 教育者 | 25 | 3.3 |
| 其他角色 | 0 | 0.0 |

注:样本总量为 16 期,756 篇[包括一句话新闻、图片新闻、广告(包括软文)]。

由上表可知,在《浙江日报》担当的各种角色中,“信息传播者”角色占比最大,相关报道共 683 篇,占比 90.3%,“信息传播”正是纸媒这一传播载体所具有的核心功能。其次是“党和政府工作的推动者”这一角色,篇数为 231 篇,占比 30.6%。作为党报,“党的意见、意志的表达者”占比也是较大的,为 30.2%,共 228 篇文章。其他角色(诸如“党的思想的传播者”“党、人民、国家、民族利益捍卫者”“社会主义核心价值观倡导

① 《浙江日报》每天每版都采用彩色印刷。在抽样的 16 期《浙江日报》中,每期版面数量在 4 版至 24 版之间浮动,每期文章多则 80 篇,少则 13 篇。

② 保留小数点后一位,四舍五入。下同。

者”“媒介经营者”“娱乐大众者”等）篇数在100篇以内，占比较小（均低于13%），而“民意的倾听传播者”“民众事务帮办者”“慈善公益活动组织者”这三种角色在《浙江日报》版面中没有明显体现。

《浙江日报》作为党报，在担当“信息传播者”“党和政府的工作推动者”“党的意见意志的表达者”等角色方面十分到位，这也符合省级媒体的定位。但是，在倾听民意、帮办民众事务、组织慈善公益活动等方面，《浙江日报》有所欠缺，未来的《浙江日报》应该在这三个方面有所改进。

## 二、《浙江日报》角色实现的内容分析

课题组通过“隔五抽一”抽样选取2018年3月、5月和7月共16期的《浙江日报》，运用定量分析法中的内容分析法对《浙江日报》的文章体裁、文章基调、附加二维码、图片运用、直接引语、背景资料、报道题材等关系到该报角色实现的诸因素进行统计分析（比例数值四舍五入），结果见下表5-17。

**表5-17　《浙江日报》文章体裁分布情况**

| 体裁类型 | 篇数 | 占总篇数比例（%） |
|---|---|---|
| 消息 | 260 | 34.4 |
| 通讯 | 371 | 49.1 |
| 评论 | 6 | 0.8 |
| 论文（理论文章） | 52 | 6.9 |
| 散文 | 11 | 1.5 |
| 诗歌 | 2 | 0.3 |
| 广告 | 54 | 7.1 |
| 其他题材 | 0 | 0.0 |

注：样本总量为16期，756篇。

从表中可以看出，《浙江日报》的文章体裁以通讯居多，其次是消息、广告、论文（理论文章），散文、评论和诗歌的数量极少。其中，通讯是371篇，占比49.1%；消息篇数为260篇，占比34.4%；广告为54篇，占比7.1%；论文（理论文章）共有52篇[①]，占比6.9%；散文是11篇，占比1.5%；评论是6篇，诗歌是2篇，分别占比0.8%和0.3%。

由下表5-18可知，在抽样统计的《浙江日报》的689篇报道中，时政新闻最多，文章

① 《浙江日报》2018年7月5日第4版的文章《切实贯彻落实新时代党的组织路线》站在理论高度，谈论如何更好地贯彻落实习近平在全国组织工作会议上强调的新时代党的组织路线；《浙江日报》2018年7月5日第5版的文章《实现“更可靠社会保障”的五大维度》，运用理论剖析实现“更可靠社会保障”的五大维度：制度供给、全民共享、经办管理、基金安全、法治保障。

数目为349篇，占比50.7%；其次是财经新闻、环境气象新闻，分别是96篇、40篇，占比13.9%、5.8%；科技新闻、旅游新闻、文娱新闻、教育新闻分别是36篇、34篇、33篇、29篇，占比在4.2%～5.2%不等；数目较少的是军事新闻、社区新闻和体育新闻，分别为5篇、4篇、3篇，分别占比0.7%、0.6%、0.4%；而慈善新闻完全没有报道。可见，《浙江日报》在未来可以适当增加慈善新闻、体育新闻、社区新闻、军事新闻的报道。

**表5-18 《浙江日报》新闻报道题材分布情况**

| 题材类型 | 篇数 | 占总篇数比例(%) |
|---|---|---|
| 时政新闻 | 349 | 50.7 |
| 社区新闻 | 4 | 0.6 |
| 灾难新闻 | 15 | 2.2 |
| 慈善新闻 | 0 | 0.0 |
| 健康新闻 | 17 | 2.5 |
| 财经新闻 | 96 | 13.9 |
| 旅游新闻 | 34 | 4.9 |
| 文娱新闻 | 33 | 4.8 |
| 科技新闻 | 36 | 5.2 |
| 教育新闻 | 29 | 4.2 |
| 体育新闻 | 3 | 0.4 |
| 环境气象新闻 | 40 | 5.8 |
| 军事新闻 | 5 | 0.7 |
| 法治新闻 | 19 | 2.8 |
| 其他新闻 | 9 | 1.3 |

注：样本总量为16期，689篇，数据四舍五入。

由下表5-19可知，《浙江日报》文章基调以中性基调为主，占比77.5%，表扬讴歌基调位居第2，占比20.7%，批评揭露最少，占比1.6%。总体而言，《浙江日报》是一份较为客观的报纸。

**表5-19 《浙江日报》文章(不含广告)基调情况**

| 文章基调 | 篇数 | 占总篇数比例(%) |
|---|---|---|
| 批评揭露 | 13 | 1.6 |
| 表扬讴歌 | 145 | 20.7 |
| 中性基调 | 544 | 77.5 |

注：样本总量为16期，702篇。

《浙江日报》体现表扬讴歌基调时，多是称赞党政工作的具体落实情况、城乡经济发展以及人居生活水平提升等方面。该报 2018 年 5 月 12 日第 1 版的《势如破竹开新局——十九届三中全会以来推进党和国家机构改革述评》，就是典型的实例。

为适应新的传播格局，满足受众喜欢互动的需求，各级党报应创新版面形式，多为报道附加二维码，以便与读者交流，达到双向互动，增强用户黏性的目的。由下表 5-20 可知，《浙江日报》文章（不含广告）附加二维码的情况较少。

**表 5-20　《浙江日报》文章（不含广告）附加二维码情况**

| 附加二维码情况 | 篇数 | 占总篇数比例（%） |
| --- | --- | --- |
| 有二维码 | 16 | 2.3 |
| 无二维码 | 686 | 97.7 |

注：样本总量为 16 期，702 篇。

在 16 期共 702 篇文章中，仅有 16 篇文章附加二维码，占比仅为 2.3%。而没有附加二维码的文章有 686 篇，比例为 97.7%。前述 16 篇带有二维码的文章分为三种情况：一种是文章相关方面的视频或延伸资料，如 2018 年 5 月 6 日第 3 版“景象”版中，文章《不为繁华改匠心》后附加的二维码是相关视频，其他诸如 2018 年 5 月 12 日第 1 版、第 2 版和第 3 版，以及 2018 年 5 月 24 日第 4 版等都是这种情况；第二种情况是经营性广告，如 2018 年 7 月 5 日第 9 版“文化”版的《一家人的“眼科管家”》文章，文末附有下载“斑马鱼爱眼”App 的二维码；第三种情况是为《浙江日报》的“弄潮号”和“学习有理”公众号进行推广，且这种情况居多，如 2018 年 5 月 18 日、5 月 24 日、5 月 30 日、7 月 5 日、7 月 17 日的第 5 版“观点”版和 7 月 23 日的第 4 版“观点”版。

在技术更迭，新媒体不断更新，传统媒体竞争日益激烈的环境下，党报应该不断地提升自身的竞争力，在文末附加二维码，增补相应的视频资料、延伸信息或相关评论等，可以在版面篇幅有限的情况下，增加知识信息容量，吸引读者的关注度。但《浙江日报》在这方面有所欠缺，未来的编务应该有所改变。

作为传统媒体，党报运用图片能够增加文章阅读的丰富性和可读性，也能够增强读者的黏性。由下表 5-21 可知，在这方面，《浙江日报》运用图片情况有所欠缺，有图片的文章仅为 219 篇，无图片的文章为 483 篇，占比分别为 31.2% 和 68.8%，接近 1∶2 的比例。因此，未来的《浙江日报》应加大使用图片的力度，以便增强文章的可读性和版面美感。

表 5-21 《浙江日报》文章(不含广告)图片运用情况

| 图片运用情况 | 篇数 | 占总篇数比例(%) |
| --- | --- | --- |
| 有图片 | 219 | 31.2 |
| 无图片 | 483 | 68.8 |

注:样本总量为 16 期，702 篇。

由下表 5-22 可知,《浙江日报》每篇文章(不含广告)使用直接引语的情形较多,未使用背景资料的情形也比较多。

表 5-22 《浙江日报》每篇文章(不含广告)直接引语和背景资料使用情况

| 出现次数 | 直接引语 | | 背景资料 | |
| --- | --- | --- | --- | --- |
| | 篇数 | 占总篇数比例(%) | 篇数 | 占总篇数比例(%) |
| 0 次 | 319 | 45.4 | 477 | 67.9 |
| 1 次 | 69 | 9.8 | 76 | 10.8 |
| 2 次 | 30 | 4.3 | 141 | 20.1 |
| 3 次 | 113 | 16.1 | 5 | 0.7 |
| 4 次 | 17 | 2.4 | 3 | 0.4 |
| 5 次 | 10 | 1.4 | 0 | 0.0 |
| 多于 5 次 | 144 | 20.5 | 0 | 0.0 |

注:样本总量为 16 期，702 篇。

直接引语的引用,可以凸显文章的真实性,也可以提升文章的可读性,丰富文章内容。在课题组抽样统计的 702 篇文章(不含广告)中,没有引用直接引语的文章数目为 319 篇,比例为 45.4%;引用直接引语多于 5 次的文章数目为 144 篇,比例为 20.5%;直接引语引用 3 次的文章数目为 113 篇,比例为 16.1%;引用 1 次的文章为 69 篇,比例为 9.8%;引用 2 次的文章为 30 篇,占比 4.3%。而直接引语出现 4 次和 5 次的情况较少,分别是 17 篇和 10 篇,比例为 2.4%和 1.4%。

在新闻报道中插入背景资料,可凸显新闻价值,使受众较好地理解、接受新闻内容,增强新闻报道的可读性。在《浙江日报》702 篇文章样本中,没有用背景资料的文章较多,共 477 篇,占比 67.9%,而引用了两次背景材料的文章共 141 篇。在统计的所有样本中,引用了 3 次背景材料和 4 次背景材料的文章较少,分别仅有 5 篇和 3 篇。

# 第四节　《井冈山报》角色担当与角色实现的内容分析

《井冈山报》是中共江西省吉安市委机关报，是具有井冈山革命老区特色、面向全国发行的综合性大报。[①]《井冈山报》初名《吉安日报》，于1949年7月20日正式创刊(对开4版)。2007年12月28日，井冈山报社和吉安市政府新闻办公室合办的中国吉安网正式运行。2011年11月，《井冈山报》扩版增容，《吉安晨报》创刊，《井冈山旅游报》面世，《红媒》手机报开通。2014年1月，《井冈山报》发行量跃至6万份。

《井冈山报》作为市委党报，所承担的角色都是站在党的立场、群众的立场，积极担当着“耳目喉舌”性质的角色。在传媒发展日新月异的21世纪，《井冈山报》始终坚持为党和人民服务，及时上传下达，成为吉安市委市政府和群众沟通的桥梁和窗口。

《井冈山报》已开通官方微信平台，截至2018年12月11日总共发布188篇原创文章，每日推送3至4篇，内容涉及公益、经济、交通、旅游、环境等各个方面，且语言风格活泼，与报纸正式的书面文风截然不同，更加网络化，多使用表情包等图片，增进年轻人的阅读兴趣。令人遗憾的是，《井冈山报》目前没有开通官方微博，也没有开设独立的新闻客户端。

课题组采取“隔五抽一”的方法，对《井冈山报》2018年3月、5月、7月的报纸抽取16期版面进行内容分析，[②]所得结果如下。

## 一、《井冈山报》角色担当的内容分析

作为一家地市级党报，媒介新格局中的《井冈山报》担当了什么角色？课题组采取“隔五抽一”的方法，在《井冈山报》2018年3月、5月、7月的报纸中抽取16期版面(每期4至8版)，进行“角色担当情况”的内容分析，所得数据见表5-23。

由表可以得知，在分析的16期报纸中，文章总数为629篇。在这629篇文章中，体现《井冈山报》担当“信息传播者”角色的文章最多，高达80％；体现“媒介经营者”“社会主义核心价值观倡导者”“党、人民、国家、民族利益捍卫者”“党和政府工作的推动者”角色的文章，比例介于10％与17.5％之间；体现其他角色的文章，比例均不足10％。

---

① 吉安市2016年人口为530.4万人，2017年实现地区生产总值1 633.47亿元。

② 在统计中，一篇内容可以同时担任多个角色，比例数值四舍五入，保留小数点后一位数字。

表 5-23 《井冈山报》担当的角色情况

| 角色类型 | 篇数 | 占总篇数比例(%) |
|---|---|---|
| 信息传播者(不含广告、评论) | 503 | 80.0 |
| 党的意见、意志的表达者 | 17 | 2.7 |
| 党的思想传播者 | 39 | 6.2 |
| 党和政府工作的推动者 | 63 | 10.0 |
| 党、人民、国家、民族利益捍卫者 | 65 | 10.3 |
| 民意的倾听传播者 | 9 | 1.4 |
| 舆论的回应引导者 | 5 | 0.8 |
| 社会主义核心价值观倡导者 | 75 | 11.9 |
| 智库服务提供者 | 12 | 1.9 |
| 媒介经营者 | 110 | 17.5 |
| 民众事务帮办者 | 3 | 0.5 |
| 互动分享者 | 8 | 1.3 |
| 舆论监督者 | 2 | 0.3 |
| 慈善公益活动组织者 | 6 | 1.0 |
| 社会心灵抚慰者 | 5 | 0.8 |
| 娱乐大众者 | 51 | 8.1 |
| 教育者 | 42 | 6.7 |
| 其他角色 | 2 | 0.3 |

注：样本总量为 16 期，629 篇。

《井冈山报》作为“信息传播者”的内容占总篇数的 80%。这是因为，为受众提供有用的、正确的信息，是报纸的重要职责，信息传播和报道新闻是新闻事业最基本和最主要的功能，也是新闻事业发挥其他功能和作用的基础条件。

体现“党的意见、意志的表达者”角色的文章有 17 篇，占总体文章数量的 2.7%；体现“党的思想传播者”角色的文章有 39 篇，占总体文章数量的 6.2%；体现“党和政府工作的推动者”角色的文章有 63 篇，占总体文章数量的 10%；体现“党、人民、国家利益捍卫者”角色的文章有 65 篇，占文章总体数量的 10.3%。由此可见，《井冈山报》作为党的宣传媒体，宣传属性是党报的根本属性。《井冈山报》从创刊之初，就承担着党和政府“耳目喉舌”的角色，并且至今这一角色没有发生变化，甚至呈现强化状态。

此外，《井冈山报》体现“社会主义核心价值观倡导者”角色的文章有 75 篇，占文章总量的 11.9%，如《让我们成为厉行节约的实践者》等文章。美国学者格伯纳等人在其“教化分析”理论研究中指出，社会要作为一个统一的整体存在和发展下去，就需要社会成员对该社会有一种“共识”。《井冈山报》作为党报，有责任与义务积极宣传和引导社会价值观，从而形成社会的一种共识，使民心凝聚，稳定发展。中国传媒业实行的是“事业性质，企业管理”的方针，作为党报也需要适当地刊发广告，维持媒体平台的运营。《井冈山报》涉及“媒介经营者”的文章有110篇，占文章总数量的17.5%，投放的广告大多放在头版的页眉和页脚。

作为“教育者”“娱乐大众者”“智库服务提供者”“民意的倾听传播者”等角色，《井冈山报》也做了相应的部分报道，题材多为吉安身边事，与人民群众的日常生活息息相关。可见，作为报纸，不仅要担当好党和政府的“耳目喉舌”，也要为受众提供与之日常生活紧密相连的信息，满足日常需求。

## 二、《井冈山报》角色实现的内容分析

如前所述，媒介新格局中的《井冈山报》至少担当17种角色。这些角色，是如何实现的呢？课题组对抽取的16期版面的文章进行内容分析，得到下列数据和结论。

由下表5-24可知：《井冈山报》文章体裁多样：消息类文章共323篇，占据总篇数的51.4%，主要内容为各县各区的政务工作、突发事件、旅游娱乐活动；通讯类文章共104篇，占据总篇数的16.5%，主要内容为扶贫故事、民众脱贫之路，如《糍粑越打越黏，生活越过越甜》；评论类文章共10篇，占据总篇数的1.6%，主要是对党的政策和方针的解读评析；广告类文章共116篇，绝大部分是投放的商业广告，还有少量的公益广告，是《井冈山报》重要的收入来源；除此之外，副刊上刊登了部分诗歌、散文类文章，如《山沟沟里的“戏剧王朝”》等，给读者美的享受。

**表5-24 《井冈山报》文章体裁分布情况**

| 体裁类型 | 篇数 | 占总篇数比例(%) |
| --- | --- | --- |
| 消息 | 323 | 51.4 |
| 通讯 | 104 | 16.5 |
| 评论 | 10 | 1.6 |
| 论文(理论文章) | 26 | 4.1 |
| 散文 | 33 | 5.2 |
| 诗歌 | 3 | 0.5 |
| 广告 | 116 | 18.4 |
| 其他题材 | 14 | 2.2 |

注：样本总量为16期，629篇。

由下表5-25可知，《井冈山报》文章基调为中性基调的有440篇，占总数量的85.8%；文章基调为表扬讴歌的有60篇，占总数量的11.7%；文章基调为批评揭露的有13篇，占总数量的2.5%。

表 5-25 《井冈山报》文章(不含广告)基调情况

| 体裁基调 | 篇数 | 占总篇数比例(%) |
|---|---|---|
| 批评揭露 | 13 | 2.5 |
| 表扬讴歌 | 60 | 11.7 |
| 中性基调 | 440 | 85.8 |

注：样本总量为 16 期，513 篇。

新闻报道最主要的任务是给受众提供客观的信息，同时也要坚持“团结稳定鼓劲，正面宣传为主”这一重要方针。当前，中国正处于改革攻坚的关键时期，即面临着难得的发展机遇，也面临着从未有过的困难和挑战，因此，作为党性媒体，更要积极做好正面宣传，倡导主流价值观。作为主流媒体，也要适当揭露社会阴暗面，批评有损人民群众利益、国家利益的行为和作风。《井冈山报》在以上三方面都有涉及，且侧重较为合理。无论报刊是以中性基调报道为主，还是以表扬的基调来传递信息，都是对社会环境的一种净化。

由下表 5-26 可知，《井冈山报》文章较少附加二维码。尽管许多党报在媒介新格局中加快与新媒体融合的步伐，纷纷办起了手机报、客户端、微信公众号。但《井冈山报》在融合传播方面比较落伍。在 513 篇文章中，有二维码的仅仅 6 篇，占总篇数的 1.2%，纸媒与移动端新媒体的融合程度并不高，对年轻人来说吸引力不足。

表 5-26 《井冈山报》文章(不含广告)附加二维码情况

| 附加二维码情况 | 篇数 | 占总篇数比例(%) |
|---|---|---|
| 有二维码 | 6 | 1.2 |
| 无二维码 | 507 | 98.8 |

注：样本总量为 16 期，513 篇。

由下表 5-27 可知，《井冈山报》文章(不含广告)大部分没有运用图片元素。在 513 篇文章中，有图片的文章有 186 篇，占总篇数的 36.3%。

表 5-27 《井冈山报》文章(不含广告)图片运用情况

| 图片运用情况 | 篇数 | 占总篇数比例(%) |
|---|---|---|
| 有图片 | 186 | 36.3 |
| 无图片 | 327 | 63.7 |

注：样本总量为 16 期，513 篇。

除了消息通讯类文章的部分配图,《井冈山报》每一期都开设了专门的“图片新闻”,主要用图片传递信息,配少量文字,更加直观。经济的快速发展,让人们无时无刻不处于快节奏当中,移动新媒体正是利用这一特性,抓住用户的碎片化时间。报纸多配图,有助于吸引读者的注意力,如具有代表性的图片,能够一下吸引住读者的眼球,比全篇的文字更具有可读性。

直接引语、背景资料的使用,有助于提升党报文章的可读性、传播力、感染力。直接引语的使用有助于增强文章的可读性,让读者有如身临其境;背景资料的使用有利于读者理解报道内容更深层次的含义,了解事件更加全面,也增加了内容的趣味性。由下表5-28可知,《井冈山报》(不含广告、副刊文章)大多数文章没有使用直接引语,大多数文章没有使用背景资料。

**表5-28　《井冈山报》每篇文章(不含广告、副刊文章)直接引语和背景资料使用情况**

| 出现次数 | 直接引语 | | 背景资料 | |
|---|---|---|---|---|
| | 篇数 | 占总篇数比例(%) | 篇数 | 占总篇数比例(%) |
| 0次 | 362 | 77.2 | 292 | 62.3 |
| 1次 | 47 | 10.0 | 86 | 18.3 |
| 2次 | 24 | 5.1 | 46 | 9.8 |
| 3次 | 14 | 3.0 | 18 | 3.8 |
| 4次 | 11 | 2.3 | 6 | 1.3 |
| 5次 | 7 | 1.5 | 6 | 1.3 |
| 多于5次 | 4 | 0.9 | 15 | 3.2 |

注:样本总量为16期,469篇。

在抽样统计的469篇文章中,没有出现直接引语的文章有362篇,占总篇数的77.2%;出现1次直接引语的文章有47篇,占总篇数的10%;出现2次及2次以上的文章均有少量分布。没有出现背景资料的文章有292篇,占总篇数的62.3%。由此可见,《井冈山报》的文章,其可读性、传播力、感染力,必然因此大受影响。

由下表5-29可知,《井冈山报》新闻报道的题材丰富多样,比重较大的题材依次是社区新闻、时政新闻、文娱新闻、环境气象新闻、慈善新闻、教育新闻、旅游新闻。

表 5-29 《井冈山报》新闻报道题材分布情况

| 题材类型 | 篇数 | 占总篇数比例(%) |
|---|---|---|
| 时政新闻 | 61 | 13.0 |
| 社区新闻 | 113 | 24.1 |
| 灾难新闻 | 13 | 2.8 |
| 慈善新闻 | 34 | 7.2 |
| 健康新闻 | 10 | 2.1 |
| 财经新闻 | 31 | 6.6 |
| 旅游新闻 | 23 | 4.9 |
| 文娱新闻 | 53 | 11.3 |
| 科技新闻 | 7 | 1.5 |
| 教育新闻 | 31 | 6.6 |
| 体育新闻 | 1 | 0.2 |
| 环境气象新闻 | 52 | 11.1 |
| 军事新闻 | 1 | 0.2 |
| 法治新闻 | 20 | 4.3 |
| 其他新闻 | 19 | 4.0 |

注:样本总量为 16 期，469 篇，数据四舍五入。

在抽样统计的 469 篇文章中，社区新闻题材占比最大，共有 113 篇，占总数的 24.1%，新闻讲求地理和心理上的接近性，作为井冈山本地媒体，其受众主要是本地人群，对社区新闻的报道，主要是积极地向读者传达与自身息息相关的信息。报道题材占比第 2 的是时政新闻，共有 61 篇，占总篇数的 13%，本部分内容主要报道党和国家的重要会议，宣传党和政府的方针、政策，通过报道大量党政工作的内容，让大众接触到党政工作信息，从而实现上情下达。

文娱新闻和环境气象新闻紧随其后，分别占总篇数的 11.3%和 11.1%。文娱新闻主要是对青少年活动、体育赛事、政府部门事业单位举办的各种活动的报道，内容都是积极向上，弘扬社会主旋律，比如，对母亲节活动的报道。环境气象新闻主要集中报道各地区是如何进行环境治理以及环境治理的成果，同时也倡导读者积极投身于环境保护事业，从身边做起，从小事做起。

涉及慈善新闻的文章共有 34 篇，占总篇数的 7.8%；涉及教育新闻的文章共有 31 篇，占总篇数的 6.6%。有时，《井冈山报》甚至花出整个版面来策划慈善公益活动，专版以图文结合的形式呈现。党报本身具有较强的导向性、指导性、权威性与思想性，提倡慈善，将慈善事件广而告之，有利于形成良好的社会和谐氛围。新媒体迅速发展，带给受众更多的是快餐文化，更多的是刺激眼球的东西；互联网的发展也带来了自媒体的繁荣，一次次看似文化盛宴带来的狂欢，令许多观众无所适从。因此，党报所承载的教育意义也尤为重要，不仅要报道关于学校的新闻，更要多报道具有教育意义，给人以思想启迪的新闻。

法治、财经、健康等方面的新闻，《井冈山报》也均有少量涉及。总体而言，《井冈山报》的报道题材较为广泛，分布相对合理。

综上所述，《井冈山报》地处革命老区，其地位是特殊的，它承载着弘扬革命老区精神、宣扬红色历史的责任，因此，其未来的发展也是万众瞩目的。通过对《井冈山报》的内容分析，我们可以发现：作为党报，《井冈山报》积极践行自身的责任，在媒介经营方面也取得了不错的成绩，但新媒体融合发展的力度明显偏弱。《井冈山报》可以借鉴先进党报与新媒体融合发展的模式，积极向新型主流媒体转型。

## 第五节　《新乡日报》角色担当与角色实现的内容分析

《新乡日报》是中共新乡市委机关报[①]，该报创刊于 1956 年 7 月 1 日，1962 年 2 月 1 日停刊；1982 年 7 月 1 日，作为市委机关报，《新乡晚报》试刊，并于次年 3 月 1 日正式创刊。1993 年 1 月 1 日，原《新乡晚报》改为《新乡日报》出版至今。报纸由 4 开 4 版小报逐步发展到现在的对开 8 版大报，每周 6 期 48 版，同时，每周还出版有《法制周刊》《教育周刊》《卫生周刊》《金融周刊》等专刊。《新乡日报》发行量达 6 万余份，经营收入逐年大幅提升，形成了政经大报、权威媒体、主流舆论的优势。

媒介新格局的形成，给《新乡日报》带来了冲击，也给《新乡日报》带来了机遇。目前，新乡日报社的发展格局已形成“三报两网”，即《新乡日报》、《平原晚报》、《新乡手机报》、大河新乡网、平原网等全媒体联动发展的新格局。《新乡日报》目前的传播平台有报纸、网站、微博、微信等。《新乡日报》的数字报刊主要是将报纸的当日新闻同步到网络，省去报纸的订阅费用，是吸引用户尤其是青年用户的重要举措。

《新乡日报》的官方微博于 2011 年注册开通，截至 2018 年 12 月 22 日，粉丝量为

---

① 新乡，河南省省辖市，位于河南省北部，南临黄河，紧邻河南省会郑州，中华人民共和国成立初期为平原省省会。新乡是中原经济区及中原城市群核心区重要城市，也是豫北的经济、教育、交通、商贸、物流的中心，城市规模排名河南省第三位。2014 年，新乡市完成地区生产总值 1 918 亿元，总量和增速均居河南省第六位。2017 年，新乡市完成地区生产总值(GDP)2 384.81 亿元。

204 573 人。《新乡日报》的微博定位是“打开报纸读新乡”，因此发布内容多以本地新闻为主。

《新乡日报》于 2015 年 6 月 12 日完成微信认证，官方微信公众号为“xinxiangribao”，每天推送一次，每次推送 4 到 8 条的内容。内容多为本地的热点新闻，但不同于纸媒的是，除去新闻性、地域性等内容，其关注点更多地会放在整合信息资源上，选取一些受众可能会感兴趣的内容，比如养生、情感、旅游等话题，从而满足受众的信息需求，同时也可以提高微信公众号的关注度和影响力。

媒介格局在变化，《新乡日报》需要根据媒介格局的变化而不断调整，不断接受挑战以保证其社会影响力。

《新乡日报》作为党和政府的喉舌，首要任务就是宣传党和国家的方针、政策、活动、精神等，其头版要闻报道的就是中央、省委、市委领导人的主要讲话、外交活动等。作为中共新乡市委机关报，《新乡日报》以本地的新闻为报道对象，重点传播市委的精神来指导县区工作，宣传市委的相关政策和活动，沟通党和人民的关系，深入群众实践，报道群众的呼声，表扬真善美、批评假恶丑，弘扬社会主义核心价值观。

为分析《新乡日报》在媒介新格局中的角色，课题组选取 2018 年 3 月、5 月、7 月的报纸版面，“隔五抽一”获得 15 期样本，在此基础上统计分析，得到以下数据和结论。

## 一、《新乡日报》角色担当的内容分析

从下表 5-30 统计数据可以看出，《新乡日报》担当的主要角色是“信息传播者”“社会主义核心价值观倡导者”“党和政府工作的推动者”“教育大众者”“民众事务帮办者”“党、人民、国家和民族利益捍卫者”“党的思想的传播者”“媒介经营者”“党的意见、意志的表达者”等。从统计样本来看，在《新乡日报》担当的各种角色中，“民意的倾听传播者”“互动分享者”“慈善公益活动组织者”等角色表现得非常不明显。

**表 5-30 《新乡日报》角色担当的统计表**

| 角色类型 | 篇数 | 占总篇数比例[①](%) |
|---|---|---|
| 信息传播者 | 496 | 80.8 |
| 党的意见、意志的表达者 | 26 | 4.2 |
| 党的思想的传播者 | 31 | 5.0 |
| 党和政府工作的推动者 | 64 | 10.4 |

① 保留小数点后一位，四舍五入。下同。

续表

| 角色类型 | 篇数 | 占总篇数比例①(%) |
| --- | --- | --- |
| 党、人民、国家和民族利益捍卫者 | 33 | 5.8 |
| 民意的倾听传播者 | 5 | 0.8 |
| 舆论的回应引导者 | 8 | 1.3 |
| 社会主义核心价值观倡导者 | 85 | 13.8 |
| 智库服务提供者 | 16 | 2.6 |
| 媒介经营者 | 30 | 4.9 |
| 民众事务帮办者 | 36 | 5.9 |
| 互动分享者 | 5 | 0.8 |
| 舆论监督者 | 25 | 4.1 |
| 慈善公益活动组织者 | 4 | 0.7 |
| 社会心灵抚慰者 | 11 | 1.8 |
| 娱乐提供者 | 23 | 3.7 |
| 教育大众者 | 46 | 7.5 |
| 其他角色 | 106 | 17.3 |

注:样本总量为 15 期,614 篇[包括一句话新闻、图片新闻、广告(包括软文)]。

"信息传播者"是大众媒介最基本的角色。从本质上看,党报首先是一种大众传播媒介,承担着"信息传播者"角色,是采集信息、传播信息的专门机构,是"社会环境瞭望者""时代风云记录者"。《新乡日报》一直以来都充当着信息传播者的角色,为读者提供各种各样的信息,囊括政治、经济、民生、卫生、科技、文化、教育等方面。

从上表 5-30 可以看出,"党的意见、意志的表达者"这一角色在报纸文章总数中所占比例较小。这和《新乡日报》的定位有关,《新乡日报》是地级市党委机关报,其重点是针对市委的相关报道,在有关市委工作会议和活动方面,《新乡日报》的报道还是十分到位的。

作为新乡市委机关报,《新乡日报》积极担当"党的思想的传播者"角色,在涉及马克思列宁主义、毛泽东思想、邓小平理论、"三个代表"重要思想、科学发展观、习近平新时代中国特色社会主义思想等内容时,始终和党中央保持高度一致,积极传播。《新乡日报》开辟的《深入学习贯彻习近平同志系列讲话精神》等栏目便是《新乡日报》承担"党的思想的传播者"角色的重要表现,通过此类栏目传播党的最新思想。

① 保留小数点后一位,四舍五入。下同。

《新乡日报》作为党和政府工作的推动者，在传达上级工作任务，督查任务进程等方面做到了及时跟进，始终保持与党和政府工作步伐一致，捍卫党和人民的利益，通过新闻报道来维护党和人民的各项权益。在社会主义核心价值观引导方面，该报更是积极宣传、引导健康舆论，报道先进典型，赞扬社会主义建设中涌现出的先进楷模，激励群众积极投身社会主义建设。同时《新乡日报》也越来越重视民意的倾听和民众事务的帮办，倾听民意是党和政府工作决策的重要依据。该报还开辟教育专栏、农业专栏，着重报道新乡的教育发展动态和与农民切身相关的三农问题。

《新乡日报》作为中共新乡市委机关报，以本地新闻为报道对象，重点传播市委的精神来指导县市工作，宣传市委的相关政策和活动，对社会发展建言献策，沟通党和人民的关系，深入群众，报道群众的呼声并着力解决群众的问题，大力弘扬社会主义核心价值观。

## 二、《新乡日报》角色实现的内容分析

《新乡日报》是如何实现其担当的角色的？我们可以从《新乡日报》的文章体裁分布、文章基调、文章附加二维码情况、文章图片运用情况、直接引语使用、背景资料使用、报道题材分布等方面加以考察。

**表 5-31 《新乡日报》文章体裁分布情况**

| 体裁类型 | 篇数 | 占总篇数比例(%) |
| --- | --- | --- |
| 消息 | 438 | 71.3 |
| 通讯 | 61 | 9.9 |
| 评论 | 11 | 1.8 |
| 论文(理论文章) | 27 | 4.4 |
| 散文 | 1 | 0.2 |
| 诗歌 | 1 | 0.2 |
| 广告 | 30 | 4.9 |
| 其他题材 | 45 | 7.3 |

注：样本总量为 15 期，614 篇，数据四舍五入。

由上表 5-31 可以看出，《新乡日报》文章的主要体裁是消息，比例高达 71.3%，通讯、广告、评论、论文(理论文章)、诗歌、散文等体裁占比均低于 10%。《新乡日报》介绍和报道优秀人物事迹主要用通讯，这种体裁篇幅稍长，以记事和细节描写为主，比较

感人。《新乡日报》的论文(理论文章)和评论员文章数量很少,通常用于传播党中央、省委、市委的思想,推动市政府的重点工作,述评当下社会事件。该报也有少量广告,往往位于报纸最后版面,且通常是有关楼市的资讯。

**表 5-32 《新乡日报》文章(不含广告)基调情况**

| 文章基调 | 篇数 | 占总篇数比例(%) |
|---|---|---|
| 批评揭露 | 32 | 5.5 |
| 表扬讴歌 | 132 | 22.6 |
| 中性基调 | 420 | 71.9 |

注:样本总量为 15 期,584 篇,数据四舍五入。

新闻报道必须客观真实、立场公平,不偏不倚地报道和分析事件,才能有说服力和公信力。报道真善美、批判假恶丑也是媒体的责任。表扬赞颂的文章可以振奋人心,鼓舞人民,弘扬社会主义核心价值观;批评揭露的文章可以指出问题,警醒世人,从负面角度弘扬社会主义核心价值观,推动党和政府的工作。由表 5-32 可以看出,《新乡日报》的新闻首先是以客观报道为主,立场主要倾向于中立,其次是表扬和赞美社会正能量事件,弘扬社会主旋律。《新乡日报》批评揭露性的报道较少。

**表 5-33 《新乡日报》文章(不含广告)附加二维码情况**

| 附加二维码情况 | 篇数 | 占总篇数比例(%) |
|---|---|---|
| 有二维码 | 10 | 1.7 |
| 无二维码 | 574 | 98.3 |

注:样本总量为 15 期, 584 篇,数据四舍五入。

由上表 5-33 可以看出,《新乡日报》的文章中几乎不附加二维码(少数的几篇涉及投票、建议),该报对二维码的使用率有待提高。但《新乡日报》的版头有报纸的微信公众号和网站的二维码,方便读者在网络上关注报纸的相关新闻,这也是该报和新媒体融合的一个表现。

**表 5-34 《新乡日报》文章(不含广告)图片运用情况**

| 图片运用情况 | 篇数 | 占总篇数比例(%) |
|---|---|---|
| 有图片 | 196 | 33.6 |
| 无图片 | 388 | 66.4 |

注:样本总量为 15 期, 584 篇,数据四舍五入。

由表 5-34 可以看出，《新乡日报》大部分文章（约 66.4%）都不使用图片，这些文章主要是政府决议、工作报告、思想专刊等。《新乡日报》使用图片的文章（约占全部文章的 33.6%）主要是大型会议报道、人物通讯和图片新闻。

**表 5-35 《新乡日报》每篇文章（不含广告）的直接引语和背景资料使用情况**

| 出现次数 | 直接引语 | | 背景资料 | |
|---|---|---|---|---|
| | 篇数 | 占总篇数比例（%） | 篇数 | 占总篇数比例（%） |
| 0 次 | 461 | 78.9 | 326 | 55.8 |
| 1 次 | 56 | 9.6 | 205 | 35.1 |
| 2 次 | 27 | 4.6 | 30 | 5.1 |
| 3 次 | 10 | 1.7 | 6 | 1.0 |
| 4 次 | 4 | 0.7 | 0 | 0.0 |
| 5 次 | 3 | 0.5 | 0 | 0.0 |
| 多于 5 次 | 23 | 3.9 | 17 | 2.9 |

注：样本总量为 15 期，584 篇，数据四舍五入。

由表 5-35 可以看出，《新乡日报》的大部分文章（不含广告，占 78.9%）没有使用直接引语，使用直接引语的情况多数是领导人的某几句重要讲话，大多使用一到两次。《新乡日报》使用次数较多的是通讯，尤其是人物通讯，通常达 3 次以上，使用直接引语更能体现文章真实性，表现人物形象。

运用背景材料，可增强读者对事件意义和新闻价值的了解和把握。表 5-35 反映的数据显示，《新乡日报》文章不使用背景资料的文章，超过一半，占 55.8%，使用背景资料的文章占 44.2%，这种比例分布可谓正常。《新乡日报》报道的时政会议等一部分文章没有使用背景材料。

**表 5-36 《新乡日报》新闻报道题材分布情况**

| 题材类型 | 篇数 | 占总篇数比例（%） |
|---|---|---|
| 时政新闻 | 188 | 32.3 |
| 社区新闻 | 75 | 12.9 |
| 灾难新闻 | 7 | 1.2 |
| 慈善新闻 | 11 | 1.9 |
| 健康新闻 | 25 | 4.3 |
| 财经新闻 | 44 | 7.6 |
| 旅游新闻 | 10 | 1.7 |

续表

| 题材类型 | 篇数 | 占总篇数比例(%) |
| --- | --- | --- |
| 文娱新闻 | 32 | 5.5 |
| 科技新闻 | 25 | 4.3 |
| 教育新闻 | 48 | 8.2 |
| 体育新闻 | 7 | 1.2 |
| 环境气象新闻 | 27 | 4.6 |
| 军事新闻 | 6 | 1.0 |
| 法治新闻 | 29 | 5.0 |
| 其他新闻 | 48 | 8.2 |

注:样本总量为15期,582篇,数据四舍五入。

由上表5-36可以看出,《新乡日报》的报道题材主要是时政新闻、社区新闻、教育新闻、财经新闻、法治新闻、文娱新闻。作为市委机关报,报道市委市政府的时政工作动态是该报的首要任务。《新乡日报》的头版往往重点报道党和政府的重要工作。财经新闻、法治新闻也是《新乡日报》的报道重点,这与"以经济建设为中心""依法治国"等国策完全符合。《新乡日报》对与人民生活密切相关的社区新闻、教育新闻报道较多,还开辟了专栏增大对教育工作的关注和报道力度。

从以上数据分析可以看到,《新乡日报》的总体报道方式中规中矩,报道内容涉及方面众多,专栏和周刊的设置值得学习,大政方针上紧跟形势,与党和政府保持一致,及时报道政府工作动向和下达的各项任务,注重弘扬社会主义核心价值观,引导健康舆论,服务基层大众,做到了自己的本职工作,是一份合格的党报。然而,在互联网快速发展的今天,传统媒体面临着不可避免的挑战,如何使党报走得更好是每一位报人应该思考的问题。在思想多元化、矛盾多样化、网络平民化的时代特征下,作为党政耳目喉舌的报纸媒体应发挥重要作用。在数字报刊、手机媒体、微信、微博、客户端等新兴媒体快速崛起的背景下,很多人获得信息的方式都是互联网,这就要求传统媒体必须重视运用新兴媒体,两者之间的融合也是必然的。《新乡日报》也应该在互联网平台中寻求自己更大的发展空间,大力实施媒体融合转型战略,打造移动党报,掌握网络话语权,实现自身的完美转型,发挥更大价值。

## 第六节 《广州日报》角色担当与角色实现的内容分析

《广州日报》是中共广州市委机关报，1952 年 12 月 1 日创刊，版面对开，彩印，日发行量为 185 万，是广东省发行量第一、订阅量第一、零售量第一和传阅率第一的报纸。《广州日报》有自己的新媒体，包括官方微博、手机客户端、官方微信、抖音号、头条号。

截至 2018 年 12 月 20 日 16 时，《广州日报》官方微博粉丝量达 1 498 万，发帖量有 109 624 条，但网民的转发量、评论数和点赞量较少；广州日报客户端在腾讯应用宝平台上的下载数量达到 134 万；《广州日报》抖音号的粉丝量有 104.7 万，共发布了 247 个抖音视频作品，获得 162.9 万的点赞量，但单个视频的点赞量普遍不高，抖音视频的转发量也较少；《广州日报》头条号，获得了超过 104 万粉丝的关注。

《广州日报》的官方微信也是其新媒体传播渠道之一。《广州日报》微信公众号推送的时间段主要有三个，分别是早上、中午和晚上，但官方微信号推送的时政类新闻较少，多以社会新闻和软新闻为主，文章的阅读量多以千计算，点赞量多以百计算，文章后面时有粉丝留言。

党报是阶级政党的舆论工具。作为一种执政资源，党报总是为执政党的政治经济利益服务。作为一家地市级党报，《广州日报》要做好党中央路线、方针、政策的传达者，对省委的路线、方针、政策进行地域性解读和传播，同时还要向辖区内传达市委精神。

作为较早进行市场化探索的地市级党报，《广州日报》在媒介新格局中是角色内涵和功能实现得最好的党报，很好地做到了政治性、专业性、服务性的统一，其角色实现经验可为全国其他党报在媒介新格局中扮演的党报角色提供借鉴。

为了解《广州日报》角色担当和角色实现情况，课题组对 2018 年 12 月 1 日至 2018 年 12 月 15 日之间的 15 期《广州日报》[①]进行详细的内容分析。

---

① 因网上只能看到一个月的《广州日报》电子版，故课题组只在同一个月内抽样。

## 一、《广州日报》角色担当的内容分析

表 5-37　《广州日报》角色担当统计表

| 角色类型 | 篇数 | 占总篇数比例[①](%) |
|---|---|---|
| 信息传播者(不含广告、评论) | 1 650 | 90.5 |
| 党的意见、意志的表达者 | 62 | 3.4 |
| 党的思想的传播者 | 38 | 2.1 |
| 党和政府工作的推动者 | 31 | 1.7 |
| 党、人民、国家、民族利益捍卫者 | 10 | 0.5 |
| 民意的倾听传播者 | 7 | 0.4 |
| 舆论的回应引导者 | 2 | 0.1 |
| 社会主义核心价值观倡导者 | 48 | 2.6 |
| 智库服务提供者 | 15 | 0.8 |
| 媒介经营者 | 114 | 6.2 |
| 民众事务帮办者 | 12 | 0.7 |
| 互动分享者 | 137 | 7.5 |
| 舆论监督者 | 3 | 0.2 |
| 慈善公益活动组织者 | 0 | 0.0 |
| 社会心灵抚慰者 | 1 | 0.1 |
| 娱乐大众者 | 185 | 10.1 |
| 教育者 | 4 | 0.2 |
| 其他角色 | 43 | 2.4 |

注:样本总量为 15 期,1 823 篇[包括一句话新闻、图片新闻、广告(包括软文)]。

通过对《广州日报》1 823 篇样本的分析(见表 5-37),课题组发现,《广州日报》作为党报,作为党、政府、人民的耳目喉舌,其担当的主要角色包括:“信息传播者”“娱乐大众者”“互动分享者”“媒介经营者”“党的意见、意志的表达者”“社会主义核心价值观倡导者”“党的思想的传播者”。

“信息传播者”角色是《广州日报》的首要角色,有关文章(不含广告、评论)在上述 1 823 篇样本中的占比高达 90.5%。

此外,《广州日报》担当“党、人民、国家、民族利益捍卫者”“民意的倾听传播者”“舆

① 保留小数点后一位,四舍五入。下同。

论的回应引导者”“智库服务提供者”“民众事务帮办者”“舆论监督者”“社会心灵抚慰者”“教育者”等角色的情况，非常不明显，有关文章在上述 1 823 篇样本中的占比均低于 1%。

值得一提的是，在课题组统计的样本中，没有一篇报道体现《广州日报》担当“慈善公益活动组织者”的角色。

《广州日报》担当“信息传播者”角色，主要是向读者提供事件类信息、知识类信息和娱乐类信息，例如，2018 年 12 月 2 日 A1 版的《习近平继续出席二十国集团领导人第十三次峰会》、2018 年 12 月 2 日 A10 版的《蛋黄降血脂又补铁》。在媒介新格局下，党报虽然可以依靠“财政托底”，但是互联网和移动终端中充斥着大量免费新闻，以及党报自身具有的“高高在上”的文风无法满足新时期读者的阅读习惯，因此，《广州日报》需要在坚持履行“信息传播者”的角色下，改变文风，以更生动、有趣的文风吸引读者阅读。

新媒体格局的重塑，给传统媒体带来了巨大的冲击，《广州日报》仍然能受到读者的订阅和其履行“互动分享者”角色有很大关系，《广州日报》在文娱、每日闲情以及健康专栏都很好地与受众互动，互动方式有征文、食谱推荐、健康养生知识普及等形式。这些互动方式让读者可以参与到报纸的内容设计上去，并能给读者带去一些实质性的实用知识。例如，2018 年 12 月 11 日 A19 版的《运动是最好的抗衰老药》、2018 年 12 月 10 日 A23 版的《如何做个好的倾听者》。

积极主动担当“媒介经营者”角色是《广州日报》在激烈的市场竞争中存活下来的重要原因之一。广州日报社的经济收入以广告为主，积极开展投资并购业务，同时在游戏、大数据、手机购彩、云媒体等新兴媒体中加紧布局。《广州日报》虽然是党报，能享受到国家财政的帮助，但是其仍然需要面对市场，并努力获得经济收入。

在担当“媒介经营者”角色时，《广州日报》主要以发布广告、软文的方式呈现。《广州日报》的广告分为主要版块广告和分类黄页，发布的广告内容有种牙广告、老花镜广告、家具广告、房地产广告等。通过对广告发布类型的分析，我们可以猜测，目前《广州日报》纸质报纸的受众人群应该以中老年为主，他们还保有订阅报纸的习惯。

除了以上角色外，《广州日报》的“娱乐大众者”以及“社会主义核心价值观倡导者”的角色也比较明显。从《广州日报》整体的内容来看，《广州日报》的文娱版块主要以报道一些软新闻为主。党报除了要保持自己的严肃风格外，还需要给读者带来娱乐与休闲，《广州日报》通过读者征文、网文阅读、段子笑话等方式为读者带来休闲娱乐。另外，作为党报的《广州日报》也是社会主义核心价值观的倡导者，主要以好人好事、公益广告等形式体现。

## 二、《广州日报》角色实现的内容分析

《广州日报》作为党报，其主要的角色是“信息传播者”，传播新闻信息是其主要任务，其文章的体裁主要有消息、通讯和评论（见表 5-38）。时政类新闻多以消息体裁呈现，例如，2018 年 12 月 5 日 A1 版的《习近平同葡萄牙总统德索萨举行会谈》，2018 年 12 月 3 日 A1 版的《甘肃省政协主席欧阳坚率西和县脱贫攻坚招商团在穗学习考察》。在评论方面，《广州日报》设有专门的评论版，其主要设置在第 2 版，例如 2018 年 12 月 13 日第 2 版的《让行救援车辆应成规定动作》。诗歌、散文类体裁的文章较少，主要发布在“文娱”“每日闲情”“阅读”版面。

**表 5-38 《广州日报》文章体裁分布情况**

| 体裁类型 | 篇数 | 占总篇数比例（%） |
| --- | --- | --- |
| 消息 | 886 | 48.6 |
| 通讯 | 137 | 7.5 |
| 评论 | 59 | 3.2 |
| 论文（理论文章） | 5 | 0.3 |
| 散文 | 19 | 1.0 |
| 诗歌 | 3 | 0.2 |
| 广告 | 114 | 6.3 |
| 其他题材 | 601 | 32.9 |

注：样本总量为 15 期，1 823 篇，数据四舍五入。

《广州日报》的文章基调整体上呈中性（见表 5-39），这与它的“信息传播者”角色紧密相连，作为新闻信息的传播者，《广州日报》需要客观中立地传播信息，告知大众社会上新近发生的事实。但《广州日报》也存在一些批评揭露和表扬讴歌的文章，比如《行人不等红灯，非机动车乱窜》《七旬老人五天没吃饭 公交车长为他买面包》等报道。由于批评与揭露性文章可能会给被批评与揭露的单位或个人带来严重影响，所以在对这类事件进行报道时一定要客观，实事求是，对严重危害到党和国家利益，危害到人民利益的事件和人时，一定要公开批评揭露报道，以防止此类事件的再发生。表扬讴歌是对人们德行善举的一种公开报道，对于这类人和事可以积极宣传，为社会主义现代化建设营造一个健康向上，文明和谐的良好氛围。

表 5-39 《广州日报》文章(不含广告)基调情况

| 文章基调 | 篇数 | 占总篇数比例(%) |
|---|---|---|
| 批评揭露 | 19 | 1.1 |
| 表扬讴歌 | 34 | 2.0 |
| 中性基调 | 1 656 | 96.9 |

注：样本总量为 15 期，1 709 篇，数据四舍五入。

通过对《广州日报》1 709 篇党报文章的分析，党报文章中附加二维码的情况有 116 篇(见表 5-40)。分析表明，附加的二维码主要有微信公众号“诗意花城生活圈”“食在广东”“健康有约”等以娱乐、健康、美食为主的二维码，尤其是“诗意花城生活圈”的二维码在多篇文章里多次出现。“广州日报电商”“广州日报商城”等二维码也多次出现，体现了《广州日报》的创新性：不仅将传统报业与新媒体融合，打造一个线上商城，还拓宽了《广州日报》的收入来源。对于一些大容量的内容，《广州日报》通过二维码的附加，让受众跳转观看详细内容。

表 5-40 《广州日报》文章(不含广告)附加二维码情况

| 附加二维码情况 | 篇数 | 占总篇数比例(%) |
|---|---|---|
| 有二维码 | 116 | 6.8 |
| 无二维码 | 1 593 | 93.2 |

注：样本总量为 15 期，1 709 篇，数据四舍五入。

课题组根据对 1 709 篇党报文章的分析，其中有图片的文章数量为 338 篇，无图片的党报文章为 1 371 篇(见表 5-41)。报纸的首页多有图片的呈现，图片在文章中的使用情况主要分为两种，一种是以文字配图的形式出现，另一种是直接以图片来传达主要的信息。文章中使用的图片类型包括摄影图片、漫画，在一些内容复杂的文章中还使用了树状图的形式用以说明。值得注意的是，在关于国家主席出席活动的报道中大多配有相应的现场图片。

表 5-41 《广州日报》文章(不含广告)图片运用情况

| 图片运用情况 | 篇数 | 占总篇数比例(%) |
|---|---|---|
| 有图片 | 338 | 19.8 |
| 无图片 | 1 371 | 80.2 |

注：样本总量为 15 期，1 709 篇，数据四舍五入。

通过对有图片和无图片的文章数量的分析，我们可以得出，《广州日报》在图片的使用上并不频繁，版面仍以文字呈现较多，但相较无图片的文章，有图片的文章在排版以及文章的吸引力方面都大大增强。互联网时代的到来，带来了碎片化的阅读习惯，相较长篇累牍的文字，读者对图片或者图文匹配的文章更乐于阅读，这就需要《广州日报》在今后的内容设置与安排上更注重对图片的使用，通过恰当的图片传达党和政府的思想观点。

通过对《广州日报》1 436 个样本的分析，我们可知《广州日报》每篇文章的直接引语使用情况的大致分布(见表 5-42)。直接引语 1 次都没有出现的篇数为 1 159 篇，占八成以上，直接引语出现了 1 次至 2 次的情况较多，直接引语出现 5 次及 5 次以上的不足百篇，且直接引语出现 5 次及以上次数的文章多为一些有人物的通讯，例如，2018 年 12 月 10 日 A10 版的《他为昆虫穿上"机械战甲"》。

在背景资料的使用情况中，未使用背景资料的文章接近五成，此类文章多以时事新闻、消息为主，文章篇幅较短。出现背景资料 4 次以内的文章接近四成，出现背景资料较多的文章多以通讯为主，例如，2018 年 12 月 1 日 A2 版的《携手前进，共创未来》，2018 年 12 月 1 日 A3 版的消息《广东医保新纳 17 种抗癌药》。背景资料使用次数在 5 次及 5 次以上的文章各占比一成左右。

**表 5-42 《广州日报》每篇文章(不含广告、副刊文章)直接引语和背景资料使用情况**

| 出现次数 | 直接引语 | | 背景资料 | |
|---|---|---|---|---|
| | 篇数 | 占总篇数比例(%) | 篇数 | 占总篇数比例(%) |
| 0 次 | 1 159 | 80.7 | 708 | 49.3 |
| 1 次 | 88 | 6.1 | 147 | 10.2 |
| 2 次 | 51 | 3.6 | 169 | 11.7 |
| 3 次 | 48 | 3.3 | 142 | 9.9 |
| 4 次 | 21 | 1.5 | 90 | 6.3 |
| 5 次 | 27 | 1.9 | 87 | 6.1 |
| 多于 5 次 | 42 | 2.9 | 93 | 6.5 |

注：样本总量为 15 期，1 436 篇，数据四舍五入。

根据对《广州日报》1 709 份样本的分析，我们可以发现其报道题材主要是时政新闻、体育新闻、财经新闻和文娱新闻(见表 5-43)。

时政新闻对国家政治生活中新近或正在发生的事实进行报道，主要表现为政党、社会集团、社会势力在处理国家生活和国际关系方面的方针、政策和活动。在这方面，《广州日报》多以报道党和国家发生的重大事件，重要政策为主。例如，2018 年 12 月

13 日 A1 版的《习近平同厄瓜多尔总统举行会谈》。在体育新闻报道方面，《广州日报》占比较大，并且以专栏的形式报道，主要以竞技体育新闻报道为主，如 2018 年 12 月 10 日 A14 版的《人民足球嘉年华开幕》。

**表 5-43 《广州日报》新闻报道题材分布情况**

| 题材类型 | 篇数 | 占总篇数比例(%) |
| --- | --- | --- |
| 时政新闻 | 173 | 10.1 |
| 社区新闻 | 13 | 0.8 |
| 灾难新闻 | 8 | 0.5 |
| 慈善新闻 | 13 | 0.8 |
| 健康新闻 | 84 | 4.9 |
| 财经新闻 | 119 | 6.9 |
| 旅游新闻 | 47 | 2.8 |
| 文娱新闻 | 182 | 10.6 |
| 科技新闻 | 40 | 2.3 |
| 教育新闻 | 44 | 2.6 |
| 体育新闻 | 213 | 12.5 |
| 环境气象新闻 | 53 | 3.1 |
| 军事新闻 | 2 | 0.1 |
| 法治新闻 | 28 | 1.6 |
| 其他新闻 | 690 | 40.4 |

注：样本总量为 15 期，1 709 篇，数据四舍五入。

《广州日报》分别以专版、专栏的形式呈现财经新闻和文娱新闻。2018 年 12 月 10 日 A15、A16 版分别是财经和文娱报道，文娱新闻主要是征文、趣文或是分享类的食谱、影视采访、影视剧推荐等。如 2018 年 12 月 3 日 A16 版，整个版面多是关于影视的内容，例如，《荧屏“黑马”〈幸福一家人〉投射真实生活看哭观众》《〈完美陌生人〉导演新作〈命运咖啡馆〉》。

《广州日报》在健康新闻和旅游新闻的报道量也较大，健康新闻和文娱、体育、财经类新闻报道一样，多以专栏的形式呈现。例如，2018 年 12 月 12 日 A21 版的《打过水痘疫苗≠百分百有效》《走路容易脚痛 自查一下足弓》。《广州日报》刊登的健康新闻，多以科普健康知识为主。

旅游新闻、科技新闻、慈善新闻、教育新闻、法治新闻、环境气象新闻，在《广州日报》出现比重并不大。旅游新闻主要有景区宣传推广以及一些节假日期间各地的游客情况。2018 年 12 月 3 日 A12 版的《点都估唔到 混凝土上能种草》是科技新闻实例。2018 年 12 月 1 日刊发的《守护山区学童希望,广东体彩“送书助学”》是慈善新闻实例。2018 年 12 月 15 日 A3 版的《广东技术师范学院正式更名》是教育新闻实例。《民企负责人涉嫌犯罪符合取保候审条件可不批准逮捕》是法治新闻实例。2018 年 12 月 15 日 A5 版的《俄激光武器杀敌于无形》是军事新闻实例。环境气象类新闻以期为周期,每天都发布一条关于天气的信息。

# 第六章

# 媒介新格局中党报角色现状调查

在中国,作为党中央和各级党委机关报的中国共产党党报(本文简称“党报”),是现代传播体系和国家治理体系的主干,是执政党对内对外开展政治传播的主要媒介。在新媒体崛起、智能手机逐渐普及、受众上网时间越来越长的形势下,党报的传播背景已经发生巨大变化,中国的媒介格局从“传统媒体独唱”变为“新旧媒体混唱”。这些变化,都对党报的角色定位提出了新的要求,党报角色的实现也因此面临新的挑战和机遇。

为了解中国媒介格局变化、民众阅读党报的情况、民众对党报角色的看法,课题组开展了关于“党报角色”的问卷调查(以下简称“党报角色调查”)。

## 第一节 问卷调查的实施情况

这次调查开始于 2015 年 1 月 14 日,结束于 2018 年 2 月 8 日,采用配额抽样、便利抽样两种非随机抽样方式,在线上和线下发放同一问卷。[①]

课题组在北京、江西、江苏、安徽、河南、广东、辽宁、河北、黑龙江、湖北、甘肃、新疆、山西、云南、山东分别选择两个市(北京选择两个区)发放 150 至 250 份纸质问卷,

① 人民日报社组织的大型问卷调查,也是非随机抽样。如果采用严格的随机抽样,受访者必然会分布在国内不同城市、乡镇、村庄,调查难度增大(缺乏行政强制力或媒介权力),调查成本会升高(差旅费、劳务费合计可能超过 10 万元),实际上难以付诸实施。本次调查的受访者在地域、年龄、性别、学历、单位性质、职务级别、收入等方面分布较为分散,且有关比例与中国民众实际情况较为接近。因此,课题组根据既有经验采用有选择的非随机抽样(配额抽样+便利抽样),放弃完全随意的非随机抽样(例如只在一个省或一所大学实施调查),最终得到的数据,与严格随机抽样所得的数据,误差不会很大。

由南昌大学、辽宁大学、烟台大学的40余名本科生和研究生①进入党政机关、学校、媒体、社区、村庄、工厂等场所实施调查。

网上调查在问卷星网站进行，网址是 http://www.sojump.com/report/4342519.aspx? qc=，主要通过微博、微信、QQ邀请或吸引（曾经发放网络红包）全国网友填答问卷。

截至2018年2月8日，课题组共回收有效答卷4 000份（含1 991份纸质问卷）。②接受"党报角色调查"的4 000名受访者，基本情况如下。

男性占48%，女性占52%。

分布于中国31个省（直辖市、自治区），港澳台地区无受访者，有5人（疑为中国学者）在美国、英国、澳大利亚填答。

15—35岁的青年是最主要的受访者（约占70.03%），36—45岁的中年受访者约占18.05%，46—59岁的受访者约占8.75%（见图6-1）。

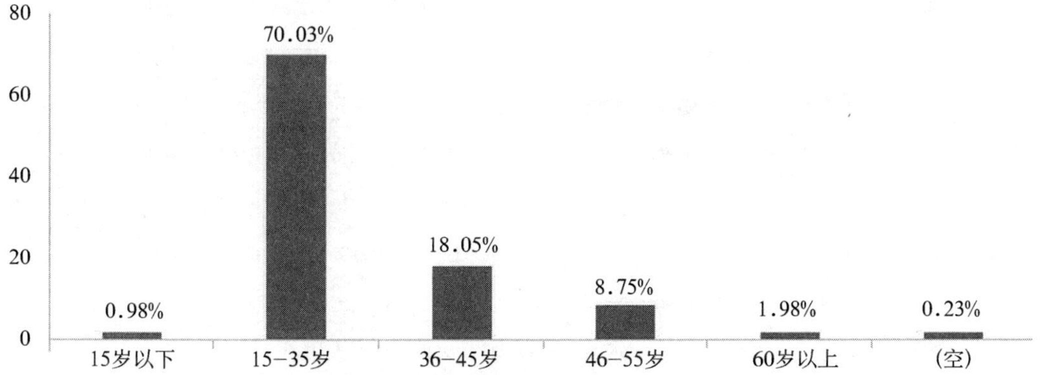


**图6-1　问卷调查受访者年龄分布情况**

正在攻读或已获得本科学历的约占57.03%，正在攻读或已获得研究生学历的约占15.28%，正在攻读或已获得大专学历的约占11.38%，这三种学历总计约占83.69%（见图6-2）。

---

① 学生调查员名单：陈斯洁、魏骏、刘彧冰、郭雅哲、刘雨静、王启豪、刘子默、董瑞强、李泽坤、胡启元、朱戈、周宣辰、刘晶晶、陈娇、刘诗萌、闫妍、刘远怀、李娜、李亚男、李红兵、易齐彦、赵娜、周嘉静、刘园园、陈红、席光勇、汤雨晨、幸晖晖、朱美仙、许素明、熊苗、顾馨月、徐超、钟春燕、饶鑫、朱文芳、廖巧儿、欧阳颖、许慧婷、罗婧、王泽勋等。

② 大型问卷调查的动员成本较高，不但需要发放调查员劳务费，而且可能需要发放调查差旅费、纪念品或红包奖励。在党报研究领域，人民日报社组织的问卷调查受访者最多，是因为该党报有课题组不具备的政治资源和媒介资源（在报纸、网站、客户端同时动员）。

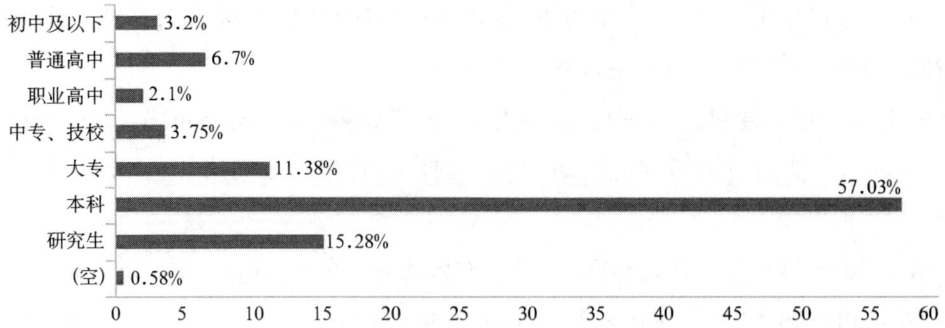


**图 6-2　问卷调查受访者学历分布情况**

受访者所在单位主要分布于学校（约占 29.3％）、党政机关（约占 12.28％）、事业单位（不含新闻媒体、学校，约占 10.78％）、新闻媒体（含党报，约占 6.38％）、国企（约占 6.28％）、国企之外的企业（约占 5.75％），个体工商户（约占3.43％）、解放军或武警部队也有不少受访者（约占 2.53％）（见图 6-3）。

| | | |
|---|---|---|
| 中国共产党党委机关 | 81 | 2.03% |
| 政府机关 | 410 | 10.25% |
| 事业单位（不含新闻媒体、学校） | 431 | 10.78% |
| 新闻媒体（不含党报） | 157 | 3.93% |
| 党报 | 98 | 2.45% |
| 学校 | 1 172 | 29.3% |
| 国企单位（含国有资本控股） | 251 | 6.28% |
| 民营资本控股企业（不含香港澳门台湾资本控股企业） | 200 | 5% |
| 香港台湾澳门资本控股企业 | 7 | 0.18% |
| 外国资本控股企业 | 23 | 0.58% |
| 个体工商户 | 137 | 3.43% |
| 自由职业/没有固定单位 | 120 | 3% |
| 农村集体组织 | 63 | 1.58% |
| 解放军或武警部队 | 101 | 2.53% |
| 民主党派或群众团体 | 15 | 0.38% |
| 还是未就业的学生 | 608 | 15.2% |
| 其他单位 [详细] | 119 | 2.98% |
| (空) | 7 | 0.18% |

**图 6-3　问卷调查受访者所在单位情况**

有 1 名省部级及以上级别干部、13 名厅级干部、95 名县处级干部、298 名科级干部、215 名党政机关科级以下干部、87 名村干部和居委会干部、105 名公司负责人，没担任干部职务的占 64.43%（见图 6-4）。

| 选项 | 小计 | 比例 |
| --- | --- | --- |
| 没担任干部职务 | 2 577 | 64.43% |
| 村干部 | 52 | 1.3% |
| 居委会干部 | 35 | 0.88% |
| 党政机关科级以下干部 | 215 | 5.38% |
| 科级干部 | 298 | 7.45% |
| 县处级干部 | 95 | 2.38% |
| 厅级干部 | 13 | 0.33% |
| 省部级及以上级别干部 | 1 | 0.03% |
| 公司负责人 | 105 | 2.63% |
| 其他干部职务 [详细] | 609 | 15.23% |
| 本题有效填写人次 | 4 000 | |

**图 6-4　问卷调查受访者职务情况**

受访者的每月税前收入，10 000 元以上的有 116 人（占 2.9%），6 001—10 000元的有 283 人（占 7.08%），4 001—6 000 元的有 543 人（占 13.58%），2 001—4 000 元的有 1 201 人（占 30.03%），拒绝透露收入的有 146 人（见图 6-5）。

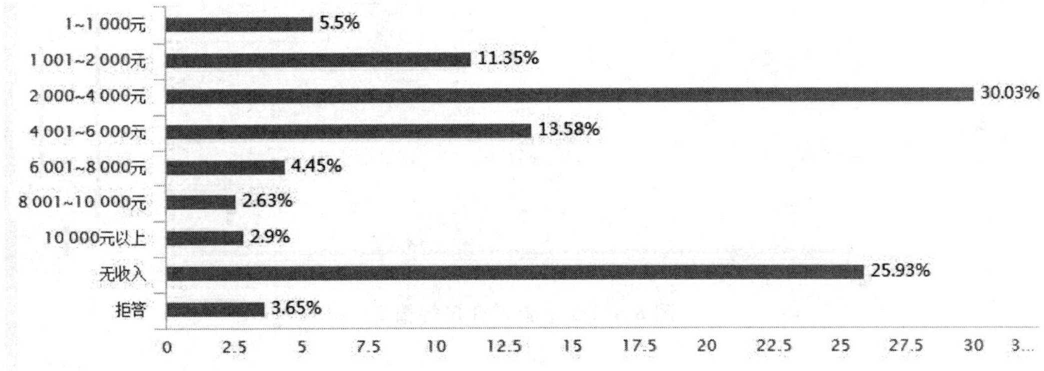


**图 6-5　问卷调查受访者收入情况**

## 第二节　受众接触媒介状况与媒介新格局

在全球化、社会转型、全面深化改革、推进国家治理现代化的新语境中，在纸媒式微与二维码、微博、微信、手机报盛行的传播背景下，受众越来越青睐移动阅读，党报所处的传播环境、面临的传播形势明显有变。

“党报角色调查”受访者在回答“您平时主要通过何种媒介获得新闻信息”这道单选题时，选择“手机”的人数最多（占 56.38%），选择“电脑”的人数居第二位（占 29.48%），选择“电视”（含公交电视、楼宇电视）的占 25.13%，选择“杂志”的占3.55%，选择“广播”的占 2.28%，选择 “黑板报”“公告栏”的极少（均不到 2.5%），选择“报纸”的也不多（仅占 11.08%）（见图 6-6）。

| 选项 | 小计 | 比例 |
|---|---|---|
| 报纸 | 443 | 11.08% |
| 杂志 | 142 | 3.55% |
| 电视（不含楼宇电视、公交电视） | 917 | 22.93% |
| 广播 | 91 | 2.28% |
| 手机 | 2 255 | 56.38% |
| 电脑 | 1 179 | 29.48% |
| 黑板报 | 25 | 0.63% |
| 公告栏 | 75 | 1.88% |
| 公交电视 | 50 | 1.25% |
| 楼宇电视 | 38 | 0.95% |
| 其他媒介 [详细] | 81 | 2.03% |
| (空) | 3 | 0.08% |
| 本题有效填写人次 | 4 000 | |

**图 6-6　受访者媒介接触情况**

受访者在回答“您通常阅读哪种报纸”这道可多选的选择题时，34.95%的受访者选择“不读报纸”，27.28%的受访者选择“都市报”，24.18%的受访者选择“晚报（不含名为晚报的党报）”，15.65%的受访者选择“专业报、行业报纸”，13.03%的受访者选择

“内部报纸(校报、企业报等)”，11.03％的受访者选择“其他报纸”，只有 21.2％的受访者选择“党报”(大约是读报人群的五分之一)(见图 6-7)。

| 选项 | 小计 | 比例 |
|---|---|---|
| 不读报纸 | 1 398 | 34.95% |
| 党报 | 848 | 21.2% |
| 晚报（不含名为晚报的党报） | 967 | 24.18% |
| 都市报 | 1 091 | 27.28% |
| 专业报、行业报纸 | 626 | 15.65% |
| 内部报纸（校报、企业报等） | 521 | 13.03% |
| 其他报纸 | 441 | 11.03% |
| (空) | 24 | 0.6% |
| 本题有效填写人次 | 4 000 | |

图 6-7　受访者读报类型分布情况

以上数据呈现的正是中国的媒介新格局：三成以上的人不读报纸；纸质媒介备受媒介使用者的冷落；报纸、电视、杂志、广播等传统媒介被大多数受访者忽视；新媒体成为当今中国社会最主要的新闻信息媒介；手机已经成为受访者获得新闻信息的第一媒介平台，其次是电脑；党报不是大多数读报者的首选报纸。

“新兴媒介一枝独秀、力压群媒”的媒介格局在“没有手机和电脑的时代”是不可想象的。未来的党报，要想继续发挥舆论影响力，保持盈利能力，就必须高度重视开发新兴媒介产品，充分利用新媒体平台、新媒体技术，高度重视在新兴媒介平台的二次传播(电视平台的二次传播也不容忽视)。

## 第三节　受访者接触党报情况

在“党报角色调查”的受访者中，超过一半的受访者表示“阅读过党报”(占 52.6％)，超过四成的受访者表示“没读过党报”(占 47.05％)。

在受访者不阅读党报的原因中，最受瞩目的是“有互联网替代”，其次是“内容没有吸引力”（见表 6-1）。

“党报角色调查”中受访者不阅读党报的原因依次是（见表 6-1）：“有互联网替代”（占 46.15%）、“内容没有吸引力”（占 37.65%）、“有电视替代”（占 21.88%）、“订阅不方便”（占 20.5%）、“感觉党报老是吹捧领导干部”（占 19.73%）、“没时间读报纸”（占 17.7%）、“对政治不感兴趣”（占 17.85%）、“订阅价太高”（占 12.13%）。课题组对调查问卷的第 9 题“您是否阅读过党报”、第 18 题“您不阅读党报的原因”做了交叉分析，结果发现：在读过党报的受访者和没读过党报的受访者中，“有互联网替代”是他们不阅读党报的第一重要原因（占比分别为 45.84%、46.26%），“内容没有吸引力”是他们不读党报的第二重要原因（占比分别为 38.22%、36.79%），“对政治不感兴趣”是没读过党报的受访者不读党报的第三重要原因（占 27.68%），“感觉党报老是吹捧领导干部”是读过党报的受访者不读党报的第三重要原因（占 23.65%）。由此可见，党报的内容、发行均对党报的阅读率有不小的影响，来自互联网、电视等替代品的竞争更是严重影响党报的阅读率。

**表 6-1　受访者不读党报的原因**

| 选项 | 小计 | 比例（%） |
|---|---|---|
| 订阅不方便 | 820 | 20.50 |
| 订阅价太高 | 485 | 12.13 |
| 送报时间太晚 | 167 | 4.18 |
| 内容没有吸引力 | 1 506 | 37.65 |
| 没时间读报纸 | 708 | 17.70 |
| 广告太多 | 179 | 4.48 |
| 有互联网替代 | 1 846 | 46.15 |
| 有电视替代 | 875 | 21.88 |
| 有广播替代 | 344 | 8.60 |
| 感觉党报老是吹捧领导干部 | 789 | 19.73 |
| 对政治不感兴趣 | 714 | 17.85 |
| 其他原因 | 302 | 7.55 |
| （空） | 367 | 9.18 |
| 本题有效填写人次 | 4 000 | |

课题组选取性别、年龄、学历、职业、职位和收入等变量作为解释变量，采用 Logit 模型，对“是否阅读党报”的影响因素进行分析，结果见表 6-2。[①]

**表 6-2 Logit 模型回归结果**

| 解释变量 | 被解释变量：看过=1，没看过=0 |
|---|---|
| 性别（男=1，女=0） | 0.2092** (0.070) |
| 年龄（15—35 岁） | 1.3286* (0.545) |
| 年龄（36—45 岁） | 1.5513** (0.550) |
| 年龄（46—59 岁） | 1.8023** (0.556) |
| 年龄（60 岁以上） | 1.5901** (0.598) |
| 是否高中以上学历 | 0.7767*** (0.104) |
| 是否公职人员 | 0.4065*** (0.072) |
| 是否担任干部 | 0.6671*** (0.076) |
| 收入（2 001—4 000 元） | 0.3133*** (0.085) |
| 收入（4 001—6 000 元） | 0.6099*** (0.114) |
| 收入（6 001—8 000 元） | 0.5637** (0.175) |
| 收入（8 000 元以上） | 0.5452*** (0.162) |
| 截距项 | -2.7346*** (0.541) |
| 样本量 | 3 811 |

注：公职人员指在党委机关、政府机关、事业单位、学校、国企单位以及解放军或武警部队就职的人员。数据处理过程剔除了部分相关变量存在缺失值的问卷。***、**、* 分别表示在 1%、5%、10%水平上显著。

结果显示：男性相比女性阅读党报的概率明显要高；和年龄低于 15 岁的受访者相比，其他受访者阅读党报的概率相对更高，而且随着年龄的增长，阅读党报的概率逐渐增加；阅读党报的概率和学历之间存在正向关系，在其他条件不变的情况下，拥有高中以上学历的受访者阅读党报的概率显著高于高中及高中以下学历受访者；在所有职业的受访者当中，公职人员阅读党报的概率显著高于非公职人员，且担任干部职务的人员阅读党报的概率显著高于不担任干部职务的人员；月收入低于 2 000 元的受访者阅读党报的概率最低，在其他条件不变的情况下，随着收入的增加，阅读党报的概率有所提高。

在阅读过党报的受访者中，回答“近一个月来，您一般是怎样阅读党报的”这道单选题时，选择“看纸质版党报”的人占 34.99%，选择“在手机上看党报”的人和选择“在电脑上看电子版党报”的人约占 39.52%。可见，非纸质媒介已经成为党报传播不可或缺的重要平台（见表 6-3）。

---

① 此项工作由江西财经大学统计学专业博士郭同济协助课题组完成。

表 6-3　受访者阅读党报的平台

| 选项 | 小计 | 比例(%) |
|---|---|---|
| 看纸质党报 | 741 | 34.99 |
| 在电脑上看电子版党报 | 361 | 17.04 |
| 手机上看党报 | 476 | 22.47 |
| 以上三种方式都有 | 448 | 21.15 |
| 其他方式 | 92 | 4.34 |
| 本题有效填写人数 | 2 118 | |

在回答“您常在哪个平台接触到党报刊发的报道”(多选题)的 2 118 名受访者中，选择“纸质党报”的最多(53.26%)，其次是选择“党报电子版”(25.45%)、“党报的官方微博”(25.78%)、“电视台”(22.62%)、“党报的移动客户端”(17.56%)。可见，党报在非纸质媒介平台的二次传播是十分重要的，也是较为成功的(见表 6-4)。

表 6-4　受访者接触党报报道的媒介平台

| 选项 | 小计 | 比例(%) |
|---|---|---|
| 纸质党报 | 1 128 | 53.26 |
| 文摘报纸 | 329 | 15.53 |
| 杂志 | 270 | 12.75 |
| 党报电子版(如 PDF 版、网页版) | 539 | 25.45 |
| 党报的移动客户端 | 372 | 17.56 |
| 党报的官方微博 | 546 | 25.78 |
| 党报官方微博之外的其他微博 | 156 | 7.37 |
| 党报的官方微信公众号 | 352 | 16.62 |
| 党报官方微信公众号之外的微信账号 | 121 | 5.71 |
| 党报的手机报 | 301 | 14.21 |
| 电信运营商的手机报 | 81 | 3.82 |
| 商业网站(不是党报创办的) | 165 | 7.79 |
| 广播电台 | 171 | 8.07 |
| 电视台 | 479 | 22.62 |
| 其他平台 | 50 | 2.36 |
| (空) | 3 | 0.14 |
| 本题有效填写人次 | 2 118 | |

在阅读过党报的受访者中，阅读党报在“5 年以上”的受访者最多，占 32.29%，阅读党报在“1 年以下”的次之，占 28.14%(见表 6-5)。

**表 6-5 受访者阅读党报的时间长度**

| 选项 | 小计 | 比例(%) |
|---|---|---|
| 1 年以下 | 596 | 28.14 |
| 1—2 年 | 412 | 19.45 |
| 3—5 年 | 405 | 19.12 |
| 5 年以上 | 684 | 32.29 |
| (空) | 21 | 0.99 |
| 本题有效填写人次 | 2 118 | |

在阅读过党报的受访者中，“因为学习需要”阅读党报的最多，占 57.93%，“因为工作需要”阅读党报的次之，占 53.92%，因为“娱乐休闲”“打发时间”阅读党报的约占 27.86%(见表 6-6)。

**表 6-6 受访者阅读党报的原因**

| 选项 | 小计 | 比例(%) |
|---|---|---|
| 因为娱乐休闲的需要 | 257 | 12.13 |
| 因为工作的需要 | 1 142 | 53.92 |
| 因为学习的需要 | 1 227 | 57.93 |
| 因为需要打发时间 | 333 | 15.72 |
| 其他原因 | 198 | 9.35 |
| (空) | 8 | 0.38 |
| 本题有效填写人次 | 2 118 | |

在回答“读过党报”的受访者中，选择“满意”和“很满意”的约占 46.46%，选择“不满意”和“很不满意”的约占 8.22%(见表 6-7)，可见，“读过党报”的受访者对党报的总体质量大多是表示满意的，党报的被接受度比较高。

表 6-7 党报读者对党报的满意度情况

| 选项 | 小计 | 比例（%） |
|---|---|---|
| 很满意 | 188 | 8.88 |
| 满意 | 796 | 37.58 |
| 一般 | 952 | 44.95 |
| 不满意 | 116 | 5.48 |
| 很不满意 | 58 | 2.74 |
| （空） | 8 | 0.38 |
| 本题有效填写人次 | 2 118 | |

## 第四节　受访者对党报角色的认识

在媒介新格局中，党报的喉舌性质不变，必须为本党的中心工作服务，但党报的功能与角色应当随着本党工作重点和媒介格局的变化而有所改变。党报的传统角色是宣传者、组织者、指导者、鼓动者，而媒介新格局中党报的角色更加多样化。

回答“党报已经承担了哪些角色”（多选题）的受访者中，超过 50％的受访者认为“党报已经承担的角色”仅包括：“信息传播者”（69.64％），“党的意见、意志的表达者”（59.49％），“党的思想的传播者”（53.54％），“党的决议的发布者、阐释者”（51.51％）（见表 6-8）。

回答“党报已经承担了哪些角色”（多选题）的受访者中，大多数受访者不认为党报承担了如下角色：事实查证者、信息公证者、公共利益捍卫者、国家利益和民族利益的捍卫者、党的利益的捍卫者、重要舆论的回应者、社会舆论的引导者、党委的智囊（参谋）、新闻产品生产者、经营创收者、资本运作者、娱乐大众者、公德倡导者、公益活动组织者、民众意见的倾听者、民众意见的传播者、民众呼声的回应者、民众正当权益的捍卫者、社会心灵抚慰者、民族团结维护者，和党政工作的组织者、推动者、指导者（见表 6-8）。

表 6-8 受访者对党报担当角色的感知情况

| 选项 | 小计 | 比例(%) |
|---|---|---|
| 信息传播者 | 1 475 | 69.64 |
| 事实查证者 | 751 | 35.46 |
| 信息公证者 | 791 | 37.35 |
| 公共利益捍卫者 | 680 | 32.11 |
| 国家利益和民族利益的捍卫者 | 913 | 43.11 |
| 党的意见、意志的表达者 | 1 260 | 59.49 |
| 党的决议的发布者、阐释者 | 1 091 | 51.51 |
| 党的思想的传播者 | 1 134 | 53.54 |
| 党的利益的捍卫者 | 739 | 34.89 |
| 党委的智囊(参谋) | 362 | 17.09 |
| 重要舆论的回应者 | 601 | 28.38 |
| 社会舆论的引导者 | 654 | 30.88 |
| 新闻产品生产者 | 294 | 13.88 |
| 经营创收者 | 123 | 5.81 |
| 资本运作者 | 80 | 3.78 |
| 娱乐大众者 | 66 | 3.12 |
| 公德倡导者 | 388 | 18.32 |
| 公益活动组织者 | 211 | 9.96 |
| 民众意见的倾听者 | 254 | 11.99 |
| 民众意见的传播者 | 283 | 13.36 |
| 民众呼声的回应者 | 303 | 14.31 |
| 民众正当权益的捍卫者 | 234 | 11.05 |
| 社会心灵抚慰者 | 212 | 10.01 |
| 党政工作的组织者、推动者、指导者 | 663 | 31.30 |
| 民族团结维护者 | 400 | 18.89 |
| 其他角色 | 49 | 2.31 |
| (空) | 4 | 0.19 |
| 本题有效填写人次 | 2 118 | |

由上表 6-8 可知,党报的“经营创收者”“资本运作者”“娱乐大众者”“公益活动组织者”等角色未得到 10%以上的认可度。

表 6-9　受访者对党报担当各类角色的满意度

| 角色/满意度 | 很不满意（%） | 不满意（%） | 一般（%） | 满意（%） | 很满意（%） | 不清楚（%） |
|---|---|---|---|---|---|---|
| 信息传播者 | 4.58 | 4.44 | 36.50 | 40.18 | 13.13 | 1.18 |
| 公共利益捍卫者 | 4.49 | 9.35 | 36.59 | 37.30 | 10.48 | 1.79 |
| 事实查证者 | 4.06 | 8.26 | 37.35 | 37.06 | 11.61 | 1.65 |
| 信息公证者 | 3.82 | 5.15 | 34.23 | 41.97 | 13.27 | 1.56 |
| 公德倡导者 | 3.21 | 3.12 | 25.97 | 44.57 | 21.48 | 1.65 |
| 党的意见意志的表达者 | 2.93 | 1.84 | 18.37 | 47.12 | 27.67 | 2.08 |
| 党的决议的发布者 | 3.21 | 1.61 | 18.56 | 44.52 | 29.60 | 2.50 |
| 党的决议的阐释者 | 2.97 | 1.89 | 19.17 | 44.62 | 28.94 | 2.41 |
| 党的思想的传播者 | 3.31 | 1.42 | 18.18 | 44.90 | 29.79 | 2.41 |
| 党的利益的捍卫者 | 3.07 | 2.03 | 18.37 | 45.94 | 27.90 | 2.69 |
| 党委的智囊(参谋) | 2.88 | 4.06 | 31.02 | 40.18 | 18.46 | 3.40 |
| 政府工作的推动者 | 2.97 | 4.63 | 28.66 | 42.49 | 18.32 | 2.93 |
| 国家利益和民族利益的捍卫者 | 3.31 | 4.01 | 26.58 | 43.30 | 20.40 | 2.41 |
| 重要舆论的回应者 | 3.59 | 6.66 | 32.48 | 39.52 | 16.10 | 1.65 |
| 社会舆论的引导者 | 3.82 | 6.66 | 31.63 | 39.90 | 16.01 | 1.98 |
| 新闻产品生产者 | 4.06 | 8.07 | 38.39 | 34.75 | 11.52 | 3.21 |
| 经营创收者 | 4.63 | 11.19 | 39.47 | 28.09 | 9.25 | 7.37 |
| 资本运作者 | 5.00 | 11.71 | 41.60 | 24.88 | 8.40 | 8.40 |
| 娱乐大众者 | 7.79 | 17.04 | 37.39 | 25.17 | 7.27 | 5.34 |
| 公益活动组织者 | 4.11 | 9.54 | 38.39 | 33.95 | 10.58 | 3.45 |
| 民众意见的倾听者 | 5.29 | 11.99 | 37.44 | 33.47 | 9.73 | 2.08 |
| 民众意见的传播者 | 5.43 | 13.50 | 35.93 | 32.77 | 10.34 | 2.03 |
| 民众呼声的回应者 | 5.34 | 12.80 | 36.40 | 33.14 | 10.48 | 1.84 |
| 民众正当权益的捍卫者 | 4.82 | 12.65 | 35.22 | 33.43 | 11.85 | 2.03 |
| 社会心灵抚慰者 | 4.53 | 10.72 | 37.35 | 33.81 | 10.58 | 3.02 |
| 党政工作的组织者 | 2.93 | 3.45 | 31.21 | 42.35 | 17.61 | 2.46 |
| 党政工作的指导者 | 2.97 | 3.73 | 28.19 | 45.14 | 17.52 | 2.46 |
| 党政工作的推动者 | 2.93 | 3.31 | 28.56 | 43.86 | 18.46 | 2.88 |
| 民族团结维护者 | 3.16 | 2.55 | 29.46 | 41.45 | 20.73 | 2.64 |

由上表 6-9 可知，受访者对党报承担的各种角色，总体上是满意的，满意度（满意和很满意）超过 50％的角色包括：信息传播者，信息公证者，公德倡导者，党的意见、意志的表达者，党的决议的发布者，党的决议的阐释者，党的思想的传播者，党的利益的

捍卫者，党委的智囊（参谋），政府工作的推动者，国家利益和民族利益的捍卫者，重要舆论的回应者，社会舆论的引导者，党政工作的组织者，党政工作的指导者，党政工作的推动者，民族团结维护者。

值得注意的是，受访者对党报以下角色的满意度（满意和很满意）未及50%的包括：公共利益捍卫者、事实查证者、新闻产品生产者、经营创收者、资本运作者、娱乐大众者、公益活动组织者、民众意见的倾听者、民众意见的传播者、民众呼声的回应者、民众正当权益的捍卫者、社会心灵抚慰者。其中，经营创收者、资本运作者、娱乐大众者这三种党报角色，满意度均低于40%。

超过50%的受访者认为，党报不能扮演或承担的角色依次是：传谣造谣者、法治破坏者、敲诈勒索者。超过40%的受访者认为，党报不能成为摊派发行者、“怨妇”“愤青”。超过30%的受访者认为，党报不能成为商业广告发布者、唱赞歌者。此外，党报的公益活动组织者、舆论监督者（揭露黑幕者）这两种角色，受访者的反对率最低，均不到9%（见表6-10）。

**表6-10　党报不能担当的角色类型**

| 选项 | 小计 | 比例(%) |
| --- | --- | --- |
| 法治破坏者 | 2 613 | 65.33 |
| 敲诈勒索者 | 2 491 | 62.28 |
| 传谣造谣者 | 2 751 | 68.78 |
| 摊派发行者 | 1 842 | 46.05 |
| 商业广告发布者 | 1 569 | 39.23 |
| 资本运营者 | 1 078 | 26.95 |
| 舆论监督者（揭露黑幕者） | 351 | 8.78 |
| 领导干部形象宣传者 | 1 188 | 29.70 |
| 唱赞歌者 | 1 445 | 36.13 |
| 公益活动组织者 | 210 | 5.25 |
| 本报职工合法权益侵犯者 | 799 | 19.98 |
| 教训者 | 1 059 | 26.48 |
| “怨妇” | 1 854 | 46.35 |
| “愤青” | 1 726 | 43.15 |
| 其他角色 | 189 | 4.73 |
| 本题有效填写人次 | 4 000 | |

课题组对调查问卷的第 9 题“您是否阅读过党报”和第 19 题“党报不能扮演或承担的角色”做了交叉分析，结果发现读过党报的受访者和没读过党报的受访者对党报的禁忌角色看法比较接近，差异在于：读过党报的受访者反对传谣造谣者、法治破坏者、摊派发行者、敲诈勒索者、商业广告发布者、资本运营者、领导干部宣传者、唱赞歌者、公益活动组织者、本报职工合法权益侵犯者角色的比例普遍大于没读过党报的受访者的反对比例；没读过党报的受访者反对舆论监督者、其他角色的角色比例大于读过党报的受访者的反对比例。

超过 50％的受访者认为，为使党报扮演好自己应当承担的角色，党报应该增强时政新闻的可读性，增强报道的深度、思想性，增加民生事件类的报道。超过 46％的受访者认为，党报应该“减少对领导干部活动的报道”。超过 30％的受访者认为，党报应该多刊登揭黑报道，增加实用信息的提供，深化与新兴媒体的融合发展，针对民众普遍疑惑的问题提供权威答案、发出权威声音（见表 6-11）。

**表 6-11　受访者对党报角色实现方法的期待**

| 选项 | 小计 | 比例(％) |
|---|---|---|
| 增强时政新闻的可读性 | 1 527 | 72.10 |
| 增强报道的深度、思想性 | 1 453 | 68.60 |
| 减少对领导干部活动的报道 | 977 | 46.13 |
| 增加民生事件类的报道 | 1 186 | 56.00 |
| 多刊登揭黑报道 | 665 | 31.40 |
| 增加娱乐新闻报道 | 223 | 10.53 |
| 增加实用信息的提供 | 777 | 36.69 |
| 开设公益慈善版面或栏目 | 491 | 23.18 |
| 深化与新兴媒体的融合发展 | 734 | 34.66 |
| 向西方主流报纸学习 | 251 | 11.85 |
| 向本国都市报晚报学习 | 127 | 6.00 |
| 扩大在农村地区的发行量 | 395 | 18.65 |
| 扩大在国外的发行量 | 147 | 6.94 |
| 增加党报阅报栏 | 267 | 12.61 |
| 订阅免费 | 584 | 27.57 |
| 向贫困人群赠阅党报 | 410 | 19.36 |
| 取消广告业务 | 277 | 13.08 |

续表

| 选项 | 小计 | 比例（%） |
|---|---|---|
| 不在网络舆论场、民间舆论场缺席 | 531 | 25.07 |
| 针对民众普遍疑惑的问题提供权威答案、发出权威声音 | 698 | 32.96 |
| 取消形象广告 | 250 | 11.80 |
| 不发表软文 | 289 | 13.64 |
| 开设官方微博 | 501 | 23.65 |
| 开设官方微信公众号 | 499 | 23.56 |
| 开设移动客户端（App） | 441 | 20.82 |
| 刊发理论文章不收费 | 277 | 13.08 |
| 调整传播效果评价指标 | 224 | 10.58 |
| 推进经营管理方式的创新 | 261 | 12.32 |
| 在现有基础上显著增加编辑记者等员工的薪水 | 315 | 14.87 |
| 不给编辑记者等采编人员安排发行、广告等经营任务 | 423 | 19.97 |
| 其他 | 32 | 1.51 |
| 本题有效填写人次 | 2 118 | |

## 第五节　受访者的意见或建议[①]

本次问卷调查的最后一题是开放式的主观题："关于党报，您还有什么意见或建议？"对这一问题，有一小部分受访者不回答或写"没有"之类语句，但大多数都给出了自己的答案。这些给出的答案，主要可分为三类。

第一类，痛恨党报、厌恶党报，希望停办党报，认为党报没有存在的价值。这类意见，不是主流。

第二类，鼓励、称赞、表扬党报（例如"已经不错了""加油"）。这类意见，也不占多数。

第三类，期待党报进一步改进，给党报提出改进建议。这类意见占主流，也是本次问卷调查的重要收获之一，在本次调查中，此类意见共有 1 700 余条。课题组梳理了

① 南昌大学研究生辛晖晖、本科生王泽勋参与整理分析。

这些建议，归纳出读者对党报的若干建议。

## 一、总体性建议

受访者对党报的总体性建议是以党报的整体层面为视角的，涉及版面创新，与民众互动，增加实用信息，增强舆论引导能力，增加监督性报道，做真正意义上党、政府和人民的耳目喉舌，注重宣传的思想性、政治性，和走向市场等方面。

### （一）创新版面内容

在媒介新格局中，自媒体的普及使得信息传播呈现泛娱乐化趋势，具有艺术性、趣味性的信息往往容易吸引用户的注意力。仅仅强调“内容为王”已经无法适应媒介新格局的传播语境，形式有时候也可以起到最为重要的作用。党报版面，虽然不能完全跟风新媒体，但也可以在政治性与艺术性之间寻求到一个平衡点，求以最佳的方式吸引读者在此驻足，从而实现其终极目的，即为党做思想政治宣传。

党报作为党与国家的耳目喉舌，在经营管理上不能和一般的报纸媒体趋同。“党报具有文化事业和文化产业双重属性，一方面，它是党的重要思想的宣传阵地，是党和人民的喉舌。另一方面，在市场经济条件下，它又具有文化产业的属性，这一属性决定了它必须遵循产业发展的规律，适应市场经济发展的要求，面向群众和市场进行产业化运作，创新体制和机制。”①

党报要兼顾上述两种属性，创新或增加版面是一种有效的方法。版面的增加与创新不仅可以保证党报的根本宣传职责不动摇，还可以丰富报纸的内容，做到内容上的突破和创新，扩大报纸内容的广度，从而吸引更多的读者群体，提升党报在群众中的影响力。

在课题组调查中，70位受访者建议党报应当增加版面或创新版面。读者的部分建议和原话如下表6-12。

---

① 袁秀丽.我国党报的危机及应对策略——以《广州日报》为例[D].广州：暨南大学，2007.

表 6-12　受访者关于“党报版面创新”的建议

| 建议 | 受访者的原话 |
| --- | --- |
| 增加版面 | “希望多一些评论版面。”“开设一个关于党内趣事的专栏，使党报具有吸引力。”“希望版面和栏目能更加丰富一些，内容多关注民生。” |
| 版面创新 | “版面要创新，样式多样化。” |
| 增加版面灵活度 | “版面制作精美一点，现在太过死板。”“《人民日报》排版还可以。其他地方党报排版不好看。风格不够活泼。” |
| 增加版面检索性 | “内容排版应更具有检索性，便于查询信息。” |
| 内容创新 | “党报不会被替代，但是可以做内容转型，向都市报学习。”“创新栏目，不要过于死板。” |
| 体制观念创新 | “应该注重从体制的源头引入活水，逐步创新。”“观念上创新才能重生。” |

（二）增加与民众的互动

全媒体时代，用户的知情权、参与权、表达权和监督权受到了前所未有的重视，媒介与用户的关系已经成为媒体需要首先考虑的内容，媒介与用户的关系会影响用户使用媒介的频率。

党报与民众互动，有利于构建党报与用户的良好关系，进而使民众更容易接受党报所传播的内容。更重要的是，这种信息的双向流动，可以使党报吸纳更多来自民间的多种多样的意见和内容，有利于实现党报的改进，有利于党和政府更好地为人民服务。

在课题组调查中，部分受访者提到党报应当增加与民众的互动。受访者觉得党报可以通过“多设互动栏目”“建设反馈渠道”等方式增加与民众的互动（见表 6-13）。

表 6-13　受访者关于“党报应增加与民众的互动”的建议

| 建议 | 受访者的原话 |
| --- | --- |
| 开设互动栏目 | “多些互动的栏目，让市民与党报的距离更近。” |
| 群众来信渠道 | “开放群众来信渠道，切实维护百姓利益。”“拓宽基层的投稿渠道，增加基层的上稿力度。” |
| 民意收集箱 | “多发一些关心民间事件的新闻，开设民意收集箱，希望这个是唯一答案。” |
| 新媒体互动 | “通过新媒体加强与阅读者的互动，提供给报纸板块有价值的互动内容。” |
| 搞征文 | “多搞征文，给基层工作者发表心声的平台，多刊用他们的文章。”“看文章容易发文章难，党报对内部发文宽松，而对公众文章，基本上是回绝。” |

## (三)增加实用信息

党报作为传统报纸媒体，在与新媒体的角逐中，已经不能在时效性方面取胜，因此，增强传播内容的服务性、实用性，才可以为党报留住读者群。增加实用信息和服务性报道，也是读者对党报的一种信息期待，“可以大大增强党报与百姓的密切度，提高百姓对党报的关注度，改变党报在读者心目中的形象”①，让广大读者感受到党报不只是党和政府的喉舌，同时也是老百姓的贴心朋友。

部分受访者建议党报增加服务性、可行性信息，并能够提供解决问题的良策。具体的建议见表6-14。

**表6-14 受访者关于“党报增加实用信息”的建议**

| 建议 | 受访者的原话 |
|---|---|
| 增加实用性信息 | “对于一些突发性事件的报道，少一些当地政府如何体察、如何积极应对的套话、空话，多些实用性，百姓能够从中获益的事实性报道。”“增强服务性。”“多点创意，多点实用性。”“提高有效发行质量，多搞些有意义的公益活动，与新兴媒体融合，增强新闻的可读性与实用性。” |
| 增加可行性信息 | “真正为百姓提供可行性信息，挖掘新闻的群众价值。” |
| 解决问题 | “多发解决问题的良策，或者能引发人们讨论的相关议题，如《实践是检验真理的唯一标准》，少唱赞歌，攻击异己。多说自己的问题，不一定自己就很差，也说明你更强大。” |

## (四)增强舆论引导能力

党报由于具有特殊性，积累了公信力和权威性，长期居于舆论引导的主体地位。然而，在媒介新格局中，新媒体常常占据舆论制高点，社会舆论多元化，挑战着党报舆论引导的主体地位。党报是党和政府重要的舆论工具，党报是否能够正确引导舆论关乎党、政府和人民统一思想的建立，关乎国家的长治久安。

在调查中，部分受访者在建议中明确提到党报应当增强舆论引导能力，希望党报能够扮演一个积极的引导者，平衡各种舆论场(见表6-15)。

---

① 苗秋闹.办一张老百姓爱看的报纸——地市党报要加强服务性报道[J].新闻爱好者,2011(13):41.

表 6-15　受访者关于“党报应增强舆论引导能力”的建议

| 建议 | 受访者的原话 |
| --- | --- |
| 希望能够平衡舆论 | “党报应增加它的可读性，多为群众说话，平衡好两个舆论场之间的关系。”“内容为王，渠道制胜。努力打破官民两个舆论场对立状况，适应新媒体语境。” |
| 希望引导舆论 | “应该引领公众，而不是一般性的传声筒；应该捍卫群众利益，而不仅仅是党的喉舌。”“应扮演一个积极向上的引导者。”“刊登一些与老百姓息息相关的政策及做好引导。”“坚持正确舆论导向。”“媒体本质，以党报权威构建社会主流舆论。” |
| 希望能对舆论事件做反应 | “对重大社会舆论事件做出重要阐述。”“希望增加对舆论的回应。” |
| 舆论自由些 | “同质化严重，舆论不自由，管理过严格。” |

(五)增加监督性报道

“正确发挥新闻舆论监督作用是构建社会主义和谐社会的迫切需要。”①党报虽然是特殊媒体，但也有着一般媒体的特性和功能。社会监督是一般媒体的基本功能，党报带头做好监督性报道，顺应了党中央的要求以及广大民众的诉求，会使得党和政府与民众之间构建起更加良好的关系。

“舆论监督的意义在于正确的舆论引导。舆论引导是舆论监督的题中之义和固有之责。党报媒体具有得天独厚的优势，理应充当社会良知的守护者和引领者。然而当前党报舆论监督柔化、弱化，缺乏活力，视之畏途。原因是多方面的。但无论如何党报都应义无反顾地履行监督职责。”②

在课题组调查中，部分受访者提到了党报应当增加监督性报道。根据读者的建议，党报应当多揭露社会的黑暗、多报道腐败事件(见表 6-16)。

表 6-16　受访者关于“党报应增加监督性报道”的建议

| 建议 | 受访者的原话 |
| --- | --- |
| 严格监督，信息透明 | “认真监督政府，信息透明，并对违规者加以严惩。” |
| 党报监督要敢言 | “敢于说出百姓敢怒而不敢言的话。”“多揭露社会的黑暗面，别整天歌功颂德。”“倡导新闻自由，言论自由，敢说真话，揭露真相，起真正的监督作用。” |
| 理性监督 | “对于领导人被举报案件不要急于澄清，等事实调查清楚再发布，不要做地方领导人的‘护短者’。”“客观评价，合理监督，有序推进，加强管理。” |

① 慎海雄.舆论监督在和谐社会建设中的作用——监督性报道在实践中的把握[J].中国记者，2007(5)：4.

② 都海虹，张雷.刍议党报创新引导舆论的方法[J].新闻知识，2012(4)：13.

续表

| 建议 | 受访者的原话 |
| --- | --- |
| 增强监督 | “增强舆论监督。”“改进内容，希望更多的是对干部的监督和教育，而不是讴歌赞美。现在的干部廉洁方面太存在问题了！”“多一些自我监督的内容。”“增加对党政领导干部和政府执行行为的监督力度，充分发挥媒体的监督作用，为建设法治中国添柴加火。” |
| 改进机制 | “改进监督机制。” |
| 要有效监督 | “能正视党内存在的问题，提出有建设性的意见，不要总是事后监督。” |

### (六)党报应做真正意义上的耳目喉舌

党报创办的目的是宣传马克思主义，宣传中国共产党的纲领、路线、方针、政策，全心全意为人民服务。党报是党、政府和人民的耳目喉舌，反映的是党的主张、国家意志和人民的利益，这也是广大民众对党报的角色期待。

有些受访者认为，党报应当做真正意义上党、政府和人民的喉舌，因此对党报提出了相关的要求，部分建议见表 6-17。

**表 6-17　受访者关于“党报应做真正意义上的耳目喉舌”的建议**

| 建议 | 受访者的原话 |
| --- | --- |
| 履行职责 | “党报应该对党负责，多报道历史上为党做过贡献的人。党报所报道的内容经得起推敲，经得起历史和时间的考验。多报道党的正面内容，让百姓相信党，重新树立百姓对党的信心。党报内容要丰富，不要太刻板，受众不止面向党员，还要面向全体人民。” |
| 做好喉舌功能 | “党报是党的喉舌，传达的是党的路线方针政策的走向，是全心全意为人民服务的，要建立起党和人民群众联系的纽带和桥梁，要树立起党的形象，要为人民群众多办实事。”“党报既然是党的喉舌，就不能在公众关注事件或是社会热点问题上长期缺席，远远落后于都市媒体和新媒体。” |
| 维护群众利益 | “党代表人民，党报应高度维护人民群众的利益，回到为人民服务上来。” |
| “三贴近” | “党报作为其他地方机关报、各类报纸的领导者，在内容形式上应更贴近实际，贴近生活，贴近群众。” |

### (七)党报应当改进宣传，多宣传社会正能量

随着互联网的普及，世界成为“地球村”，每个人都可以在全球性的网络社区发表各种意见和信息。党报的宣传工作因此面临前所未有的挑战，必须不断调整和改进，掌握舆论场上的主导权，才能让民众拥护党和政府，让民众对党和政府有信心。80 余

位受访者认为党报应当突出宣传，具体建议见表 6-18。

**表 6-18　受访者关于“党报应当突出宣传”的建议**

| 建议 | 受访者的原话 |
|---|---|
| 为党宣传 | “多报道党的正面内容，让百姓相信党，重新树立百姓对党的信心。”“做党政部门与广大群众的桥梁，发挥好党的宣传阵地作用。” |
| 为政府宣传 | “重树政府的权威和公信力，增强政府治理能力，以实际行动唤起群众对政府的支持。” |
| 注重思想性、政治性、权威性 | “对我国文化的优秀思想理念很少体现，缺乏对党外人(如我)的凝聚力，党内报的气息太浓。”“引领社会主流价值观层面继续发挥重要作用。” |
| 宣传社会正能量 | “多宣传社会正能量，多鼓励勇敢者。” |

### (八)党报应当与时俱进，兼顾舆论导向和市场走向

媒介新格局对党报提出了新的要求，党报不但要守好舆论宣传的主阵地，而且要满足新媒体竞争环境下的市场需求。

改革开放以来“事业单位，企业化管理”的混合体制的确立，是中国传媒产业化的开端。[①] 党报若要在激烈的市场竞争中获胜，其运作就要遵循市场经济规律。然而，党报不能单纯追求市场目标，党报必须将社会意识形态的表达放在首位，必须考虑到社会、政治、经济三方面属性的互相制约，做到舆论导向和市场走向的兼顾。有些受访者在这个方面给出如下建议，见表 6-19。

**表 6-19　受访者关于“党报应做到舆论导向和市场走向的兼顾”的建议**

| 建议 | 受访者的原话 |
|---|---|
| 市场化运作 | “党报要走市场化道路，要有权威的发布渠道，掌握第一手发布信息，占领信息发布的主动权，提高自身的公信力。”“党报应当进入市场社会化运作发行。”“不接受普世价值，不尊重市场经济，党报的将来就没法看好。” |
| 兼顾舆论导向和市场走向 | “改变‘唯党是图’的理念，在维护主流意识形态不触犯相关边界的前提下，面向市场、受众，更要面向新媒体。”“党报必须姓党，同时又要市场化。” |
| 与时俱进 | “本身就是严肃的定位，在新媒体时代和众生喧哗的环境中只要继续严谨严肃的作风就可以，没必要迎合当下大众文化娱乐的需要。民众需要官方信息时必然会选择党报。” |

① 刘芳.报业数字化：报业体制改革的突破口[J].新闻界，2011(2).

## 二、有关党报内容生产的建议

### (一)党报应当“亲民”,不要高高在上

毛泽东同志曾经提出过“全党办报”“群众办报”。党报也需要做到“三贴近”,践行“走基层、转作风、改文风”。在媒介新格局中,如果党报脱离群众,呈现出一副“官媒”形象,势必会失去许多读者。党报“亲民”,是新形势下构建党报和读者亲密关系的必然要求。

在课题组的问卷调查中,360多位受访者认为党报应当更加“亲民”。这些受访者的部分建议见表6-20。

**表6-20　受访者关于“党报应当更加‘亲民’”的建议**

| 建议 | 受访者的原话 |
| --- | --- |
| 多报道基层先进人物及先进事迹 | “多报道一些基层先进人物和普通人物的优秀事迹。”“多宣传‘小事情’,多表彰实干家,多宣传‘一件事’,多听听百姓事。”“多关注各行各业的基层能手。”“多增加一些民生内容,有关社会主义核心价值观内容,优秀干部、企业家、市民优秀事迹。”“多关注人民,少关注领导。”“只为苍生说人话,不为帝王唱赞歌。” |
| 解决基层民众实际问题 | “深入社会基层调研,切实解决民生实际问题。”“多关心一下民生问题,教育、医疗、食品安全及各阶层的薪资待遇问题。”“多报道群众生活、生产及解决热点、难点问题。”“党报既然是党的喉舌,就不能在公众关注事件或是社会热点问题上长期缺席,远远落后于都市媒体和新媒体。”“回应重大舆论及普遍关注的问题,坚持追根问底的连续报道,获得民众信任。” |
| 满足广大读者的共同兴趣 | “党报及党报的新闻从业人员不仅仅是党的耳目喉舌,也是人民群众的耳目喉舌,要多从群众角度出发,尽可能在符合议程设置的情况下满足共同兴趣这一条件。” |
| 应当为公益代言 | “开设‘公益慈善’版面,多关心社会弱势群体,为公益代言。” |
| 坚持“三贴近” | “坚持‘三贴近’与国际采编流程。” |
| 发展边缘受众 | “发展边缘受众,拉近与百姓的距离,多生产好新闻。” |

与“党报亲民”建议相应的是,在课题组问卷调查中,有80余位受访者建议党报应减少对领导人的宣传报道。部分建议见表6-21。

表 6-21　受访者关于“党报应减少对领导人的宣传报道”的建议

| 建议 | 受访者的原话 |
| --- | --- |
| 关于领导形象 | “不要流于领导干部形象报道。”“把官本位思想放下，别唱赞歌，把视线多放在老百姓身上。”“别老宣扬政绩，少宣传，多干实事。” |
| 关于领导活动报道 | “减少领导活动报道。”“不要有太多无关紧要的考察、访问类信息。”“多报道民生新闻，少报道领导人的各种会议行程等，要树立党报的先锋作用。” |
| 关于会议报道 | “减少会议新闻报道，避免新闻内容空、大。”“要接地气，不要总是一味地报告会议精神。”“多报道民生新闻，少报道领导人的各种会议行程等，要树立党报的先锋作用。” |

(二)党报应当增强可读性

党报的可读性问题，是在媒介新格局中党报如何提高竞争力的问题。新媒体所传播的信息有碎片化、娱乐化、生活化等特点，符合了当代快生活节奏下人们的阅读习惯，而严肃又庄重的党报必须适应此种变局，提升可读性，否则便会被众多读者抛弃。

增强党报的可读性，是党报走向大众的重要途径，党报所传播的国家宏观问题、重大热点事件、政策方针等信息只有向大众散布才更有助于党报功能的实现。“任何政策如果只同干部见面，不同群众见面，是不能发生效果的。”[①]

在课题组调查中，约有 240 位受访者提到党报应当增强可读性，并给出一些建议，见表 6-22。

表 6-22　受访者关于“党报应当增强可读性”的建议

| 建议 | 受访者的原话 |
| --- | --- |
| 内容接地气 | “不要只是刊登口号性、空虚的东西。”“党办特有的政治任务使得它很难改变严肃的报道性质，但可以推出相对大众化的版面，淡化政治性，增加平民性。” |
| 具有趣味性 | “党报内容没有新意，想让我们这样的年轻人阅读党报需要提升党报自己的活力，与时俱进，虽然党报是份严肃的报纸，但是严肃归严肃，娱乐性才是最引人入胜的。要在严肃性和娱乐性之间寻找一个恰当的点。” |
| 形式多样，使用文字、图片、漫画等 | “办报形式多样化，如漫画形式、故事、评论等。”“用彩色或漫画图片。”“图片多一些。”“增加漫画题材的作品。”但也有人认为党报应当“杜绝或减少哗众取宠的图片。” |

① 邓小平.邓小平文选：第 1 卷[M].北京：人民出版社，1994：145.

续表

| 建议 | 受访者的原话 |
| --- | --- |
| 语言朴实、少空话套话官话 | “语言更为朴实。”“少写假大空文章，标题简短，做到准确、生动。”“多用通俗易懂的语言，少些专业术语；语言姿态低一些。”“领导人的头衔太长。”“改进烦冗、沉重、格式古板的文风，多接地气。”“在不改变文章本质的前提下让文章有一些流行的词汇，让更多的人愿意去读。”“不要动不动就重复这个观那个观。”“少一些空话、套话、官话，多一些实话、老百姓容易理解的话。” |
| 对政策有深入浅出的解读 | “增加权威人士对党和国家大政方针的解读，使读者能够更加深刻地理解党和国家的政策。”“增加一些高层访谈，以利于读者了解党的方针政策；对重大政策，要有深入浅出的解读。” |
| 增加软性文章 | “除宣传党的大政方针外，还应增加一些小百科、趣味性的文章。”“副刊量大一些，以文学、故事等喜闻乐见的形式，宣传党的方针政策，或引导群众，使之文明，有功德，爱党爱国等。”“党报也可以加入陶冶情操的艺术内容，没必要全是理论。” |
| 文字简短，篇幅小 | “页面应简单明了，应主题明确。”“内容不宜太多，篇幅要小。”“内容不宜太多，要精。” |
| 党报年轻化 | “年轻化，不要一副‘老古董’的感觉。”“希望能让更多的年轻人加入党报，让党报的内容活起来，因为年轻人没有架子、没有新闻‘八股’模式，所以可以更好地写出人民群众真正喜闻乐见的新闻。”“形式上希望能够更适应年轻人的阅读习惯。” |
| 增加娱乐新闻 | “要在严肃性和娱乐性之间寻找一个恰当的点。”“希望娱乐版面多一点。”“建议增加娱乐新闻报道。”“增加娱乐新闻的报道。”“娱乐性质多一点。” |

### （三）党报要增强时效性，要真实客观

党性是党报与生俱来的特殊属性，但这并不代表党报可以不遵从新闻传播规律，党报是具有特殊属性的新闻媒体，党报也应当保证时效性，确保真实客观。

在课题组的调查中，110 余位受访者认为党报要增强时效性，要真实客观，做好“信息传播者”这一基本角色，见表 6-23。

**表 6-23　受访者关于“党报应增强时效性”的建议**

| 建议 | 受访者的原话 |
| --- | --- |
| 增强时效性 | “抢先说新闻，说公道话，不要‘搞马后炮’，卖‘剩饭’。” |
| 报道的真实客观 | “要说中国真实的情况。”“要能平衡报道，不能讲谎话。” |
| 回归新闻本源 | “尊重新闻传播规律，回归新闻本源，当好预警者和瞭望者。”“讲重点。” |

### （四）党报应当增加“深度”

新媒体的普及使得用户可以快速获得信息，但在接受众多的快餐式新闻之后，受

众在新媒体中很难满足对新闻深度的需求。党报恰恰可以在报道的深度上占据优势，满足用户的更高层次需求。党报机构拥有高素质的工作人员，同时具有独特的政治资源和新闻资源，完全有能力开展深度报道，将深度报道和党的宣传诉求结合起来，达到胜过非官方媒体的传播效果。

增加党报的深度报道，并对热点事件、民众关心的事件及政策进行深度解读，正是一些受访者的建议(见表6-24)。

**表6-24　受访者关于“党报应增加‘深度’”的建议**

| 建议 | 受访者的原话 |
| --- | --- |
| 内容讲求深度 | “最好增强党报的深度，不避重就轻。”“做一些专题式的深度报道。”“多些深度大稿、特稿。” |
| 深度挖掘事件 | “深度报道欠缺，尤其是对焦点事件的深度报道。”“加强人们关心的事件的深度挖掘。” |
| 解读的深度 | “增强政策解读板块的深度。”“坚持正面宣传为主的原则，同时要增加有一定深度的理论分析文章和较有深度的典型的人和事件报道。” |

(五)党报应当增加“广度”

党报的特殊属性决定了其不能像都市报那样涉及民众日常生活的各个方面，但也需要增加报道的“广度”。在课题组的调查中，有些受访者建议党报应当增加“广度”。部分受访者认为应当丰富党报的报道内容，报道角度多元化，增强内容吸引力，避免同质化，如：“广度、内容多样、吸引力、避免同质化”“报道角度更多元化发展”“党报与中央新闻13套、1套《新闻联播》有重复”“刊登多方观点”“降低同质化”。有受访者建议，党报应当做到观点开放。部分受访者的建议见表6-25。

**表6-25　受访者关于“党报应增加‘广度’”的建议**

| 建议 | 受访者的原话 |
| --- | --- |
| 增加时事新闻、国际新闻 | “多触及时事焦点。” |
| 多报道普通党员事迹 | “多发表一些普通党员的事迹。”“多宣传一下普通党员的故事，利用党报的宣传力多说说普通党员的事情和困难，切实把党报办好。”“多关心党员的工资问题，多为低层次的人员提供服务。” |
| 报道历史性、知识性内容 | “多讲讲党的历史内容，让年轻人深刻理解党的辉煌历史。”“可以是党的知识的补充，或者一些接触不到、新颖的党的知识。” |
| 多宣传法制，伸张正义，弘扬美德 | “多刊发一些法律层面的新闻报道，依法治国的前提是群众对法律的了解。” |

另外，还有受访者建议党报应“减少人情稿的刊登”。

## 三、有关媒介经营与媒介融合的建议

“面对市场，不自强就无法自立，不自立就无法自给。”[①]发行是党报进入读者市场的最初环节，党报的发行量影响着党报的市场占有率、经济收入，以及党报的传播效果。

在媒介新格局中，“党报党刊要主动适应媒体格局和传播手段的深刻变化，不断优化发行体制和机制，提高发行时效和发行质量。要坚持改革创新，进一步把党报党刊办出质量、办出水平，努力吸引读者，留住受众”[②]。关于党报发行方面的问题，许多受访者的建议党报应当不摊派发行、不要强制订阅、售价低些或者免费、更容易获得等（见表 6-26）。

**表 6-26　受访者关于“党报发行方面”的建议**

| 建议 | 受访者的原话 |
|---|---|
| 不摊派发行 | “希望党报不要摊派发行。” |
| 不要强制订阅 | “取消强制发行。”“各级各类单位不能强行职工订阅。” |
| 售价低些或者免费 | “售价低一点。”“能给学校的学生党组织免费送阅就好了。”“要立足公众，就应想办法‘公益’，党费订党报，免费向读者赠阅。”“党报，如《人民日报》，应该免费。” |
| 更容易获得 | “更便宜，更容易获得。”“希望我们也可以便利地接触到党政最新消息；更新传播途径，最好让我们这些学生了解。”“习大大的反腐语言精髓和反腐动态希望第一时间可以看到，谢谢。”“希望农村地区可以读到。”“望学校书店可以销售党报，其实一般都不知道去哪买党报。”“订阅不太方便，有点像是干部内部报纸。” |
| 免费发行电子版 | “可以免费发行电子版，《人民日报》目前电子版还收费，需要改革。” |

由于受党性和政治性的约束，党报在与都市报、晚报、晨报的广告经营较量中一直处于弱势地位。在媒介新格局中，广告主的媒介选择越来越多，党报的广告经营更不乐观。尽管如此，受访者还是觉得党报应当减少刊登广告。有少量受访者建议党报少刊登广告，如：“少刊登一些误导消费者的广告”“脱离广告，实行拨款，保持纯洁、独立性”。

---

① 倪宁.党报广告经营更需要大智慧[J].广告人，2010(9)：160.

② 新华社.2018 年度党报党刊发行工作视频会议在京召开[EB/OL].(2017-11-07)[2018-03-22].http://cpc.people.com.cn/n1/2017/1107/c64387-29632614.html.

党报实现媒介融合不仅仅是创办网络电子报纸、手机报，开设官方微博和微信公众号，还包括传播理念、传播模式以及产业组织、产权分布等层面的深层次的融合。“媒介融合包括了四个层面，即媒介技术的融合、媒介业务的融合、媒介所有权的融合以及媒介政府规制的融合。”①

在课题组的问卷调查中，有 90 余位受访者建议党报实现媒介融合，部分具体建议见表 6-27。

**表 6-27　受访者关于“党报应实现媒介融合”的建议**

| 建议 | 受访者的原话 |
| --- | --- |
| 打造全媒体传播渠道 | “打造全媒体传播渠道，不再做单一的纸质媒体，做真正的新闻，即使是宣传任务也要从全媒体传播的角度去思考。” |
| 互联网化，定制 App | “党报需要改革创新，将之与新媒体有效地结合在一起，例如把党报互联网化，定制 App 等，将它与时下流行的方式融合。” |
| 开设社区电子版专栏 | “希望各主流报纸在社区街道广泛推广电子版专栏，方便社区居民阅读，传播各类信息并服务生活。” |
| 免费发行电子版 | “可以免费发行电子版，《人民日报》目前电子版还收费，需要改革。” |
| 打造手机客户端、开通微信、微博账号 | “深化与新媒体的融合，打造手机客户端 ，开通微信、微博账号，加强对于网络舆论的议程设置。” |

部分受访者提道：“党报应当提高新闻工作者的待遇，加入年轻的工作人员。”

① 刘颖悟，汪丽.媒介融合的概念界定与内涵解析[J].传媒，2012(1)：73.

# 第七章

# 媒介新格局中党报角色的实现策略

中共中央总书记、国家主席、中央军委主席习近平指出:“经过长期努力,中国特色社会主义进入了新时代,这是我国发展新的历史方位。”①他强调,放眼世界,当今中国面对的是百年未有之大变局。当前,中国发展既面临前所未有的机遇,也面临前所未有的挑战。21 世纪以来,世界多极化加速发展,国际格局日趋均衡,中华民族迎来了从站起来、富起来到强起来的伟大飞跃,中华民族伟大复兴展现出前所未有的光明前景,日益繁荣昌盛,日益走近世界舞台中央。

处在中国特色社会主义新时代,这是当前党报实现其角色定位的政治背景;处在前所未有的媒介新格局中,这是当前党报实现其角色定位的行业背景。

在戏剧舞台上,每一位演员都担当了一定的角色。但是,不是每一位演员都能实现导演对有关角色的设定,有的演员表演得好,角色实现就比较到位,反之,如果演员表演失败,导演对有关角色的预设目标就实现不了。党报的角色,与此类似:有些角色定位,得到充分实现,有些则未得到充分实现;有些党报较好地实现了党报担当的角色,有些党报则不然。

党报的角色实现,是党报角色担当的落脚点。在媒介新格局中,党报担当了多种角色,这些角色担当得好不好,取决于党报如何去实现这些设定的角色。同一家党报不同角色的实现程度,不同党报的同一角色的实现程度,都可能存在差异。

媒介新格局中的党报角色,是依据理念通过一定方式、途径、手段来扮演并实现的。

① 习近平.决胜全面建成小康社会 夺取新时代中国特色社会主义伟大胜利——在中国共产党第十九次全国代表大会上的报告[N].人民日报,2017-10-19(2).

# 第一节　优化党报管理理念与制度

“可以设想，一帮不懂技术的领导在讨论媒体融合转型，这是可笑的。班子不改变，转型就是空话。”[①]

## 一、正确认识党报角色

2016 年 2 月 19 日，中共中央总书记、国家主席、中央军委主席习近平在北京主持召开党的新闻舆论工作座谈会并发表重要讲话。习近平强调，要深入开展马克思主义新闻观教育，引导广大新闻舆论工作者做党的政策主张的传播者、时代风云的记录者、社会进步的推动者、公平正义的守望者。[②]

2018 年 4 月 27 日，有两个重要的首脑会晤：一是中印首脑（习近平和莫迪）在武汉会晤，二是朝韩首脑（金正恩和文在寅）在板门店会晤。《人民日报》对这两个事件的版面安排是这样的：前者在第 1 版显要的右头条位置，且配图两幅；后者在第 3 版不太显眼的右下角位置，且没有配图。事实上，在微博、微信平台上，后者更为世人瞩目。

2018 年 4 月 27 日，陕西省发生了一件令人悲痛的事件：4 月 27 日 18 时许，榆林市米脂县第三中学附近发生一起持刀行凶事件，造成 19 名学生受伤，其中 9 人死亡。此事引起广大民众关注。对此，《陕西日报》次日在头版以《胡和平刘国中就米脂县伤害学生事件作出批示 全力救治伤员 迅速侦办案件 加强治安管理 确保社会稳定》为题报道了此事，没有缺席。但是，《人民日报》没有报道此事，《榆林日报》4 月 28 日的第 1 版、2 版、3 版、4 版、7 版、8 版也没有报道此事。

对于误导民众让民众错误认知党报角色的谣言，党报要及时辟谣，澄清事实。如 2017 年 7 月 31 日，人民日报客户端“军装照”H5 在传播过程中，网上传出谣言帖子，声称这个 H5 是冒充人民日报客户端的网络诈骗新手段，骗子的服务器位于加拿大，是为了获取公民个人信息而实施诈骗。对此人民日报客户端快速响应，发布辟谣声明，谣言很快消散。

---

① 徐世平.东方网总裁徐世平：风停了，摔死的肯定是猪[EB/OL].（2016-08-26）[2018-05-03].http://www.guanmedia.com/news/detail_3387.html.

② 杜尚泽.习近平在党的新闻舆论工作座谈会上强调 坚持正确方向创新方法手段 提高新闻舆论传播力引导力 刘云山出席[N].人民日报，2016-02-20(1).

党报扮演的角色，既有正面角色，又有尴尬角色。

2015 年 7 月 24 日 18：10，中央纪委监察部网站发布简讯"河北省委书记、省人大常委会主任周本顺涉嫌严重违纪违法，目前正接受组织调查"，让中共省委机关报《河北日报》陷入尴尬境地。

"早晨还在上本地党报头条，晚上已成落马老虎。"2015 年 7 月 24 日晚上，中共河北省委书记周本顺成为十八大以来第一个在任上落马的省委书记，他在北戴河考察的新闻还在当天的《河北日报》头版头条位置刊出（有配图）。周本顺被调查的消息公布后，这个版面在《河北日报》官网被删。随后，2015 年 7 月 24 日这天的《河北日报》所有版面在《河北日报》官网均被删。2015 年 7 月 25 日的《河北日报》对"周本顺落马"事件没有任何报道。无疑，作为省级党报的《河北日报》，在"周本顺落马"事件中扮演了一个尴尬的角色。

## 二、互联网思维与 AI 思维

在"互联网为王"的媒介新格局中，互联网既是党报的竞争对手，又是党报的传播平台。所以，党报的运营者要善于运用互联网思维，以使党报完全适应互联网时代的特殊情势。

关于互联网思维，百度公司创始人李彦宏是这么解读的：可能你做的事情不是互联网，但你的思维方式要转变成从互联网的角度去思考问题。

有人将"互联网思维"细化为 9 种思维：跨界思维、平台思维、大数据思维、社会化思维、流量思维、迭代思维、极致思维、简约思维、用户思维。

有人将"互联网思维"归纳为"专注、极致、口碑、快"四个关键词，具体表现为：流量思维、迭代思维、简约思维、产品思维、整合思维、标签思维、第一思维、粉丝思维、爆点思维、尖叫点思维、痛点思维等。

有人将"互联网思维"归纳为 3 种思维：体验化、开放式、自主化（见图 7-1）。

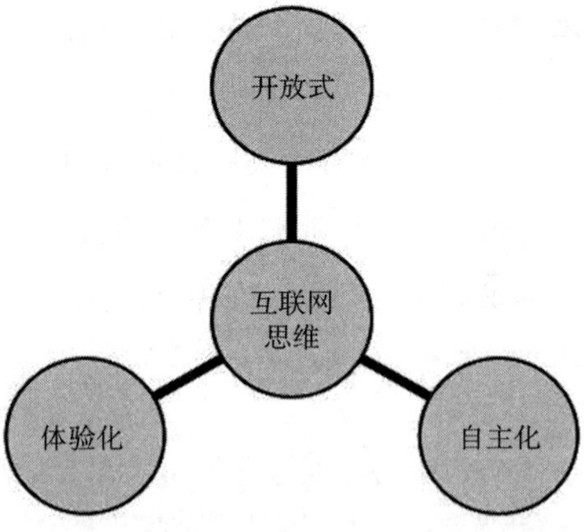

**图 7-1　互联网思维的三种形式**

海尔集团张瑞敏（2014）认为，互联网思维是零距离和网络化的思维。

360 公司董事长周鸿祎（2014）认为，互联网思维是常识的回归，关键是"用户至上"

"体验为王""免费的商业模式""颠覆式创新"。[①]

在课题组看来,"平等、亲和力、接地气、协力、便利、共享、低成本"也是互联网思维的具体表现(见图7-2)。

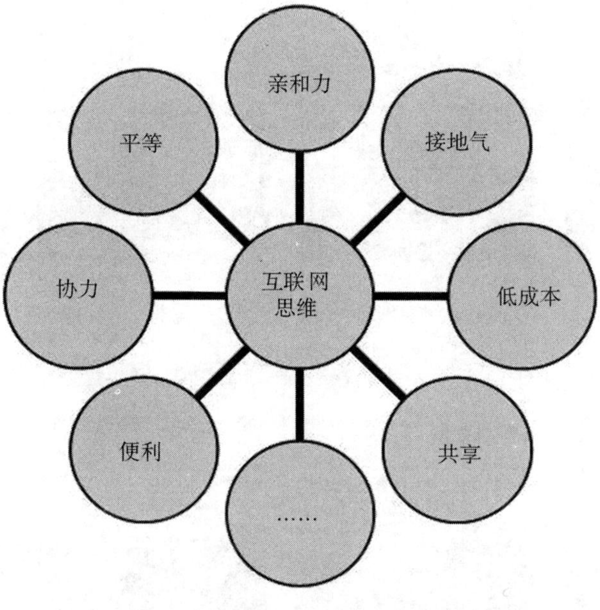


**图7-2　本书课题组对互联网思维的解读**

考虑到党报的特殊性,党报的运营管理者不必也不能完全照搬"互联网思维",但应该对"互联网思维"的合理成分加以吸纳,结合党报实际灵活运用。例如,党报应当增强开放性、发展平台经济、与受众平等对话、文风更加接地气、订报阅报便利化、注重优化受众体验、及时创新推出迭代产品、跨界开拓产业链、生产爆款内容、彰显品牌个性、遵循新闻传播规律,等等。

时至今日,部分党报依然在采用一些落伍于互联网时代、不符合"互联网思维"的做法。

在重大事件上的报道与《人民日报》对版,是各级党报一种通行做法,使党报不自觉地扮演了媒介市场的"被嘲笑者"角色。例如,2018年3月21日,《人民日报》《北京日报》《重庆日报》《新华日报》《河南日报》《浙江日报》的头版编排,几乎完全一样,就是对版的结果。这种版面雷同、个性全无的情况屡见不鲜,世人诟病多时。在没有互联网的时代,这种雷同版面不易被读者发现。但在互联网时代,雷同版面经常被网民集

① 白雪.周鸿祎:互联网思维是常识的回归[N].中国青年报,2014-10-08(10).

合在一起予以嘲讽。正确的做法是，在思想上与党中央保持高度一致的前提下，各家党报应该放弃对版、避免雷同、彰显个性。[①] 2018 年 3 月 21 日的《解放日报》《南方日报》头版，就显示出本报的个性，尤其是《南方日报》头版编排明显不同于《人民日报》《北京日报》《重庆日报》《新华日报》《河南日报》《浙江日报》的头版版式(见图 7-3)。

人民日报
十三届全国人大一次会议在京闭幕
北京日报
十三届全国人大一次会议在京闭幕
解放日报
重庆日报
十三届全国人大一次会议在京闭幕
新华日报
十三届全国人大一次会议在京闭幕
河南日报
十三届全国人大一次会议在京闭幕
习近平发表重要讲话
浙江日报
十三届全国人大一次会议在京闭幕
人民是真正的英雄

**图 7-3　2018 年 3 月 21 日，部分党报对十三届全国人大第一次会议报道版面**

新闻采编背离新闻传播规律，也是落伍于互联网时代、不符合互联网思维的一种做法，使党报不自觉地扮演媒介市场受众需求的“辜负者”角色。

当时间进入 2018 年，人工智能(Artificial Intelligence，简称 AI)在媒介新格局中占据越来越重要的分量时，人类开始进入人工智能时代。

互联网时代和人工智能时代，是两种不同的时代。李彦宏认为：“过去 20 年人类社会可能走的是互联网时代，但在未来大概 30 年到 50 年间，人类应该会进入一个人工智能时代。”[②]

---

① 陈国权.拒绝“对版”，头版让人眼前一亮有“套路”[EB/OL].(2018-05-23)[2018-05-25].https://mp.weixin.qq.com/s/IVk2zUb1wT4aSH2I5sHqsQ.

② 孙冰.李彦宏回答“马化腾猜想”：要用 AI 思维取代互联网思维[EB/OL].(2018-11-09)[2018-11-09].https://baijiahao.baidu.com/s?id=1616638544533454567&wfr=spider&for=pc.

在人工智能时代，党报的运营者要善于运用AI思维，以使党报完全适应人工智能时代的特殊情势。在李彦宏看来，互联网思维呈现的数据是基于抽样的思维，而人工智能AI思维体现的是全部数据化，可以利用人工智能方法进行实时调整。① 因此，人工智能时代的党报要利用大数据，采用人工智能技术及其相关产品。

## 三、改革党报体制机制

2017年10月24日修订的《中国共产党章程》规定："党必须适应形势的发展和情况的变化，完善领导体制，改进领导方式，增强执政能力。"②

在媒介新格局中，"传统媒体的体制机制，尤其是落后的用人机制、考核机制和激励机制，已经成为媒体融合发展、建设新兴媒体的巨大障碍"③。

就新媒体带来的种种问题，清华大学新闻与传播学院教授尹鸿认为："中国的传统媒体很大程度上是被自己打败的，不是被新媒体打败的。中国传统媒体与新媒体之争与其说是媒介之争，不如说是体制机制之争。此套不解，传统媒体的危机就不可能解。"④

在媒介新格局中，"媒体融合发展是一篇大文章。面对全球一张网，需要全国一盘棋。各级党委和政府要从政策、资金、人才等方面加大对媒体融合发展的支持力度。各级宣传管理部门要改革创新管理机制，配套落实政策措施，推动媒体融合朝着正确方向发展"⑤。

党报体制机制的改革，体现在业绩考核机制的变化。为适应媒介新格局的变化，使党报更好地担当各种角色，江西日报社近年全面推行"一岗双责"(即传统媒体的记者同时也是新媒体记者)，先后制定《"一岗双责"实施办法》《关于落实"一岗双责"鼓励向〈江西手机报〉投稿的暂行办法》等新的业绩考核办法。

江西日报社编辑记者给江西日报社所属媒体法人微博发稿，发布原创的单条微博

---

① 虎嗅.李彦宏凭什么说互联网思维过时了[EB/OL].(2018-11-03)[2018-11-03]. http://www.sohu.com/a/273084167_115207.

② 中国共产党章程[EB/OL].(2017-10-28)[2018-02-07].http://www.12371.cn/special/zggcdzc/zggcdzcqw/#dierzhang.

③ 王晖，王宣海.借力资本市场 助推转型发展——"大江传媒"走向资本市场的战略选择[J].中国记者，2015(11):36-37.

④ 杨军.传统媒体的真正对手不是新媒体——清华大学新闻与传播学院尹鸿教授专访[EB/OL].(2017-01-12)[2018-05-22].http://www.nfcmag.com/article/6973.html.

⑤ 习近平.加快推动媒体融合发展 构建全媒体传播格局[EB/OL].(2019-03-15)[2019-04-20].http://jhsjk.people.cn/article/30978511? isindex=1.

以及微博专题(微直播、微话题、微访谈等),参与微博评级评分,评级评分的结果作为报社编辑记者微博工作考核和奖励的依据。江西日报社依据思想深度、语言活度、传播广度将单条微博和微专题各分为三个等级。单条微博根据转发数量分为三个等级:被转发数达百次以上,属于三等,计 50 分值;被转发数达 200 次以上,属于二等,计 100 分值;被转发数达 500 次以上,属于一等,计 300 分值。以微专题所有微博转发数为统计数,将微专题分为三个等级:被转发总数达 200 次以上,属于三等,计 150 分值;被转发总数达 500 次以上,属于二等,计 300 分值;被转发总数达 1 000 次以上,属于一等,计 500 分值。①

党报体制机制的改革,还体现在党报与本地同级广播电台、电视台等兄弟单位的整合重组。2018 年,天津日报集团注销,天津日报社及子报编辑部门集体迁入位于卫津路的天津广电大院,《天津日报》《今晚报》以及广电等改为“事业部”并入“天津海河传媒中心”。2018 年 8 月 31 日,大连新闻传媒集团成立,《大连日报》《大连晚报》和大连广播电视台等多家单位被合并在一起。2019 年 3 月 20 日,湖北省鄂州市融媒体中心挂牌成立,该中心整合了鄂州日报社、鄂州广播电视台的职责,将报纸、广播、电视、网站、“两微一端”等多个媒介融为一体。2019 年 3 月 27 日,张家口市委宣传部在张家口报业大厦召开张家口市新闻中心临时党委成立大会,张家口日报社与张家口广播电视台两家市属媒体开始合并并融合发展。

## 第二节　提升传播内容的可读性②

稿件素材类型的多样化、信息来源的多样化、图片的使用、实题虚题的比例、直接引语和间接引语的比例、新闻背景的运用、稿件长短等,都与党报的可读性密切相关。

《人民日报》是中国党报的代表,也是省级、地市级党报学习的榜样、效仿的对象。为了解中国党报在可读性方面的量化表现,课题组抽取 2013 年 9 月 1 日至 2013 年 9 月 30 日《人民日报》头版内容进行分析,以便提出一些提升党报可读性的建议。

这 30 天的报纸头版共有新闻报道稿件数 171 篇(包括图片新闻),评论 34 篇(其中少于 500 字的短评 12 篇、本报评论员文章 21 篇、社论 1 篇),其中 20 天的报纸有导读。

---

① 王晖.推动媒体融合发展 打造新型主流媒体[J].新闻前哨,2014(9):20.

② 本节部分内容出自课题组已公开出版或发表的阶段性研究成果。

通过统计上述171篇新闻报道,我们得到如下数据,见表7-1。

**表7-1　《人民日报》头版稿件的分布**

| | 数量(单位:篇) | 占总数的比重(%) |
|---|---|---|
| 与七大常委有关的新闻稿件(慰问信、贺电等文件除外) | 101.0 | 59.1 |
| 纯民生新闻 | 15.0 | 8.8 |
| 来自本报的稿件 | 120.5 | 70.5 |
| 来自新华社的稿件 | 50.5 | 29.5 |
| 附有图片的(图片新闻除外)稿件 | 54.0 | 31.6 |
| 图片新闻 | 10.0 | 5.8 |
| 有转版的新闻稿件 | 42.0 | 29.8 |
| 国际新闻(不含中国领导人在国外的活动报道) | 6.0 | 3.5 |
| 负面题材报道 | 6.0 | 3.5 |

与中共中央政治局七位常委有关的新闻稿件共有101篇,我们专门对上述101篇进行了内容分析,结果见表7-2。

**表7-2　《人民日报》头版报道政治局常委的稿件数据**

| | 稿件数(单位:篇) | 占总数的比重(%) |
|---|---|---|
| 主标题是虚题的 | 28 | 27.7 |
| 稿件中有直接引语的 | 1 | 0.9 |
| 稿件中有细节描写的 | 14 | 13.9 |
| 稿件中有背景介绍的 | 12 | 11.9 |
| 稿件中附有图片的 | 47 | 46.5 |
| 稿件刊登在头条位置的 | 17 | 16.8 |

通过分析上述30天《人民日报》头版的版面内容,我们不难发现:与中央七位政治局常委有关的新闻稿件的比重,是纯民生新闻稿件比重的7倍;领导人活动的新闻稿件中,几乎无直接引语,少量有细节和背景介绍;负面题材和监督性报道依然偏少。这种现状,无疑会影响到党报的可读性及其传播效果。

要进一步提升党报的可读性,党报就要在上级管理部门的支持下增加"可读性元素",删减"伤害可读性的元素"。

## 一、重构党报话语框架

人民网舆情数据中心副主任祝华新认为，宣传部门要跟人们知识同构、情感共振。在他看来，中国共产党的宣传话语和手段经历过三次历史性改革：第一次是延安整风时期，以《解放日报》为代表的报纸改版，强调“用根据地和黄土地，而不是白区小洋楼里的话语来做新闻宣传”；第二次是通过真理标准讨论，突破了计划经济和阶级斗争的话语体系；第三次是经由媒介融合的技术驱动，变得更加接地气。①

中山大学教授张志安则认为，“现在的舆论引导，越来越多地使用个体叙事、人性叙事和平等叙事来重新建构”“高高在上、说教味十足的话语形态变少了”。②

直接引语是新闻报道中引用新闻人物的原话，最能增强报道真实感、现场感，使报道富有人情味和感染力，间接引语更多地体现了一种话语强势，更为生硬。

清华大学学者李希光教授曾在《转型中的中国》一书中提到，中国文风的“癌症”是没有直接引语。改变党报文风，首先就要从多使用直接引语做起。

中国党报的时政新闻报道，通常采用间接引语来报道领导人的活动，并且已经形成了一定的固定模式，如，“……强调”“……指出”“……说”“……认为”等，前面对《人民日报》在直接引语方面的数据统计就是例证。

虽然陈述的是同一个内容，但由于表达方式不同，传播效果可能就不一样。以《桂林日报》2013 年 11 月 1 日头版上的两篇报道为例，报道《企业挑刺不足畏 改进工作是目的 市长与企业家面对面倾听“大实话”》出现了 5 次直接引语；报道《自治区副主席黄日波在我市调研中指出 持续提升农业发展品质效益 拓宽农民增收渠道》没有直接引语（全是间接引语）。很明显，前者富有生活气息和现场感，让受众更愿意去读，而后者显得枯燥无味，没有可读性，从而会导致其中的信息很容易被受众忽略。

新闻离不开人和事，要想充分展现人和事，除了从总体上把握，还必须通过诸多细节去体现。当然，细节的作用并不止于此，细节还能使新闻报道更加生活，更富有生活气息，同时也能在一定程度上增加报道的可读性。然而中国党报的时政新闻，更多的是强调一种意识精神、一种指令。尤其是在国家重要领导人的报道中，通常全篇下来都是领导人间会晤说了什么话、去参观了什么地方、一天的行程安排是怎样的、传达了什么精神……表面上看是既有人，又有事，可是实际来看，这些报道往往缺乏细节

---

① 文小天.这些年，中共怎么学习讲故事[N].南方周末，2016-08-25(B10).

② 文小天.这些年，中共怎么学习讲故事[N].南方周末，2016-08-25(B10).

描述。

这里提到的“细节”，包括新闻“人”在经历新闻“事”过程中所发生的细节、花絮、有趣的故事，新闻“人”、新闻“事”相关的背景和个案等。时政新闻记者若能敏锐地捕捉到这些“插曲”“细节”，便能让原本无趣的报道显得更具可读性。2013 年 10 月 30 日，国家主席习近平在印尼国会发表演讲，其中追忆了自己与印尼总统苏西洛在桂林漓江上的一段往事。对此，《广西日报》迅速派人进行相关采访，并在次日头版头条位置刊登《习近平主席印尼演讲牵出一段佳话 桂林山水织就友谊彩带》一文，该篇报道充满故事感和亲切感。

党报的语言风格在很大程度上影响新闻报道的可读性，与“套话”相对的就是“个性化表达”。“个性化表达”主要包含以下两个方面。

一方面是指在报道重要领导的活动时，要注意抓住其富有个性、不含官腔官调的话语。以《广州日报》2009 年 1 月 8 日 A1 版《汪洋妙语》为例，导语部分就直接引用了汪洋的原话“我们现在出国考察，看到西方国家的山清水秀，受到的刺激就如同 30 年前的干部出国看到外国富庶景象的刺激”。在谈到新闻报道时，汪洋说：“不要我每次活动都发稿件，我下去调研很平常，不用每次都文字图片做那么大，有的去了就去了，不用见报。重大的活动可以出个照片，像我下去调研，跟群众交谈，这有什么新闻性？有什么好报道的？也真难为了摄影记者，每次要拍出不同姿势，我又不是体育运动员，运动员摆不同的姿势还有意义，我拍来拍去不就那个样子吗？不要老报道我。”记者将这些富有个性化的表达见诸报端，将领导的鲜明个性表露了出来，使领导形象更加亲民，同时也让报道“活”了起来。

另一方面是指文章自身的语言要活泼，有新意，官腔官调不要多，要善于穿插流行语（网言网语、热门歌词、热门台词等）。作者在叙述过程中可以加强对时尚流行语的利用。《人民日报》2010 年 11 月 10 日头版头条标题《江苏给力“文化强省”》就使用了“给力”这一网络流行词。2012 年 12 月 24 日，《人民日报》头版右上角刊登的《习近平会见美国前总统卡特时强调 要为中美关系发展积累正能量》报道中，在标题和正文中都使用了网络流行词“正能量”，就颇具新意和吸引力。

《人民日报》在 2016 年 6 月 2 日第 20 版报道《沿着平溪线 品味“小清新”》中使用了流行词“小清新”；在 2016 年 1 月 26 日第 8 版报道《老物件卖萌涨粉》中使用了流行词“卖萌”“涨粉”；在 2015 年 12 月 25 日第 11 版报道《猴面鹰宝宝萌萌哒》、2014 年 8 月 9 日第 8 版报道《动物大使萌萌哒》、2014 年 8 月 8 日第 12 版报道《“萌萌哒”故宫更有味》中都使用了流行词“萌萌哒”[①]。

另外，在采用新华社的通稿时，如果通稿并非关系重大的特殊稿件，各家党报可以适当进行个性化编辑加工，不必完全照登原文，由此可以体现各家党报的个性。

2020年9月，《湖北日报》在刊发新华社的一些稿件时，没有照搬原稿标题，而是拟写新的标题，从而展现出前所未有的风貌。

2020年9月9日，《湖北日报》将新华社通稿标题《全国抗击新冠肺炎疫情表彰大会在京隆重举行（主）习近平向国家勋章和国家荣誉称号获得者颁授勋章奖章并发表重要讲话 李克强主持 栗战书宣读主席令 王沪宁宣读表彰决定 汪洋赵乐际韩正王岐山出席》改写为《全国抗击新冠肺炎疫情表彰大会在京隆重举行 习近平向国家勋章和国家荣誉称号获得者颁授勋章奖章并发表重要讲话 全国人民都“为热干面加油”！（主）》”。

2020年9月12日，《湖北日报》将新华社通稿标题《习近平在湖南考察时强调 在推动高质量发展上闯出新路子 谱写新时代中国特色社会主义湖南新篇章（主）》改写为《习近平主持召开科学家座谈会，强调特别要把原始创新能力提升摆在更加突出的位置 努力实现更多“从0到1”的突破（主）》。

## 二、优化头版稿件题材

2012年12月4日，中共中央政治局会议审议通过中央政治局关于改进工作作风、密切联系群众的八项规定，其中第六项规定是：“要改进新闻报道，中央政治局同志出席会议和活动应根据工作需要、新闻价值、社会效果决定是否报道，进一步压缩报道的数量、字数、时长。”倘若认真执行这条规定，毫无疑问将有效提升党报的可读性。

党报的头版是最重要的版面，也是影响读者观感的核心版面。从受众的感觉来看，党报的头版之所以可读性不强，原因就在于涉及党政领导人的新闻报道数量过多。降低时政新闻的比重，增加民生新闻和监督性报道的比重，是党报头版优化的关键所在。

《人民日报》的版面分析数据显示，与七大常委有关的新闻稿件数在头版中占到了约60％的比重，而纯民生新闻的比重则不到10％。此外，在这30天的所有稿件中，只有6篇负面性题材的新闻报道，这也间接地反映了党报在报道时政新闻与民生新闻时存在着失衡的现象，以及在监督性报道和负面报道上的缺位。

---

① “萌萌哒”，是一个网络词汇，意思是“萌萌的”，有“太可爱了”的含义，是“特别萌”的可爱用法。

山西省在《关于改进工作作风、规范新闻报道的实施办法》中也做出了相应的规定:“进一步优化领导会议报道的内容和结构,调整播发顺序,除涉及重大会议活动和重大事件外,一般可安排在报刊、电视头条新闻之后,以突出民生和社会新闻,增强传播效果。”

《重庆日报》在这方面的改革就颇有成效。2006 年 1 月,《重庆日报》头版中共刊发 231 条稿件,其中重庆市 3 位领导参加会议、讲话等报道有 78 篇。而在 2007 年 1 月,《重庆日报》232 条稿件中,对这 3 位领导的报道仅有 41 篇,下降了 48%。2006 年,头版中直接关系人民群众工作生活的报道为 63 篇,到了 2007 年则为 108 篇,翻了近一番。

总而言之,党报不仅要从整体上下调时政新闻的比例,还要在头版中深刻贯彻这个原则,减少头版中时政新闻的比重。

此外,必须指明的是负面报道并不等同于负面宣传,只要运用得当,负面报道也能起到正面宣传的作用。如 2013 年 1 月 3 日,《人民日报》头版刊登了《追问南吕梁山隧道事故瞒报》的批评报道;2012 年 1 月 4 日刊登了《武汉赫山无奈“解毒”代价高昂》的监督性报道。这些报道看似负面,却是一种“预警”信号,能够促进事情更好更快地解决。

版面资源对于报纸来说是很珍贵的,刊登的应该是颇具传播价值的新闻信息。但如果总是长篇累牍地刊载,不但浪费了版面,也会降低读者的阅读热情。因此,应该鼓励党报增“短文”,减“长文”。

简化对领导人活动的报道,选取最重要的信息,去掉空话、套话、官腔,留住受众想知道也必须知情的部分。这样做不仅可以充分利用版面,使得版面信息量更加丰富,还能使时政报道更加简练。山西省颁布的《关于改进工作作风、规范新闻报道的实施办法》中提出“报道书记、省长的稿件不超过 1 500 字、1 200 字”,就是“减长文”的有力措施。

对于党报的头版而言,更应如此。头版资源可谓是寸土寸金,因此,如何合理运用这些有限的资源是党报工作者必须要考虑的问题。增“短文”,减“长文”的原则在头版中还可体现为刊登一小部分,其余的采取转版、挪版的形式,这样一来,同样也能达到减“长文”的效果。此外,头版应增设导读版,这种做法能大大增加头版的信息量,使重要版面资源得到充分利用。

## 三、增加与新媒体互动

除了以上各种版面形式和内容上的转变外,党报改革还有一个非常重要的方向,即充分利用新媒体的优势，增加党报版面与新媒体的互动频率。

新媒体的迅猛发展已经对党报等传统媒体带来严重挑战。当然，对于传统媒体而言，首先要做的不是与之划清界限，各自竞争，而是充分利用新媒体这个平台更好地发挥自身优势。现在党报大多设有官方微博，如《人民日报》官方微博@人民日报 于2012年7月22日在新浪网和人民网同时上线；2013年1月1日开通腾讯微博账号。截至2018年7月10日，新浪微博平台的@人民日报 有5 860万粉丝，该微博发表的微评论和微博新闻深受广大网友好评。这种微博平台不仅可以作为新闻线索的重要来源，也可在微博上发起活动（如投票、讨论、调查等）。与此同时，在党报版面上设立《官微之声》之类的栏目，把微博内容进行文字报道，可以有力提升党报的可读性。

如前所述，在标题和正文中对新媒体平台流行的语句①加以运用，也是党报与新媒体互动的一种方式。通过对流行语句的利用，党报的时尚色彩、可读性、亲和力都可得到强化。例如，《人民日报》2017年10月31日第23版头条《见识大场面 冲击小目标》用了“小目标”这一网络流行词；《人民日报》2018年5月7日第11版头条《“车脸识别”神器 秒查涉牌违法》用了“神器”这一网络流行词。

## 四、适时引入游戏元素

党报的传播，常常给人以“枯燥无味”的印象。近年来，党报在增强趣味性方面有许多成功案例。人民日报“中央厨房”生产的爆款H5作品《你有一份来自总理的神秘快递》《傅莹邀请你加入群聊》的报道形式就比较新颖有趣，被打扮得好玩且容易亲近，传播场景令受众感到亲切。

党报的主题宣传报道，可以适时引入一些游戏设计。2017年是中国人民解放军建军90周年，同年7月30日庆祝中国人民解放军建军90周年阅兵在朱日和训练基地举行，中共中央总书记、国家主席、中央军委主席习近平检阅部队并发表重要讲话。2017年7月29日晚上，人民日报社新媒体中心就推出了“穿上军装”H5小游戏：首先点击识别二维码，就可进入“穿上军装，选择年代去参军”的小游戏界面；其次选择某个时期，上传

长按二维码查看案例

**图7-4 《人民日报》“穿上军装”H5小游戏**

---

① 例如：“确认过眼神”“扎心了，老铁”“小目标”“神器”“萌萌哒”“你的良心不会痛吗”“感觉身体被掏空”“原来你是这样的XX”“重要的事情说三遍”“还有这种操作”“惊不惊喜，意不意外”“开始你的表演”等网络流行语句。

清晰的正面头像照；再次选择性别，点击“穿上军装”，就能在游戏中配穿不同历史时期的军装；最后长按照片便可保存到手机相册，然后在微博、微信朋友圈等平台晒出自己不同时期的“军装照”。

这个小游戏很快在微信朋友圈刷屏，吸引了许多参与者，取得了极好的传播效果。这款“穿上军装”H5 小游戏上线后，PV(page view，即页面浏览量)飙升。2017 年 7 月 30 日 24 时，浏览次数突破 6 000 万；7 月 31 日上午 10 时突破 1 亿，之后呈现井喷式增长；7 月 31 日 17 时，浏览次数突破 2 亿；8 月 1 日 13 时突破 5 亿，24 时达 7.31 亿；截至 2017 年 8 月 2 日 17 时，“穿上军装”H5 小游戏的浏览次数累计 8.2 亿，独立访客累计 1.27 亿。[①]

毫无疑问，这是重大主题报道融合传播的一个成功案例，是红色文化传播、军事传播的可贵创新，所以入选了 2017 中国应用新闻传播十大创新案例之一。四川大学教授王炎龙总结了此款小游戏蕴含的 5 点经验。[②]

(1)要善于“借事”，也就是“借题发挥”。试想，如果这种形式换在平日，你要么会漠视而选择忽略，要么会认为“无中生有”而觉得无聊。但在阅兵式的气场之中，“场境”也就成为你的刺激点和兴奋点。

(2)要富有“创意”，也就是“发挥想象”。网友是最富有想象力的群体，而这种想象力的来源，在于网友体会到什么不一样的东西。军装对于绝大多数人而言，是从未尝试过的服装；即使是军人，因为时代的局限，现代军人也有想要尝试历史军装的冲动。

(3)要提供“体验”，也就是“参与优先”。新媒体往往需要在内容上“俘获”网友，说到底，“体验功能”也是内容的一种表达方式。通过二维码试穿军装，尤其是不同时代的军装，这样的体验具有“穿越感”。

(4)要满足“认同”，也就是“获得承认”。俗话说，“人要衣装”，网友穿上军装后，自然焕然一新。朋友圈是熟人社会，点个赞，发个评论，男人展示“帅气”，女人彰显“飒爽”，不管是不是实事，获得朋友圈的“认同”，也算满足了点点“虚荣心”。

(5)要懂得“娱乐”，也就是“释放幽默”。普通人穿军装，不管外表是否光鲜靓丽，总会穿出喜感。倘若有尝试“男扮女装”，则更具幽默和趣味性。

2018 年 6 月 15 日，《人民日报》创刊 70 周年，推出了“《人民日报》与我的故事”H5 小游戏。不少网民、读者通过长按二维码，进入游戏页面，输入出生年份生成印有自己

① 传媒. 8 亿！关于“军装照”H5，人民日报客户端有话说[EB/OL].(2017-08-02)[2018-04-03].https://mp.weixin.qq.com/s/-J4hDA-tVeaCAuCxihSPjw.

② 王炎龙.人民日报真会“搞事”：让你佩“服”让你火[EB/OL].(2017-07-30)[2017-08-02].http://mp.weixin.qq.com/s/6H_Q4jjTsEYXXDmTaLAooA.

头像的《人民日报》“号外”，分享到微信朋友圈，引起更多人参与游戏(见图 7-5)。在这个过程中，人民日报社的办报历史、品牌形象被人们关注，这次活动称得上是一次成功的党报品牌营销案例。

图 7-5 “《人民日报》与我的故事”H5 小游戏

## 第三节 与新兴媒介融合发展

2013 年 11 月，中共中央十八届三中全会提出，要整合新闻媒体资源，推动传统媒体和新兴媒体融合发展。2014 年 8 月 18 日，中共中央全面深化改革领导小组第四次会议审议通过了《关于推动传统媒体和新兴媒体融合发展的指导意见》。习近平总书记对媒体融合发展提出了具体的目标：要坚持先进技术为支撑、内容建设为根本，推动传统媒体和新兴媒体在内容、渠道、平台、经营、管理等方面的深度融合，着力打造一批形态多样、手段先进、具有竞争力的新型主流媒体，建成几家拥有强大实力和传播力、公信力、影响力的新型媒体集团，形成立体多样、融合发展的现代传播体系。

2019 年 1 月 25 日，中共中央政治局就全媒体时代和媒体融合发展在人民日报社新媒体大厦举行第十二次集体学习。中共中央总书记习近平在主持学习时强调，推动媒体融合发展、建设全媒体成为一项紧迫课题，要运用信息革命成果，推动媒体融合向纵深发展，做大做强主流舆论，巩固全党全国人民团结奋斗的共同思想基础，为实现“两个一百年”奋斗目标、实现中华民族伟大复兴的中国梦提供强大精神力量和舆论支持。① 习近平强调，全媒体不断发展，出现了全程媒体、全息媒体、全员媒体、全效媒体，信息无处不在、无所不及、无人不用，导致舆论生态、媒体格局、传播方式发生深刻变化，新闻舆论工作面临新的挑战，要因势而谋、应势而动、顺势而为，加快推动媒体融合发展，使主流媒体具有强大传播力、引导力、影响力、公信力，形成网上网下同心圆，使全体人民在理想信念、价值理念、道德观念上紧紧团结在一起，让正能量更强劲、主旋律更高昂。②

坚持和完善中国特色社会主义制度，推进国家治理体系和治理能力现代化，也需要党报积极推动媒介融合，主动参与全媒体传播体系的建设。《中共中央关于坚持和完善中国特色社会主义制度推进国家治理体系和治理能力现代化若干重大问题的决定》③指出：“构建网上网下一体、内宣外宣联动的主流舆论格局，建立以内容建设为根本、先进技术为支撑、创新管理为保障的全媒体传播体系。”

“媒体融合的根本目的是增强政治优势。”④加快媒体融合发展、打造新型主流媒体，已经成为党报传媒界的共识和一致行动。通过与新兴媒体融合发展，党报正向“有强大传播力、竞争力的新型主流媒体”扎实迈进，但仍有较大的提升空间。

2017 年 7 月 1 日，人民网副总编辑罗华在第二届全国党报网站高峰论坛开幕式上发布《2017 全国党报融合传播指数报告》⑤：PC 网站和移动互联网新媒体成为党报融合传播矩阵的重要组成部分和扩大党报影响力的重要渠道；各级党报积极推动媒体融合发展，取得了一定成效，但推动媒体深度融合道阻且长，还需要进一步创新理念，

---

① 习近平在中共中央政治局第十二次集体学习时强调 推动媒体融合向纵深发展 巩固全党全国人民共同思想基础[N].人民日报，2019-01-26(1).

② 习近平在中共中央政治局第十二次集体学习时强调 推动媒体融合向纵深发展 巩固全党全国人民共同思想基础[N].人民日报，2019-01-26(2).

③ 刊于《人民日报》2019 年 11 月 6 日第 1 版。

④ 江曙曜.媒体融合的根本目的是增强政治优势[J].新闻战线，2018(6)：26.

⑤ 该报告综合考察了全国 367 家党报在报纸、网站、微博、微信、入驻聚合客户端、自有客户端等 6 个渠道的融合传播情况。

深化体制机制变革，盘活资源，攻坚克难；不同级别的党报文章在网络平台的传播差异较大，中央级、直辖市和省级党报在网络平台发布的报道数量相当，但被转载次数逐级递减，地市级党报内容在网络平台上的发布量和被转载量都不高，传播力还有待增强。①

2018 年 1 月 15 日，新榜发布了《2017 年中国微信 500 强年榜》②，全国党报中只有 4 家党报榜上有名：《人民日报》名列第 1 位，《广州日报》名列第 76 位，《杭州日报》名列第 228 位，《河北日报》名列第 442 位。

人民网研究院发布的《2017 年媒体融合传播指数报告》③显示：在监测的 296 家报纸中，《人民日报》位列报纸微信传播力第一名；《浙江日报》《江西日报》《人民日报》3 家报纸微信矩阵（含该报旗下其他微信公众号）的发文量过万；《人民日报》微信公众号总阅读量最高（超过 9 亿，包括《人民日报》微信公众号总阅读量 5.7 亿、人民网微信公众号总阅读量 3.6 亿），《江西日报》《浙江日报》《广州日报》的微信公众号阅读量均超过 1 亿；《人民日报》微信公众号上的单篇文章平均阅读量直逼 10 万；《人民日报》微信公众号收获的总点赞量最高，超过 5 160 万（含《人民日报》4 890 万，人民网 270 万）；《人民日报》微信公众号上的单篇文章平均点赞量最高，为 8 572 次。

《中国媒体融合发展年度报告（2018—2019）》指出，2018—2019 年中国媒体深度融合实践的重点是建设县级融媒体中心。2019 年 6 月，江西省 100 个县级融媒体全部挂牌运行。2019 年 11 月 8 日，齐鲁晚报 · 齐鲁壹点百花洲融媒中心正式启动，开启齐鲁晚报 · 齐鲁壹点与济南历史文化街区合作的新模式。

## 一、打通线上线下融合报道

人民日报社采用"中央厨房"模式，改革采编部门设置，再造采编发流程，实现"全媒体报道，全天候推送，全球化传播"。2016 年 5 月 4 日，人民日报"中央厨房"的 H5

---

① 人民网.2017 全国党报融合传播指数报告发布[EB/OL].(2017-07-01)[2018-04-17].http://media.people.com.cn/n1/2017/0701/c14677-29376415.html.

② 详细内容见网址：http://mp.weixin.qq.com/s/UPtSquLOGB5KX388bz6IUw。为了更完整和准确地评估全年影响力，在 2017 年中国微信 500 强年榜的制作过程中，新榜对进入候选名单的公众号（需在 2017 年至少入围过一次月度 500 强）的全年数据进行了回采，在 2017 年被纳入新榜样本库的公众号也能因此收获完整的数据。故而，年榜绝非日榜、月榜数据的简单累加，而是公众号截至 2018 年 1 月 3 日的全年持续传播的精确数据，也就是说，一个发布于 2017 年 1 月 1 日的内容，新榜回采了其从 2017 年 1 月 1 日至 2018 年 1 月 3 日之间的完整数据。

③ 根据媒体申报信息，《人民日报》《浙江日报》《江西日报》《甘肃日报》《钱江晚报》《青岛日报》《羊城晚报》等 7 家报纸除官方微信公众号之外，还包含报纸旗下其他微信公众号数据。由于数据抓取受限，微信文章阅读数超过 10 万，均统一计为 100 001。

产品《小盈小增大婚记》登上了《人民日报》的头版（见图 7-6）。

营改增减税 小微更明媚

税负下降近四成

本报记者 吴秋余

扫描二维码 看更多内容

**小微企业无条件减税**

从过去普遍征收5%的营业税，直接降为3%的征收率

“五一”假期，河南省新县红色旅游区像往年一样游客火爆。“小康山庄”饭店的门前，一条横幅格外醒目：“营改增减税，消费更优惠”，吸引了众多游客就餐。“营改增后，我们餐饮业税率一下子降低了2.08%，按照去年营业额380万算，仅此一项我们店就能减税7万多元，经营成本低了。”饭店老板朱锡美说。

5月1日起，我国在建筑业、房地产业、金融业和生活服务业全面推开营改增试点，为像“小康山庄”这样的生活服务业小企业提供了减税空间。

根据营改增的试点方案，以年销售额500万元为界限，企业划分为一般纳税人和小规模纳税人。其中小规模纳税人采用简易征收的办法，不采取进项抵扣的增值税计税办法，直接设定3%的增值税征收率。

国家税务总局的数据显示，截至4月底，国税部门接收并确认的营改增试点纳税人共有1011万户，其中小规模纳税人901万户，占89.1%，营改增后，这部分企业将从过去普遍征收5%的营业税，降为3%的增值税征收率，税收负担总体下降近四成。

“这意味着，一般纳税人的减税是有条件的，需要通过增值税进项抵扣实现，而小规模纳税人减税则是‘无条件’的。”中国财政科学研究院副院长白景明介绍，按照增值税的计税原理，需要纳税人发生采购等行为并取得进项发票后才能抵扣税款，但小规模纳税人则可以直接享受税率降低带来的减税。

“以年销售额500万元为界限，能够较好地保证中小企业不会受到税制转换带来的影响，让中小企业尽享营改增的减税效果。”上海财经大学公共政策与治理研究院院长胡怡建分析认为，考虑到增值税计税的复杂性，一般中小企业如果没有专门的财务人员很难适应税制要求，因此对小规模纳税人采取类似于营业税的简易征收办法，能够在降低税负的同时，不增加小微企业的办税负担。

孙冬冬是山东省潍坊市大学生创业孵化中心的一名创业者，他创办的山东阿狮网络科技有限公司属于小规模纳税人，营改增后，原来5%的营业税税率改为适用3%的增值税征收率，每年减税4万多元，企业获得了难得的发展资金，能够用于技术创新，抢占市场。“以前觉得营业税改增值税，只是从地税到国税换个地方交税，现在来看是企业的一次难得发展机遇。创业阶段万事艰难，有营改增的支持我的信心更强了。”孙冬冬说。

（下转第二版）

**图 7-6　左上角是《人民日报》H5 产品二维码**

2016 年 5 月 28 日，《人民日报》第 11 版刊发了一篇题为《美国总统广岛行，谁是谁的牌？》的报道，[①]在稿件的末尾附加一个二维码，旁边写着“扫描二维码 看更多内容”。当扫描这个二维码后，便会出现一个文字内容与这篇稿件大同小异的“人民电视”网络视频。[②]

2016 年 5 月 30 日，《人民日报》第 21 版刊发了一篇题为《比利时成立第五所孔子学院 搭建欧中互学互鉴新平台》的报道，[③]在稿件的末尾附加一个二维码，旁边写着“扫描二维码 看更多内容”。当扫描这个二维码后，便会出现一个文字内容与这篇稿件大同小异的“人民电视”网络视频。[④]

2016 年 10 月 29 日，《人民日报》第 10 版（隶属生态周刊）刊发了一篇题为《三十三载守护伊犁鼠兔》的人物报道，[⑤]稿件的末尾也有一个二维码，旁边写着“扫描二维

---

① 版面上的这篇报道配发记者贾文婷拍摄的大图片。作者系《人民日报》记者高石、田泓、贾文婷、于景浩。

② 该视频时长为 48 秒，标题为《美国总统奥巴马访问日本广岛》，作者是《人民日报》记者贾文婷，配音、剪辑均为赵纲，网址为 http://tv.people.com.cn/n1/2016/0527/c364580-28386416.html。

③ 版面上的这篇报道没有配发图片。作者系《人民日报》驻比利时记者任彦。

④ 该视频时长为 1 分 36 秒，标题为《比利时荷语布鲁塞尔自由大学孔子学院成立》，作者是《人民日报》记者任彦，配音、责编均为王子涵。网址为 http://paper.people.com.cn/rmrb/html/2016-05/30/nw.D110000renmrb_20160530_4-21.htm。

⑤ 版面上的这篇报道没有配发图片。作者系《人民日报》记者李亚楠。

码 看更多内容”。当扫描这个二维码后，便会出现一个文字内容与这篇稿件差异较大的“人民电视”网络视频。[①] 这个视频很好地弥补了《三十三载守护伊犁鼠兔》这篇报道没有配人物图片、没有配伊犁鼠兔照片、看不到新闻现场的缺憾，充分体现了传统媒体与新兴媒介融合报道的独特优势。

2016 年 11 月 3 日，《人民日报》第 3 版刊发了一篇题为《中国文化闪耀墨西哥》的报道，[②]在稿件的末尾附加二维码，旁边写着“扫描二维码 看更多内容”。当扫描这个二维码后，便会出现一个配有画外音和文字的、比这篇稿件更为精简的“人民电视”网络视频。[③]

2016 年 12 月 17 日，《人民日报》第 10 版刊发了一篇题为《为传递真实的历史努力——纪念南京大屠杀 79 周年证言集会在日本举行》的报道，在稿件的末尾附加二维码，旁边写着“扫描二维码 看更多内容”。当扫描这个二维码后，便会出现纪念南京大屠杀 79 周年证言集会现场人士发言的“人民电视”网络视频。[④]

2016 年 12 月 22 日，《人民日报》第 10 版刊发了一篇题为《本报记者街头巷尾采心声 回家的火车票好买吗》的报道，在稿件的末尾附加二维码，旁边写着“扫描二维码 看更多内容”，在二维码的下面是“人民日报全媒体平台”九个汉字和“碰碰词”的 LOGO(标识)。当扫描这个二维码后，便会出现各个受访者回答此问题的“人民电视”网络视频。值得一提的是，在这篇报道的旁边，评论《春运抢票的好消息与坏消息》文末也有一个“智理行间 · 人民日报全媒体平台”的 LOGO。

总的来看，二维码在《人民日报》的头版、第 2 版还没有出现过。

将网络言论引入纸质版面，形成纸质版面与网络平台的互动传播，也是党报与新兴媒介发展的一个手段。

2016 年 10 月 19 日，《人民日报》头版推出任仲平文章《铸就我们民族的精神航道——写在长征胜利 80 周年之际》。人民网 10 月 18 日在网上提前刊发这篇重要评论全文，并向读者预告：“明日出版的《人民日报》将刊发任仲平文章《铸就我们民族的

---

① 该视频时长为 5 分 1 秒，标题为《人民映像：李维东——伊犁鼠兔的守护者》，发布时间为 2016 年 9 月 13 日，策划：雷阳、游海滨、刘莉莉；主编：唐露薇、赵纲；记者：李亚楠；责编：王子涵。网址为 http://3gtv.people.com.cn/ShowMobileVideoPortal/pages/index.jsp;jsessionid=14ADFF4B746F900A9AF99CE9177740DA? id=28713056。

② 版面上的这篇报道配发 1 幅黑白图片。作者系《人民日报》驻墨西哥记者李强、王骁波。

③ 该视频时长为 1 分 42 秒，作者是记者李强、王骁波，责编为谢婷，网址为 http://paper.people.com.cn/rmrb/html/2016-11/03/nw.D110000renmrb_20161103_7-03.htm。

④ 该视频时长为 2 分 13 秒，网址为 http://paper.people.com.cn/rmrb/html/2016-12/17/nw.D110000renmrb_20161217_1-03.htm。

精神航道——写在长征胜利80周年之际》。”[①]人民网在主页头条重点推荐这篇文章，许多网站纷纷转载，引发网友热烈讨论。[②] 2016年10月20日，《人民日报》在第4版摘登了11名网友关于长征精神的跟帖留言。

省级党报也常有这种融合报道。例如，2018年9月17日，《山西日报》头版在刊登消息《〈防范和惩治统计造假、弄虚作假督查工作规定〉施行》时，在文末附上二维码（扫码可看《防范和惩治统计造假、弄虚作假督查工作规定》全文）。

关于线上线下的融合报道，国外报纸的经验值得借鉴。甘尼特公司[③]是这样处理较为重要的新闻报道的："有了新闻后，首先用数字媒体发布，发布到网上，同时对新闻做进一步加工完善和在数字平台更新，直至纸媒出版。而纸媒出版的最后内容同时又在数字端发布。"[④]

## 二、形成媒介融合传播矩阵

建立媒介融合矩阵（既包括多种媒介平台，又包括同一平台的多个账号），是当今世界报业转型的必由之路。西班牙的《世界报》（*El Mundo*）就有纸质版、网页版、App版等，其还在Twitter、Facebook等社交平台开通了官方账号，并且拥有广播电台；在美国，《纽约时报》的官方App一度多达34个（这一数量后来被精简），主要有新闻类、服务类、娱乐类、视频类，不但定位精准，而且内容丰富；[⑤]《丹佛邮报》的官方社交账号有200多个，在Facebook平台就有40多个官方账号，而这些账号的大多数内容是通过机器人自动发布的；[⑥]《拉斯维加斯评论日报》一度有3个客户端、几十个社交媒体主页，在Facebook、Twitter、Instagram、LinkedIn、YouTube、Pinterest、Myspace等社交媒体都有很多账号，并打算大力发展Snapchat账号。[⑦]

顺应媒体变革趋势，加快推进传统媒体与新兴媒体融合发展，要求党报形成媒介融合传播矩阵。在这方面，人民日报社和江西日报社都做得很到位。

1997年1月1日，《人民日报》网络版正式进入互联网，2000年8月21日，更名为

---

① 参见《人民日报任仲平：铸就我们民族的精神航道——写在长征胜利80周年之际》，网址为http://opinion.people.com.cn/n1/2016/1018/c1003-28788777.html。

② 何旭.网友热议任仲平文章 让红色记忆永存 让长征精神永传[N].人民日报，2016-10-20(4).

③ 美国甘尼特公司是美国最大的报业集团，拥有109种日报。

④ 辜晓进.重走美国大报：美国报业转型：颠覆与重生[M].广州：南方日报出版社，2018：54.

⑤ 辜晓进.重走美国大报：美国报业转型：颠覆与重生[M].广州：南方日报出版社，2018：350-351.

⑥ 辜晓进.重走美国大报：美国报业转型：颠覆与重生[M].广州：南方日报出版社，2018：436-437.

⑦ 辜晓进.重走美国大报：美国报业转型：颠覆与重生[M].广州：南方日报出版社，2018：484-485.

人民网。人民网的口号是“网上的《人民日报》”。

2012年7月22日4:58,《人民日报》官方微博正式开始发帖，该微博以“权威声音、主流价值、清新表达”为目标定位，以“参与、沟通、记录时代”为责任使命，其第一条微博内容是：“北京暴雨，整夜无眠。《人民日报》官方微博与大家共同守望。为每一位尚未平安到家的人祈福，向每一位仍然奋战在救援一线的人致敬！北京，加油！”

2013年1月1日，《人民日报》微信公众号正式开通。①

2014年6月12日，全新的人民日报客户端②正式上线，标志着《人民日报》形成法人微博、微信公众号、客户端三位一体的移动传播布局。人民日报社已发展为融合报纸、刊物、网站、微博、微信、客户端、电子阅报栏、二维码、手机报、网络电视等多种传播形态的现代化全媒体矩阵。

2017年1月9日零点，面向微信用户的小程序正式上线。随后，《人民日报》在微信平台上推出了小程序“人民日报数字报”。“人民日报数字报”的宗旨在于“原版呈现《人民日报》版面内容，传播党的主张，反映人民心声”。《人民日报》另有小程序“人民日报 lite”(《人民日报》精简版),主要用来接收、刊登民众对各地各部门领导干部的提问及有关的回复。小程序的推出，对接了几乎不订阅纸质党报、不看党报网站、但却频繁使用手机的微信用户，为党报打造了新的传播平台。③

2018年6月11日，人民日报社新媒体中心对外发布四款新媒体产品：人民号、人民日报英文客户端2.0、人民日报智慧党建平台、人民日报创作大脑。

继《江西日报》法人微博、《江西日报》微信公众平台相继开通后，江西日报社持续开启党报移动传播新平台。2016年12月12日，江西日报手机网(http://3g.jxnews.com.cn/)正式上线，实现了党报资讯“报纸—电脑PC端—手机WAP端”的无缝衔接。江西日报手机网是基于手机WAP技术开发的网站，上线初期设置读报、头条、江西、论评、民生、文体、财经、副刊、专题以及映像等分类标签，信息内容更侧重于短、实、新、快的特点。读者通过手机、平板电脑等移动平台将江西日报手机网收藏后，不仅可以在移动端更快捷地浏览《江西日报》,还可以第一时间获取江西日报传媒集团各大媒体提供的各类新闻“套餐”。此次江西日报手机网在WAP端上线，开全国省级党报之先河，是党报抢占新闻舆论制高点，提升传播力、影响力、引导力、公信力的有力尝试，进一步丰富了江西日报社多媒体、多平台的传播矩阵。④

---

① 2011年1月，微信上线。

② 截至2017年6月，下载量达1.85亿。

③ 《南方日报》《广州日报》的小程序是“南方 plus”“广州日报+”。

④ 吴志刚.全力打造主流“移动”党报 江西日报手机网正式上线[N].江西日报，2016-12-13(A1).

2019 年 1 月 1 日，江报客户端新闻中心正式挂牌。[①] 江报客户端是由江西省委宣传部、省委网信办主管，江西日报社主办，由原《江西手机报》的客户端升级而成，是省委机关党端，是“移动端的《江西日报》”，实现了党报、党端平行运行。2019 年 1 月 9 日起，“江报”App 上架。“赣鄱云”融媒体智慧平台全部迁移至江报客户端新闻中心（见图 7-7）。[②]

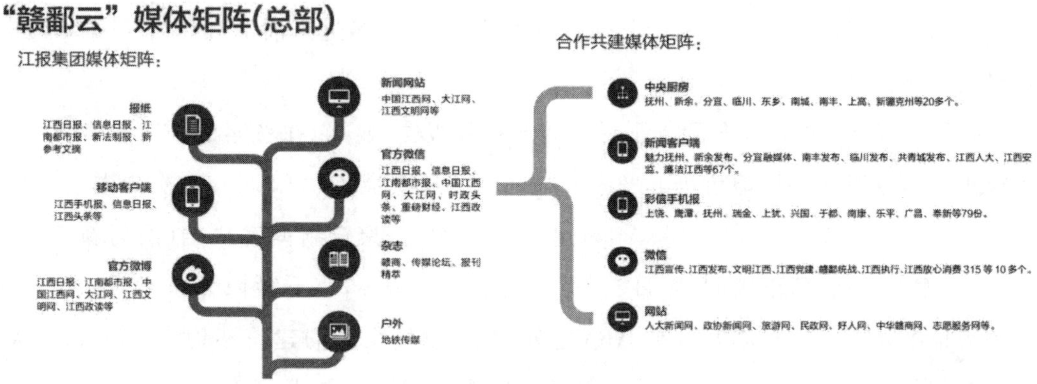


**图 7-7　“赣鄱云”媒体矩阵**

在开设微博的党报中，《人民日报》并不是最早开通的，但却是粉丝关注数最多的党报微博。《人民日报》于 2012 年 7 月 22 日开通了法人微博，在短短三四个月的时间里，《人民日报》法人微博的粉丝数量就突破了其报纸的发行量，截止 2018 年 6 月 12 日，《人民日报》法人微博已有 5 771 万粉丝，加上人民网和腾讯微博的粉丝，《人民日报》总粉丝量已经突破了 6 000 万，而报纸的订阅量仅有 310 万。《人民日报》法人微博吸引了大批粉丝的关注，在一定程度上弥补了报纸订阅量下降及读者群流失的弱势。从媒体微博运营总体情况来看，党报微博属于管理运营较好、影响力较大的一类媒体微博。

在 2013 年 3 月份统计的“全国体制内媒体微博 Top50”中，前 10 名中有三家是党报官方微博，分别是《人民日报》《广州日报》《南方日报》，《人民日报》占据中央级媒体微博影响力排行榜的首位。党报微博之所以运营状况较好，是因为党报微博传播的内容专业、权威可信，发布信息的时间和频率也符合用户使用规律，且不同于报纸版面语言严肃刻板，党报微博语言较为轻松，拉近了与粉丝之间的距离，注重与粉丝互动，赢得了粉丝的信任。

与微博和手机客户端相比，微信公众号属于党报较晚涉足的一个领域。随着微信

---

① 吴志刚.江报客户端新闻中心今日挂牌[N].江西日报，2019-01-02(A1).

② 邵平.江报客户端精彩亮相[N].江西日报，2019-01-15(A1).

用户人数增多，越来越多媒体开通了微信公众号，2014 年是党报开通微信公众号爆发式增长的一年。《人民日报》微信公众号是 2014 年 8 月 28 日完成认证的，《解放日报》是 2014 年 5 月 4 号完成认证的，《南方日报》是 2014 年 10 月 12 日完成认证的，《江西日报》是 2014 年 10 月 20 日完成认证的。微信公众号“新媒体排行榜”发布于 2015 年 5 月 20 日的微信公众号排行榜资讯类中，《人民日报》排在首位，在总阅读数和总点赞数方面《人民日报》都遥遥领先于其他资讯类公众号，排名进入前 10 的党报还有《广州日报》。

人民网发布的《2018 全国党报融合传播指数报告》显示：在考察的 377 家党报（中央级 12 家，省级 33 家，地市级 332 家）中，网站开通率最高（92.8%），其次为微信公众号开通率（76.4%），自有客户端（App）建设率为 74%，聚合新闻客户端（网易新闻、一点资讯、搜狐新闻、腾讯新闻、今日头条）入驻率为 72.7%，官方微博开通率为 68.7%；中央级报纸除 2 家没有创办自有 App 之外，其他传播渠道的建设率均为 100%；省级党报全部创办网站、开通官方微博账号并入驻聚合新闻客户端，微信和自有 App 的开通率均超过 90%；地市级党报各个传播渠道的建设率相对较低，除网站建设率超过 90%以外，其他各个渠道的建设率均在 70%左右。[①]

党报的传播矩阵建立后，要精心维护、运营。可惜的是，有些党报热线的微博停止更新，大概是因为关注者太少。微博@温州日报党报热线 2016 年 6 月 1 日最后一次更新；微博@贵阳日报党报热线 2015 年 6 月 24 日最后一次更新；微博@嘉兴日报党报热线 2016 年 2 月 27 日最后一次更新；微博@党报帮你办 2015 年 2 月 14 日最后一次更新。

如果有新的媒介平台崛起，党报就应及时入驻并善加利用。例如，2016 年 9 月上线的抖音，刚开始并无党报入驻这个平台。到 2018 年下半年，许多家党报正式入驻抖音平台。

据不完全统计，截至 2018 年 9 月 30 日，已有如下党报入驻抖音短视频平台：《人民日报》《光明日报》《北京日报》《内蒙古日报》《黑龙江日报》《福建日报》《大众日报》《宁夏日报》《青海日报》《江西手机报》《抚州日报》《长治日报》《温州日报》《丽水日报》《石家庄日报》《长江日报》《广州日报》《赣南日报》《厦门日报》《莱芜日报》《左江日报》《漯河日报》《太行日报》《淮北日报》《中山日报》《甘南日报》《贺州日报》《乌兰察布日报》《邵阳日报》《克拉玛依日报》《湛江日报》《宝鸡日报》《清远日报》《金华日报》《毕节

① 人民网.人民网副总裁宋丽云发布《2018 全国党报融合传播指数报告》[EB/OL].(2018-06-20)[2018-06-21].http://media.people.com.cn/n1/2018/0620/c40606-30067763.html.

日报》《许昌日报》《海口日报》《本溪日报》《鹤壁日报》《孝义日报》《固原日报》《红河日报》《张掖日报》。[①]

2019 年 1 月 22 日发布的《媒体抖音元年:2018 发展研究报告》显示,截至 2018 年 12 月 22 日,共有 1 344 个媒体抖音号;在十大平面媒体类抖音号中,《人民日报》《温州日报》两家党报分别位列第 1 名、第 5 名;2018 年媒体抖音号影响力 Top100 榜单中,3 家党报榜上有名,《人民日报》名列第 1 位,《温州日报》位列第 14,《固原日报》位列第 83。[②] 2019 年 4 月 18 日,《人民日报》的官方抖音账号(rmrbxmt)粉丝数突破 2 000 万。2020 年 1 月 10 日,《人民日报》的官方抖音账号粉丝数量已经超过 5 577 万。截至 2020 年 8 月 3 日,《人民日报》的官方抖音账号粉丝数量已经超过 1 亿。

抖音短视频上线半年后,用户量就突破 1 亿,每天的视频播放量超过 10 亿。国外分析机构 Sensor Tower 的数据显示,在 2018 年的第一季度,抖音的全球下载量达到了 4 580 万次,超越了微信、Facebook、YouTube、Instagram 等知名社交媒体平台。[③]考虑到抖音短视频的庞大用户群,党报不应忽视。但是,截至 2018 年 9 月 30 日,《解放日报》《天津日报》《重庆日报》《南方日报》《广西日报》《新华日报》《辽宁日报》《吉林日报》《新疆日报》《西藏日报》《陕西日报》《山西日报》《河南日报》《河北日报》等党报,都没有在抖音短视频平台开通官方账号。

需要指出的是,党报的媒介融合工作,要特别警惕"新媒体形式主义"[④](轻视新媒体传播,搭好新媒体平台后不用心运营),杜绝媒介融合数据造假。党报的融合传播,还需要在活跃度、频度、深度、国际化方面继续努力、继续改进。

媒介融合的高级阶段,是建设"新闻采编中央厨房"。党报的传播矩阵达到一定规模后,就可以启动"新闻采编中央厨房"的建设了。如今,人民日报社、江西日报社、重庆日报社、广西日报社、温州日报社、贵州日报社、四川日报社、辽宁日报社、天津日报社[⑤]等,纷纷建设或参与建设"中央厨房"式的全媒体发布平台。

---

① 此外,《诸暨日报》《浏阳日报》《太仓日报》《宝安日报》《寿光日报》《乐清日报》等县区级报纸也入驻了抖音短视频平台。

② 头条传媒.首份媒体抖音年度报告发布 主流媒体内容年播放量近 800 亿次[EB/OL].(2019-01-22)[2019-01-24]. https://mp.weixin.qq.com/s/OYrHQrvmstP2-_g-___PUQ.

③ 科技 MIX.抖音正在崛起,微信要被颠覆了?[EB/OL].(2018-05-09)[2018-05-09]. https://baijiahao.baidu.com/s? id=1599952625091703670&wfr=spider&for=pc.

④ 丁建庭.警惕新媒体形式主义[N].南方日报,2017-10-12(2).

⑤ 2017 年初,中共天津市委决定建立"津云"中央厨房,融合《天津日报》、《津晚报》、天津广播电视台、北方网、中央驻津媒体的新闻资源,实现报、网、屏、播全媒体的融合。天津日报社没有单独建设"中央厨房"式全媒体传播平台,2017 年 3 月 28 日进驻"津云"中央厨房,每天安排专人值班。

## 三、巧借网络意见领袖之力

在媒介新格局中，党报要善于利用网络意见领袖的影响力。

### （一）要着力培养新媒体时代的主流媒体“网红”

为贯彻落实习近平总书记“2·19”重要讲话精神，培育全媒型、专家型人才，南方报业传媒集团启动“南方名记培育工程”。参评“南方名记”的三个标准是：有“颜值”，朝气蓬勃，活力四射；有素质，有较强的专业媒体素质、新媒体应用素质和服务用户素质；有气质，腹有诗书，心有用户，肩有担当。“南方名记”经公开遴选产生，实行“南方名记工作室”制度，重点打造优势项目、特色栏目，重点提高产品在新媒体领域的传播力、影响力。南方报业传媒集团在资源调配、工作团队、教育培训、推介包装等方面全力支持，鼓励多出精品力作，争创标杆项目，引领集团融合发展、转型升级。[①]

2016年10月份，南方报业传媒集团推出首批15位“南方名记”，率先探索打造“主流网红”，在全国产生强烈反响。2017年4月，南方报业传媒集团再推第二批“南方名记”培育对象（25人）。在这40位“主流网红”中，包括南方日报社的13名记者、评论员。

“南方名记培育工程”实施半年后，南方报业传媒集团推出《武松来了》等现象级节目和一批单篇阅读量100万+的高质量融媒体作品，得到读者、网友、中宣部、省委宣传部的认可和肯定。

### （二）要与网络意见领袖结盟

在媒介新格局中，党报不但要打造自己的“网红”，而且要善于与专家名人、明星、微博大V、超级流量自媒体等网络意见领袖开展合作、互动，与网络意见领袖结盟，[②]借助“网红”、网络意见领袖的力量开展新闻舆论工作。

“人民日报社吸纳、接受自媒体，就好像一个元帅和它的众多将士的关系。以前，这些将士可能是敌营的，他们处于竞争的关系，互相争夺流量和曝光度，当在竞争过程中元帅逐渐发现有些将士还是很有能力和才华的，高手往往藏在民间，后来元帅意识到其实自己的竞争对手是其他元帅，不是这些将士。于是元帅把这些将士招募到自己

---

① 吴少敏，陈枫，王良珏，张梓望.南方报业：培养南方名记，打造主流“网红”[EB/OL].(2016-10-17)[2018-06-03]. http://news.southcn.com/gd/content/2016-10/17/content_157728585.htm.

② 黄楚新.新媒体时代的舆论引导[N].江西日报，2018-06-27(A4).

麾下，为自己所用。”①

“汇聚人民力量，传播中国声音。”2018 年 6 月 11 日，“人民号”在人民日报客户端上线，吸引到姚劲波（58 集团 CEO）、周鸿祎（360 集团董事长）等著名企业家和周冬雨、宋佳、刘涛、李晨、赵丽颖、陈数、惠若琪、李光洁、林永健、霍尊、蒋梦婕、叶祖新、戴荃、朱亚文、马伊琍等明星加盟，这些名人明星共同呼吁“关注人民号”。

## 四、与新兴媒介的互相推介

在差异化传播的前提下，党报可以与自己的新媒体互相引流，实现彼此受众的相互转化。

在美国《芝加哥论坛报》的纸质版面上，有“see more photos at chicagotribune.com”（“更多图片详见芝加哥论坛网站”）或“check out Clout Street, local political blog with all the latest news”（“官方博客有最新报道”）之类的导读语句，将报纸读者引向该报的新媒体。而《芝加哥论坛报》的网站文章，也有类似的句子将网民引导到“阅读纸质报纸”的行为上去。

由上可知，党报与新兴媒介的融合发展，有许多路径，其中一条是党报与新兴媒介的互相推介，这一点，人民日报社比较重视并有实际举措。

2016 年，《人民日报》专门在“新媒体”版面开辟栏目《人民新媒逐个看》，逐一介绍人民日报社旗下的众多新媒体，每期介绍一家。

例如，《人民日报》2016 年 12 月 22 日（第 15 版）介绍的是《生命时报》官方微博，标题为《做有价值的“生命君”》。在介绍的最后，是“扫描二维码 关注人民日报客户端、微信、微博”这一行字，以及与人民日报客户端、微信、微博对应的 3 个二维码。

《人民日报》2016 年 12 月 1 日（第 14 版）介绍的是“人民网”微信公众号，文章标题为《让微信号有温度》。正文第一段写的是：

> 2013 年 1 月，“人民网”微信公众号开通运营，如今已拥有近 300 万用户。几年来，“人民网”坚持做老百姓想看、爱看、看得懂的内容，关注国内外大事小情的同时，关注民生所需，一方面为老百姓提供各种生活实用信息，另一方面用“接地气”的方式解读政策，让人们看得懂、听得进。

---

① 传奇巨星马大仙.人民日报社为何也推出了自媒体？[EB/OL].(2018-06-10)[2018-06-11]. http://baijiahao.baidu.com/s?id=1602856261306457127&wfr=spider&for=pc.

人民网英文版的报道最后，往往有这么一句话，“For the latest China news, Please follow People's Daily on Twitter and Facebook”。显然，这句英文可以引导浏览人民网英文版的网民关注《人民日报》的 Twitter 账号和 Facebook 账号，是非常有价值的互相推介和受众引流方式。

但人民日报社旗下的新媒体，极少出现“更多信息请看今日《人民日报》第几版”之类的句子，也很少出现“欢迎订阅中国第一报《人民日报》”之类的引荐句子。如此一来，人民日报社旗下新媒体的庞大受众群，并未转变为《人民日报》的读者群。其他党报也存在这个问题。

## 五、力争占据头部媒体位置

随着新媒体和自媒体逐渐进入成熟稳定期，各媒体根据其品牌影响力、群众认知度等因素已经划分出层级，媒体圈层级逐渐固化，“头部媒体”“中部媒体”“尾部媒体”等概念浮出水面。“头部媒体”这个概念还引申出“头部平台”“头部效应”“头部内容”“头部自媒体”“头部 IP”“头部媒体人”等二级概念。

移动新媒体兴起后，“头部媒体”这个术语开始在新媒体业界被频繁使用。例如，记者崔忠芳(2018)在其报道中提及“头部媒体人”[①]；《艾瑞咨询：2017 年中国程序化购买市场趋势展望报告》提及“头部媒体纷纷自建程序化广告平台”[②]，《CTR 洞察报告：2017 年中国媒体市场的四大趋势》提及“头部媒体价值”“头部内容稀缺”[③]。

“头部”，是相对于“尾部”而言的，两者都是统计学名词。在正态曲线分布图中，曲线凸起部分为“头部”，曲线低缓部分为“尾部”(见图 7-8)。

在受众规模、传播效果、品牌影响力、群众认知度、总体收入等方面，“头部媒体”都领先于同行媒体，处于媒体金字塔中最顶端的位置。帕累托提出的“二八法则”[④]同样适用于媒体行业，20%的媒体拥有 80%的媒介资源、价值、受众、网络影响力。在新媒体领域，这 20%的媒体即是“头部媒体”，“头部媒体”是“头部内容”的生产者。

以受众对媒体的需求而言，大多数的需求会集中在“头部”。

---

① 崔忠芳.服务、共享、融合——广播电台与互联网音频的共赢之路[J].中国广播影视，2018(2)：70-71.

② 艾瑞咨询：2017 年中国程序化购买市场趋势展望报告[EB/OL].(2017-07-03)[2020-01-02]. http://www.199it.com/archives/608013.html.

③ CTR 洞察报告：2017 年中国媒体市场的四大趋势[EB/OL].(2017-09-14)[2020-01-02].http://www.360doc.com/content/17/0914/08/22040340_687045565.shtml.

④ 即社会上 20%的人，占有 80%的社会财富。

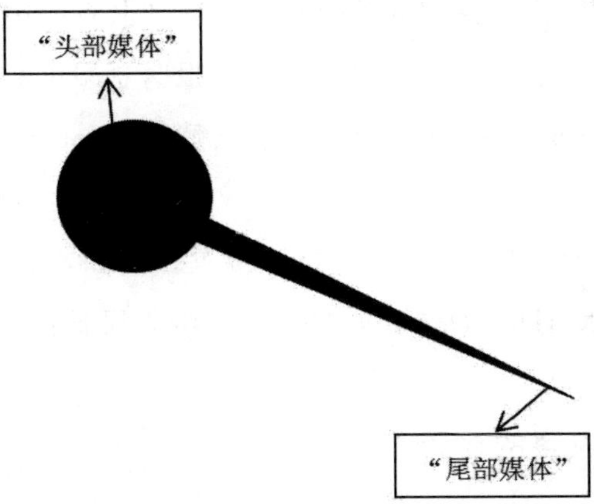


**图 7-8 头部媒体恰如蝌蚪的大头**

当下，互联网的飞速发展，移动 4G 的全面覆盖，各行业的"头部"均与手机紧密相连。各行业的"头部"在受众中的品牌印象、在手机中的位置以及在应用商城里的下载量这三个方面都属于领先地位。

首先，受众的品牌印象指的是当受众提及一个行业，第一个想到的品牌，例如提到新闻类新媒体，受众对于"人民日报"的印象最为深刻；提到购物，消费者都会想到"淘宝""京东"，而这些品牌都是各行业中的"头部"品牌。

其次，各行业的"头部"在手机中位置处于领先地位，即它在受众的手机中进行置顶，当用户打开手机时，最先关注到"头部"的应用或者信息，例如用户将社交平台中的"头部"——微信放在手机屏幕中最显眼的位置，而在微信公众号平台中，用户会将自己常看的"头部"自媒体号放在置顶的位置。

再者，各行业的"头部"App 在应用商城的下载量也是遥遥领先于其他同类 App，作为媒体类 Top1 的人民日报客户端下载量超过 2 亿，淘宝的下载量超过 10 亿，下载量呈现出不断上升的趋势。

"头部媒体"所带来的"头部效应"和"尾部媒体"所带来的"长尾效应"在新媒体领域并不相悖，"头部效应"存在于行业媒体的内部，而"长尾效应"存在于细分行业之间。

在媒介新格局中，党报应当努力成为综合性的头部媒体或某些细分领域的头部媒体。在这一点上，《人民日报》实现了这种转变。

《人民日报》作为传统的主流媒体在传统媒体领域有着不可撼动的影响外，也作为新媒体领域的"头部媒体"，在"两微一端"等平台上引领话语权，引导着社会舆情，向数以亿计的受众传递正能量。

清博指数的统计数据显示：2018 年 10 月排名前 10 的微信公众号分别是"人民日

报”“新华社”“央视新闻”“人民网”“环球时报”“冷兔”“共青团中央”“参考消息”“占豪”“冷笑话”。其中，微信公众号排名第一的“人民日报”，总阅读数为 7 640 万+，头条阅读量为 3 560 万+，平均阅读量为 10 万+，总点赞数为 914 万+，WCI（微信传播指数）为 1 736.66。

在微博平台，《人民日报》也占据头部媒体位置。例如，在清博指数 2018 年 10 月 21 日至 2018 年 10 月 27 日的微博周榜之中，微博@人民日报 占据第四名的位置。[①]

## 六、重视短视频内容的生产[②]

短视频是 4G 时代的风口，是 5G 时代的宠儿。快手 App 在 2011 年 3 月上线，2013 年 10 月确定短视频社交属性；微视 App 在 2013 年 9 月上线；抖音 App 在 2016 年 9 月上线；梨视频 App 在 2016 年 11 月正式上线。截至 2019 年年底，快手、抖音等头部短视频 App 已经走在行业前列，梨视频、微视等也在不断发力。

短视频以短时长、碎片化、门槛低等特征深受大众喜爱，党报应紧跟潮流，相继进入短视频领域，在借助平台优势的同时，结合自身特质，不断适应短视频语境，创新传播形态，以发挥主流媒体的正向引导作用，传递社会正能量。

### （一）打造全方位短视频传播矩阵，实现差异化内容传播

短视频的日益兴起，对传统的新闻生产产生了重大影响，改变了传统的纯粹文字、图片、长视频发布新闻的方式，倒逼媒体做出变革，以更短、更快的短视频即时发布新闻。[③] 之后，越来越多的党报逐渐意识到短视频平台所具备的传播优势，不断加入其中。

以《人民日报》为例，其在抖音、快手、梨视频等平台均有官方账号，且传播效果显著。《人民日报》抖音号自 2018 年 9 月发布第一条短视频以来，截至 2019 年 11 月 29 日，累计获得 19.3 亿点赞数，粉丝数达到近 4 986.6 万，领跑其他抖音主流媒体账号。与此同时，《人民日报》快手账号发布 1 188 条短视频作品，粉丝数为 2 497.7 万，其另设的海外版账号粉丝数达 49.1 万；在今日头条平台，《人民日报》头条号粉丝数为 553.7 万，获赞 4 793 万。显然，在各大头部短视频平台，《人民日报》都拥有强大的吸引力

① 清博指数.2018 年 10 月全国微信公众号 100 强排行榜[EB/OL].(2018-11-02)[2018-11-03]. http://www.gsdata.cn/rank/wxrank? type=month.

② 王卫明，嵇健.融媒体环境下主流媒体的短视频传播策略[J].现代视听，2019(12).

③ 薛莎莎.抖音短视频运营研究[D].南昌：南昌大学，2019.

和影响力，是主流媒体玩转短视频的典范。

相对于中央级党报，地方党报在短视频传播领域仍需加力。以《江西日报》为例，截至2019年11月29日，其抖音号作品330个，粉丝1.7万，获赞27.8万，头条号粉丝7.5万，获赞14万，快手平台暂无其官方账号，显然在短视频传播矩阵上未做到全面覆盖。而地市级主流媒体出现该类问题的情况比比皆是。实施所有主流媒体占领短视频传播阵地的工作依然任重道远。

党报不但需要入驻各大短视频平台，而且需要做好不同平台之间的差异化传播。抖音定位于“新生代音乐创意短视频”，而快手的定位是“用短视频记录和分享生活”。[①] 因而，相较于快手，党报在选择抖音App时，须结合受众的年轻化特点，善用背景音乐等时尚要素增强传播效果。

《人民日报》在抖音上的更新频率较其他短视频平台明显要快，同时账号间存在的交叉性内容较多，主要以时政新闻和社会正能量新闻为主。在梨视频平台上，《人民日报》开设的唯一官方账号“人民日报中央厨房”则偏重文娱内容的发布，传播内容差别明显，而《人民日报》头条号上发布的内容涵盖范围更广，包括时政、社会新闻、祖国山河以及外国政事等内容的涉及，但更新频率相对较慢。

### （二）适应短视频语境，充分制造网感

短视频是集结了文字、图片、声音及影像等多种媒介形式于一体的媒介传播方式，其最大特点就是短小精悍。[②] 如果说入驻各大短视频平台是党报涉足短视频传播领域的第一步，那么适应短视频语境，加强新闻短视频的网感性则是至关重要的第二步。网感性是使用互联网语言而营造出与网友平等交流的氛围，具体表现为网民喜闻乐见的亚文化特征。主流媒体长期给人以严肃、权威的刻板印象，将这两者相融、平衡至最佳状态，就需要主流媒体主动探索出适应短视频语境、调动新闻短视频网感的创新路径。

首先，顺应这一变化，党报需要放下过往“身段”，“瘦身”时长。短视频以“短、平、快”著称，通常时限在几十秒到三分钟以内，传统的新闻报道大多超过这一时间的限制，诸如专业性的深度报道、专题报道。打破新闻篇幅传统，则要求党报在选择、制作新闻短视频时下功夫，一般情况下，会优先选择新闻价值高的内容或通过后期剪辑缩短原本时长。“央视新闻”抖音号在发布外交部发言人讲话内容方面，就摒弃电视媒体

---

① 王越.短视频传播平台比较研究——以抖音与快手为例[J].科技传播，2019，11(10)：126-127.

② 潘宇，刘胜枝.新闻短视频发展现状、问题及趋势[J].中国编辑，2018(7)：82-85.

常采用的较为完整的画面，而是截取核心语段编辑成短视频新闻发布到其抖音号中。

除适应时长外，利用短视频丰富的创作元素营造出强大的视听语境，则是跟随短视频走出的又一大步伐。抖音、快手、微视等短视频平台都有各自的创作元素，其中背景音乐对于传播效果的加强功不可没，通过运用相关背景音乐，可以起到烘托气氛和升华主题的作用。适时选择抖音热曲融入短视频创作中，可以使党报与时俱进的形象更加立体，新闻内容也更为鲜活。

在短视频纵横的网络环境中，标题、语言的网感性同样重要。以抖音短视频为例，抖音号“人民日报”使用网络语言“你大爷还是你大爷”来称赞一位民间运动达人老当益壮，语言颇具网感，引来网友围观、互动。党报在抖音上的这一系列行为，打破了长期以来在观众心中“居高临下”的刻板印象，党报“放下身段”适应短视频语境，正迎合了大众对于短视频新闻的需求。然而不少党报在制造网感方面，表现得较为滞后，缺乏新颖的创意，无法贴合网友的“使用感与满足感”，需要向头部主流媒体借鉴、学习。

（三）创新短视频传播形态，强化传播效果

“短时长”并不意味着短视频内容的精彩性受到限制，相反，内容应更加符合受众的碎片化信息获取需求，党报可以据此做出新意，满足受众的多元化需求。

目前，已有不少主流媒体在短视频传播形态方面加以创新。抖音号“人民网”曾推出系列短视频“新编辑部的故事”，在编辑部的工作场景中展现幽默风趣的日常生活片段，参与抖音热点话题的模仿活动，其所输出的积极向上的价值观念深入人心，传播效果也十分显著。“央视新闻”抖音号近期也逐步使用 Vlog 的形式展现央视主播日常工作动态，自然真切的叙述语调代替了严肃正经的主播腔调，传播效果显著。

《人民日报》除玩转抖音、快手等短视频 App 外，还逐渐开发短视频栏目《人民视频》并进行融合宣传，这不失为一种创新。如纸质版《人民日报》在版面底端印有二维码，扫描二维码即可进入《人民视频》界面，文字新闻由此拓展成短视频新闻，受众可更加直观地获取新闻。《江西日报》同样使用该方法，扫描报纸底端二维码便可进入其自制的短视频新闻端口——江报视频，往期的新闻都集中于此。这种创新举措在丰富新闻传播形态、扩大内容表达空间的同时，也为受众带去更多选择。

移动网络的不断发展，使受众意识开始弱化，用户意识不断增强，新闻的生产、分发过程，逐步实现了“PGC＋UGC”模式，即更多的移动端用户开始了新闻的“参与式传播”。参与式传播主要以解决发展中的问题为指向，以草根和弱势群体的媒介表达和沟通为特征，它区别于精英式的、自上而下扩散的大众传播模式，是一种参与性、地方化、横向和自下而上的传播系统。其理论预设是，假如人们拥有工具来传播他们所关心的社区事务和行动办法的话，人们就可以解决他们自己的问题。[①]

目前国内短视频新闻领域中，梨视频在“参与式传播”这块，做得较为出色。它专注于建构全球拍客体系，鼓励大众积极参与到新闻的制作与传播中。受众从围观到参与，身份、行为的转变增强了他们强烈的认同感和责任意识。在加强“参与式传播”方面，党报可以向梨视频学习。

### （四）增强互动与情感表达，引导社会正能量

自 Web2.0 时代以来，网络的社交性愈发重要，而社交的本质特点在于人与人的互动。传统媒体单一的信息输出模式，使受众的主观能动性极度受限。如今移动端媒介彰显出极大的开放性，点赞、评论、转发等功能可以激发受众参与互动的积极性，而这些互动行为能够潜移默化地增强传受双方的情感沟通并构建着传者的话语权体系。[②]

情感不仅具有自然属性，也具有社会属性，它能展现一种文化的力量，也能够体现出不同历史时期特定社会的普遍社会心理，沉淀着社会群体共享的社会意义和情感联结，唤起某种集体认同感。情感传播往往能激活个体情感、引起情感共鸣和加剧情感张力。目前党报在短视频平台上与受众的互动性尚有不足，互动频率相对较低，有待进一步改善。[③]

除传统意义上的互动行为，党报适当发布一些正能量的情感类短视频，能引起受众的情感共鸣，也是引导社会主义核心价值观、把握主流舆论的有效途径。党报内容不仅要涉及时政大事，而且要探讨社会问题，与受众构建互动场域，激发受众自行传播、践行正能量的热情。

2019 年全国消防日，抖音号“人民日报”发布的一则短视频获赞 36.9 万，转发近千次。视频中，有消防战士救出数位遇险者的奋勇身影和疲惫身躯，有被救儿童的原声“消防员，你们来救我了”和抒情的背景音乐，整条短视频营造出的效果使网友陷于情感迸发的情境中，评论区里有人表示“看到他们就看到了希望”，社会正能量得到有效引导与传播。

---

① 黄钦.参与式传播：新闻传播教育的范式转换及其实践价值[J].传媒，2018(16)：77-79.

② 郭敏.主流媒体舆论场域的话语权研究[J].出版广角，2019(10)：67-69.

③ 蒋晓丽，何飞.情感传播的原型沉淀[J].现代传播，2017(5)：12-15.

## 第四节　创新党报经营策略

“脑中有导向，心中有读者，眼中有市场。”[①]媒介新格局中的党报，应遵从这样的办报方针，在党报职责、读者需要、市场需求之间寻求最大公约数。

有影响力的媒体，一定是具备可持续经营能力和在市场上成功的媒体。能盈利是党报媒体融合最终要达到的目的之一。[②] 在媒介新格局中，党报要从传统的主流媒体转变为新型主流媒体，在融合发展过程中拓展产业链条，形成健康的产业生态。当前，新兴媒体呈现出多样化、个性化的特征，并逐渐发展形成多元复合的盈利模式，由此对党报的经营形成了“替代性”挑战。江西日报社就在媒体融合中树立了“跨媒体经营”理念，由单一媒体盈利模式转变到跨媒体盈利模式：一些重大的经营活动，由报社统一组织，通过利用拥有的多家传统和新兴媒体的平台来进行，由过去单打独斗、各自为战变为集团冲锋，提高了整体效益。[③]

### 一、采取发行新手段[④]

在报纸诞生后的很长时间里，“报纸发行”就是将报纸发行到读者手中、将报纸送到读者面前。在新媒体时代，随着传播技术的革命性变化，“报纸发行”这项工作的内涵已经发生质的变化：发行的未必是纸质版报纸，而可能是电子报、手机报；未必需要将报纸发行到读者手中、将报纸送到读者面前，而可能只需将报纸放到网上，或将报纸推送到手机用户眼前。

在媒介新格局中，党报的发行已经发生新的变化，未来必须继续创新。

#### （一）报纸发行大变脸

1. 发行平台、发行版本变脸

报纸发行除线下的纸质版发行，还有互联网平台的线上发行和手机平台的掌上发行。

---

① 王晖.脑中有导向 心中有读者 眼中有市场——《江南都市报》搞好主旋律报道的探索[J].新闻战线，2003(6).

② 王晖.以融合构建舆论引导新格局——江西日报社打造新型主流媒体的实践与思考[J].中国记者，2015(8).

③ 王晖.以融合构建舆论引导新格局——江西日报社打造新型主流媒体的实践与思考[J].中国记者，2015(8).

④ 梁振堂，王卫明.新媒体时代的报纸发行对策[J].经营管理者，2014(35)：165-166.

在线上发行中，又有电子版（PDF 版）报纸发行、微博版报纸发行、微信版报纸发行、手机报版报纸发行。其中，手机报版报纸又分为纯文字版、彩信版（图文并茂）和客户端版（全媒体）。每种版本的报纸发行，在传播内容、阅读方式、订阅方式、传播效果、受众类型，都有自己的特点。

多种版本的报纸，内容并不完全一样。纸质版报纸和电子版报纸，内容一模一样。但微博版、微信版、手机报版的报纸内容，不但与纸质版报纸内容不同，而且彼此之间也互不相同。

例如，《江西手机报》是《江西日报》的手机版，由中共江西省委宣传部主管，江西日报社主办，传播内容与《江西日报》并不完全相同，形式上分为地方版、行业版、企业版等。《江西手机报》还分早、晚报两个版本，早报版本以重要新闻、重要信息为主，突出重要性、可读性、可议性，实现重要信息的全覆盖；晚报版本突出原创性、互动性、服务性，做活做细民生信息和生活服务内容，遇重大突发事件，及时以短信形式发送给读者。

2. 发行方式、订阅方式变脸

纸版报纸的发行，主要依赖邮局邮递员或报纸发行员进行人工送报（一天一次），党委宣传部和行政部门在其中起到非常关键的推动作用。

电子版（PDF 版）报纸出现后，互联网平台的报纸发行（一天一次），完全依赖自身的力量吸引网民点击（登陆报纸官方网页即可）完成发行过程。

手机版报纸出现后，手机平台的手机版报纸发行，既依赖读者的自主订阅，又可通过报纸自身的自主推送（《江西手机报》每天 7:30 和 17:30 两次发送），完成报纸发行。

2013 年 5 月 20 日，《江西日报》官方微信公众平台正式上线，关注《江西日报》微信公众号有两种方式：一是在“添加朋友”栏中查找微信公众号“江西日报”添加；二是扫描《江西日报》微信二维码自动添加。

2013 年 12 月 9 日，《江西手机报》（彩信版）试刊。《江西手机报》的订阅方式如下：全国各地均可订阅、接收；手机彩信用户编辑短信 JX 发送到 10626655，手机短信用户编辑短信 JXD 发送到 10626655，江西省外移动用户编辑短信 JXP 发送到 10658000。

纸版报纸在发行之前需要购买新闻纸印刷，需要雇用较多人员送报（须付出人力成本），因而发行成本较高。在转载纸质版内容的基础上，电子版、微信版、微博版《江西日报》，仅需极少数人员、费用较低，便可完成发行工作。

报纸发行的不同版本，因发行成本的不同，其订阅费用大相径庭。例如，纸质版《江西日报》2014 年订阅价每份 360 元/年，《江西手机报》每月费用仅要 3 元（无漫游费等其他任何费用)，电子版、微信版、微博版《江西日报》除上网费用外无须额外付费。

在媒介新格局中，党报的传播形态、发行方式也发生了变化。手机版党报的发行方式与纸质版党报的发行方式明显不同。2014 年 10 月至 12 月，由中共江西省委宣传部、江西省互联网信息办、中共江西省委教育工委、江西省教育厅、江西日报社联合举办的“手机党报进高校”活动在全省高校开展，此活动在大学校园刮起一股推广、下载手机版党报客户端的旋风。①

随后，“手机党报进机关”活动也在江西全省展开，以便进一步推广发行手机版党报，进一步巩固党报党刊主流媒体地位。“手机党报进机关”活动持续半年，由中共江西省委宣传部、江西省互联网信息办公室、中共江西省直属机关工委、江西日报社联合开展，以“下载《江西手机报》，争当党报传播人”为主题，要求江西全省各级党政机关人员特别是各级党员领导干部下载安装《江西手机报》的客户端，以扩大党报影响力、覆盖率。②

2016 年 12 月，《江西手机报》启动“手机党报进家庭”活动，《江西手机报》和南昌市政公用集团客服中心签署战略合作协议。根据合作协议，南昌市政公用集团客户服务中心的抄表员将化身“手机党报推广大使”。经过培训，130 余名抄表员成为手机版党报的合格“推广大使”，他们走进千家万户抄表的同时，还将宣传、推广《江西手机报》，并帮助市民下载安装。2017 年 2 月 21 日，南昌市政公用集团客户服务中心 130 余名抄表员来到江西日报社，学习作为“手机党报推广大使”的必备技能。③

北京日报报业集团开展“党报进社区”活动，强力推动百个“党报社区”“党报阅览室”建设，切实增强党报传播力、引导力、影响力、公信力。北京日报社依靠党报广泛而稳固的群众基础，与社区基层党组织开展合作共建，拓宽党报资源渠道。“党报进社区”活动得到北京市委宣传部、市社工委、各区委宣传部、各街道工委办事处大力支持，并得到了基层党员和群众的热烈响应。

“电子阅报栏”是集党报资讯、民生信息、品牌展示等内容于一体的智能互动新媒体平台。近年来，人民日报社坚持以技术为动力，以市场为手段，大力推动《人民日报》电子阅报栏建设，在全国 10 多个省区市建设电子阅报栏 2 万多个，初步形成党政、高校、社区、酒店、金融、交通等六大联播网络。④

---

① 张武明.党报有了“新看法” 掌上传递正能量——“手机党报进高校”公益文化活动风靡大学校园[N].江西日报，2015-01-12(A2).

② 寇晓红，周桐.江西开展手机党报进机关公益活动[N].江西日报，2015-01-22(A1).

③ 邹艳红.“手机党报”即日起走进你家 抄表员成“推广大使”[EB/OL].(2017-02-21)[2017-02-21]. http://4g.jxnews.com.cn/index.php? c=welcome&m=detailedNews&id=847852&channelId=10009&uid=1708540&from=timeline.

④ 内容引自 http://www.people.com.cn/GB/50142/104580/index.html。

3. 发行数据、评估指标变脸

传统的报纸发行，是指纸质报纸的发行，发行量以报纸的发行份数来计算。

在新媒体时代，报纸的发行量不能仅仅以报纸的发行份数来计算，而应将其他版本的发行量统计进来，如官方微博的粉丝数、官方微信的订阅数、电子版的浏览数。

正如电视节目开始统计全媒体收视率（不仅仅是电视机收视率）[①]一样，报纸也可以开始统计全媒体发行量。只不过，报纸不同版本的发行量，因版本特性的不同，不能简单相加，但可以分别描述。例如，《江西日报》2014 年 2 月发行量为 228 248 份，法人微博@江西日报 粉丝数为 1 288 591（截至 2014 年 5 月 5 日 17:00 时数据）[②]，《江西手机报》用户数达 3 万余人。

相应地，对报纸发行的考核评估指标，纸版报纸的发行与非纸版报纸的发行又应有所不同：前者主要看发行量，后者主要看总体粉丝数或订阅数或浏览数等。

（二）新媒体时代的党报发行对策

“没有移动传播力，难言舆论引导力。”[③]毫无疑问，倘若报纸置身于新媒体平台之外，将不可避免地被边缘化、被大众遗忘。所以，报纸必须充分利用新媒体平台，内容如此，发行也如此。报纸发行必须在新媒体平台大展“拳脚”。

1. 果断实施移动化转型

有人说过，读者在哪里，发行就到哪里。数字时代的读者在哪里？多数在互联网上。在智能手机逐渐普及的今天，读者在哪里？在移动终端上。

传播学者沈阳教授说：“如何发挥优势、扬长避短，快速进行移动化转型是决定这次新老媒体博弈胜败的关键。移动转型是大势所趋，纸媒应当拥抱移动媒体平台，重视大数据运用，发挥特色和优势，增加原创内容，争取更宽广的未来。”[④]

移动化转型对传统纸媒来讲既是挑战也是机遇，门户网站拥有庞大的用户量优势和互联网技术背景，而传统纸媒有着长年积累下来的品牌影响力和内容生产优势。

在移动化转型方面，一些报纸先行先试并尝到甜头，另一些报纸则已经落伍于时代潮流。

---

① 2014 年春晚的收视率首低于 10，但全媒体收视率达 22.15%，20 台地方春晚的全媒体收视率总计不过 16.94%。

② 2018 年 6 月 20 日粉丝数超 355 万。

③ 姜赟．没有移动传播力，难言舆论引导力[N]．人民日报，2014-02-20(14)．

④ 魏薇．纸媒“拥抱”移动化[N]．人民日报，2014-02-20(14)．

根据2014年发布的中国“报纸移动传播百强榜”[①]，《人民日报》《新京报》《南方都市报》位列报纸前三强，《经济观察报》《南方周末》《广州日报》《每日经济新闻》《扬子晚报》《潇湘晨报》《华西都市报》紧随其后，《江南都市报》位列第32名。在《2013中国报刊移动传播指数报告》统计的150家报纸中，开通新浪认证微博的占99.3%，开通微信公众号的占80.7%，入驻聚合新闻客户端的仅占73.3%。由于缺席某一移动平台，一些发行量和影响力较大的报纸(如《参考消息》)并没有进入百强榜单。

2. 探索新的发行方法

在新媒体时代，党报发行可以采取如下方式。

(1)数据库发行。数据库营销，是一种先进的营销模式，嫁接到报纸发行上，能够产生巨大的销售力。这种方法，要求建立庞大的订户数据库或潜在订户数据库，可用来维护已有客户，使其不停止订阅；也可用于向老客户推销新的报纸产品，或向潜在客户推销各类报纸产品。

(2)短信发行。通过手机平台，群发订阅短信，是报纸媒体简易可行的发行方法(尤其适用于维护老客户)，但目前并不常见。

(3)微博发行。报纸发行部或发行公司，可以在微博平台开设专门的官方微博，发布订阅信息，与大小客户一对一交流(尤其适用于大客户营销)。

(4)微信发行。截至2018年第一季度，微信和WeChat的合并月活跃账户数已经达到10.4亿，[②]是亚洲地区最大用户群体的移动即时通讯软件。用户如此众多的微信，为报纸发行提供了新的平台。2013年10月21日，《参考消息》在全国报纸中率先推出“微信订报”[③]。2013年11月25日，《江南都市报》也推出“微信订报”。“微信订报”给读者带来崭新的互联网订报方式，引人注目。在“微信订报”模式下，读者电话都不需要打，只要动动手指在微信中填写姓名、住址、联系电话并在线付款，即可订阅报纸，坐等报纸送上门。

(5)网店发行。党报媒体可以在淘宝网、团购网等电子商务网站，建立报纸发行网店，有关的订阅广告，可以转化为二维码，方便用户扫码订报。特别要注意的是，党报在电子商务平台的发行，要确保快速投递，并投递到户。

---

① 引自人民网研究院和武汉大学互联网科学研究中心2014年1月发布的《报刊移动传播指数报告》，地址为http://vdisk.weibo.com/s/auoGUWuYmPCm0/1392864079。

② 新浪科技.腾讯2018年第一季度净利润232.9亿元 同比增长61%[EB/OL].(2018-05-16)[2020-01-02].http://tech.sina.com.cn/i/2018-05-16/doc-iharvfht9098995.shtml.

③ 陈中.传统媒体初试微信支付订报刊 付费阅读或来临[EB/OL].(2013-10-21)[2020-01-02].http://tech.ifeng.com/mi/detail_2013_10/21/30506386_1.shtml.

(6)策划活动。集齐若干个赞就有奖,转发并@若干好友就有奖,发红包,等等,都是在微信、微博平台扩大影响力、提升关注度的有效方法。报纸也可采用这些方法吸引用户订阅。

(7)数字报免费。免费是新媒体时代的敲门砖。为了更好地传播党的主张、反映人民心声、有效引领舆论、服务广大读者,《人民日报》数字报于 2017 年 1 月 1 日起取消收费。①

(8)互荐发行。同一报纸的不同版本,不同的报纸,通过传播内容的差异化、发行方面的相互配合,可最大限度地减少"内耗"、实现共赢。报纸的不同版本(纸质版、手机版、电子版等)之间,党报与子媒体(包括子报、子刊、子网)之间,都可以相互推介、互助发行。

在新媒体时代,对一家报纸而言,无论是纸质版,还是电子版、微博版、微信版、手机报版,在发行方面都不能各自为政,内容方面则不能完全雷同。对一家报业集团而言,母报与子报、子刊、子网站之间,也可以在版面、网页上和采访中,互相帮忙推介。例如,《江西手机报》正式上线后的第三天、第四天,其母报《江西日报》先后在 A1(头版)、A2 版刊发报道《〈江西手机报〉正式上线开通》《10 万张免费手机报充值月卡受热捧》对《江西手机报》进行推广,既报道了《江西手机报》正式上线、派发充值卡的动态,又介绍了《江西手机报》在媒体方阵中的政治地位、报道形式、功能定位、发展规划、客户端下载方式等说明性信息。

党报在基层的发行,可以考虑由基层的党组织负责,由所有行动方便的党员负责投递。早在 2006 年,西安外国语大学教授王天定就在博客上建议,中国共产党应该动员全党力量支持党报事业。②

日本共产党党报《赤旗》的发行便是如此,"所有的党员都要参与到报纸的发送工作中去"③。该报主要是由党员负责,而且党员只因此获得微薄的经济报酬(每月大约 520 日元,④约合 30 元人民币)。⑤ 日本共产党要求"全体党员都要阅读《赤旗》""党费

---

① 2010 年 1 月 1 日,人民网推出《人民日报》电子版收费阅读服务,收费模式有三种:每月 24 元;半年 128 元;全年 198 元。读者可以通过在线支付、银行转账和邮局汇款三种方式支付。此后不久,人民网刊发启事称,人民网尝试推出《人民日报》数字报收费阅读服务两个多月,得到了广大读者的理解与支持,同时也有一些不同的声音,因此决定,从 3 月 5 日起,《人民日报》数字报前 4 版内容长期免费,第 5 版及 5 版以后版面内容当天免费;原先用户阅读前 4 版内容,也要注册登录,3 月 5 日后,无须注册登录即可阅读当天及历史前 4 版内容。但阅读往期报纸的其他版面仍要付费。

② 王天定.由《赤旗》报想到《人民日报》[EB/OL].(2006-04-24)[2018-05-26]. http://blog.sina.com.cn/s/blog_483be870010003jb.html.

③ 龙一春.宣传与经营的并存——对日本共产党机关报《赤旗》办报模式的分析[J].新闻大学,2006(3):2.

④ 龙一春.宣传与经营的并存——对日本共产党机关报《赤旗》办报模式的分析[J].新闻大学,2006(3):5.

⑤ 谢灵佳.日本共产党中央机关报——《赤旗报》[J].新闻界,2017(7):107.

和机关报订阅费要及时缴纳”①。订阅《赤旗》是每个党员的义务，因此形成“日本共产党员人人订报”的局面。②

(9)上门发行。无论是纸质版党报，还是手机版党报，发行工作都要主动，尽可能上门发行。《江西手机报》在发行时采用了这一方法。

(10)高层党员和明星公开看党报，带动广大群众、干部、粉丝订阅党报。

(11)广设阅报栏，提升党报的露面率。可在火车站候车室、银行业务大厅、宾馆大堂、校园候车站、社区门口等人流密集场所广设读报栏，增加党报的发行量、赠阅量，提升党报的阅读率。

## 二、拥抱传播新科技

中国共产党要始终代表中国先进生产力的发展要求，始终代表中国先进文化的前进方向。作为中国共产党的宣传机关，党报应该成为媒介融合潮流的引领者、追随者、融入者，而非落伍者。

“从印刷、无线电、广播电视到互联网，传播技术和渠道的更新升级正缔造新的产业形态与业态，从而推动传媒产业的快速发展。比如，人工智能技术正在重构新闻生产流程，推动以广告为主的盈利模式向内容付费模式转变；大数据和云计算将大幅提高新闻报道的深度和广度，甚至预测社会发展趋势，影响重大决策；虚拟现实技术将拓展媒体内容的呈现形式，为观众提供浸入式体验，在影视、社交、游戏等领域开拓出新的盈利模式。而随着下一代互联网时代的到来，新技术也将推动传媒产业的进一步迭代升级。”③

作为全国党报的排头兵，《人民日报》一直主动拥抱新媒体，积极采用新技术，不落伍于时代，经常引领党报传播科技潮流。

在媒介新格局中，《人民日报》《江西日报》等党报积极报道最新科技，投资建设传媒科技公司，大胆尝试 VR、AR、AI、大数据等最新科技，与掌握前沿科技的公司开展战略合作。

2015 年 10 月 8 日，人民日报社新媒体中心正式成立，人民日报客户端三期产品上线。新上线的三期产品共优化功能点 78 处，其中有较大突破的功能点近 34 处，大

① 龙一春.宣传与经营的并存——对日本共产党机关报《赤旗》办报模式的分析[J].新闻大学，2006(3).

② 谢灵佳.日本共产党中央机关报——《赤旗报》[J].新闻界，2017(7)：107.

③ 崔保国.2018 年中国传媒产业发展报告(完整版)[EB/OL].(2018-06-22)[2018-10-23]. https://mp.weixin.qq.com/s/68HxqRtOpf9ssh1H4D_VCw.

幅提升了加载速度，使新闻内容的呈现方式由原有的7种增加到14种，全面优化了视频播放、视频直播、在线访谈功能，并首次在新闻类客户端中采用了语音搜索功能。同时，人民日报客户端三期产品还致力于"打造一款为老百姓办事的客户端"，全面接入政务服务，形成完善的政务发布和政务服务平台，接入住宿、电影、餐饮等生活服务，打造贴身生活服务平台。

2016年全国"两会"期间，《人民日报》采用VR全景拍摄技术，改变了以往只需守在相机取景器后专心拍照的工作状态。该报的VR作品《VR带你进会场·政协大会这样开幕》，使用户足不出户，就能看到大会开幕、大会堂内景，以及政协委员们起立唱国歌、听报告的场景，真正的720度沉浸式体验。《人民日报》开启"云直播"，前方记者采集视频图文数据并实时回传，新媒体中心编辑快速加工后同步分发给包括客户端、微博、微信在内的《人民日报》融媒矩阵。记者全媒体技能大爆发，"e记者"、网络视频直播各显神通。

2016年被称为"移动直播元年"，移动直播和短视频被业界认为是最大的风口。党报越来越多地发力做移动直播。2016年8月8日，由《人民日报》全媒体平台直播的"新疆哈密传统刺绣品牌战略网络新闻发布会"在线上顺利举行。本次发布会是新疆首次以全媒体全网直播的方式举办的新闻发布会，也是《人民日报》在视频直播领域的全新尝试。

2017年全国两会期间，智能机器人"小融"进驻人民日报"中央厨房"大厅，担任小助手。小融针对"两会"开发出热点舆情语音播报、前方记者语音查询等特殊功能，通过与小融语音交互，后方总指挥可在最短时间内找到前方记者，提高"两会"报道的协同作战能力和沟通效率。《广州日报》运用高科技神器——孖宝机器人"阿同""阿乐"助阵。阿同写稿，阿乐陪聊，被新华社称为全国两会的一道炫目风景线。《深圳特区报》和深圳的一家科技公司联手定制的机器人"读特"既可以播报两会新闻，介绍两会相关知识，又能对代表、委员进行采访，还可以提供智能人脸识别、播报天气、激光导航、红外感应、人机互动、自主避障等功能（见图7-9）。

**图7-9 《深圳特区报》机器人"读特"**

## 三、打造境外影响力

党报无疑是拥有强大影响力的主流媒体，但在我国港澳台地区和国外，党报的影响力还有很大的提升空间。

2016年2月19日，习近平总书记在党的新闻舆论工作座谈会提出，要加强国际传播能力建设，增强国际话语权，集中讲好中国故事，同时优化战略布局，着力打造具有较强国际影响的外宣旗舰媒体。贯彻落实总书记的这句指示，党报责无旁贷。

在新时代，在媒介新格局中，党报必须在国际传播方面有所作为，敢于走向国外，走向“一带一路”沿线国家，走向发达国家，走向全球，敢于与国外主流媒体竞争，力争称雄国外媒介市场。

### （一）广泛开展与外国主流媒体的合作

2017年7月4日，人民日报社和塔斯社交换双方全面合作协议。在“2016—2017中俄媒体交流年”的框架下，人民日报社与俄罗斯塔斯社联合主办“中俄主流媒体边境口岸城市联合采访活动”。

2017年9月19日，人民日报社和甘肃省委省政府联合主办2017“一带一路”媒体合作论坛。来自全球126个国家的265家媒体、智库和国际组织的300余位外方代表参加了本届论坛，共达成包括成立人民日报社国际问题研究中心、启动人民日报社“一带一路”新闻合作中心暨跨境联合采访等在内的六项成果。

2017年9月，人民日报社邀请印度尼西亚、孟加拉国、文莱、柬埔寨、老挝等14国的24家主流媒体的社长、总编辑、编辑部主任、知名记者，组成亚洲主流媒体考察团，发表了大量一手报道，为共建“一带一路”夯实民意基础，营造舆论氛围。

2017年12月，人民日报社主办的“2017澜沧江—湄公河合作媒体峰会”在北京举行。这是在“澜湄”合作框架下举行的首次媒体峰会，共有来自该地区6个国家的30余家主流媒体代表参加，嘉宾们就“澜湄”合作交流等议题进行讨论，签署了“澜湄合作媒体联合宣言”。

### （二）充分使用外国媒体

2017年，全球社交媒体用户数量已超30亿，并且以每天增长100万的速度持续增长。[①] 媒介新格局中，外国的社交媒体是不可忽视的传播平台。

上海社会科学院、社会科学文献出版社发布的《上海蓝皮书：上海传媒发展报告（2018）》指出，Line、Facebook 和 PTT 是台湾主要的社交媒介平台，Facebook 使用率高达 65%，微信使用率仅 1%，而大陆主要社交媒介是微信。[②] 可见，党报如果想要影响台湾地区民众，光靠微信是远远不够的，还必须入驻 Line、Facebook 等社交媒体平台，并不断发声。

可喜的是，《人民日报》将党报的传播触角延伸到了国外的社交网络平台，开通了 Facebook 账号和 Twitter 账号。2015 年 9 月 2 日，《人民日报》的 Facebook 账号“People's Daily，China”的粉丝数超过 1 000 万。[③] 截至 2017 年年底，人民日报社运营的 6 个海外社交媒体机构账号总粉丝量超过 4 600 万，《人民日报》英文版 Facebook 账号粉丝数、活跃量、互动量在全球纸媒中都稳居第一。[④] 截至 2020 年 1 月 13 日 10:13，《人民日报》在 Twitter 上的粉丝数为 700 万，在 Facebook 上的粉丝数为 70.6 万。但是，拥有 Facebook 账号和 Twitter 账号的其他中国党报极少。

### （三）开办外文媒体

在手机成为全球第一媒介、中国崛起为世界第二经济体的媒介新格局中，党报应该在对外传播中扮演更为重要的角色，“连接中外、沟通世界”。所以，党报应该在“一带一路”沿线乃至更大范围开展广泛的多语言传播。

人民日报社旗下的人民网，拥有中文（简、繁体）、蒙文、藏文、维吾尔文、哈萨克文、朝鲜文、彝文、壮文和英文、日文、法文、西班牙文、俄文、阿拉伯文、韩文等 15 种语言 16 版，是境外受众阅读中国党报的第一平台。

2017 年 10 月 15 日，人民日报英文客户端上线仪式在人民日报社新媒体大厦举行。[⑤]

人民日报英文客户端的开发和上线，正是中国党报顺应媒介新格局、对外传播新形势做出的新举措。

---

① 卢新宁.向世界讲好中国故事 助推海外传播力提升[J].传媒，2018(5)：1.

② 常红.《上海传媒发展报告(2018)》指出——两岸社交媒介使用差异导致沟通难度较大[EB/OL].(2018-04-04)[2018-04-06]. http://tw.people.com.cn/n1/2018/0404/c14657-29908245.html.

③ 人民日报 Facebook 账号粉丝超千万[EB/OL].(2015-11-10)[2018-04-06]. http://www.people.com.cn/n/2015/1110/c393876-27799325.html.

④ 卢新宁.向世界讲好中国故事 助推海外传播力提升[J].传媒，2018(5)：1.

⑤ 侯露露.人民日报英文客户端正式上线[EB/OL].(2017-10-15)[2018-04-06]. http://politics.people.com.cn/n1/2017/1015/c1001-29587996.html.

## 四、重塑通讯员工作[①]

在新闻媒体中，通讯员是通讯社、电视台、电台、报社等大众传播媒体聘用的非专职新闻工作人员。“通讯员的任务是辅助新闻机构采集、撰写本单位和本地区的新闻。”通讯员对不同时期的新闻工作均起着提供稿源、助力发行、联系群众的重要作用。

党的新闻事业开展之初，通讯员队伍的建设就受到特别重视。1930 年 5 月，中央党报委员会在《中共中央党报通讯员条例》中明确规定，党报通讯员的任务是向党报每隔若干时间将本省多个政治经济及群众斗争情况作一系统的通讯，同时，对各地个别的重要政治事变及群众斗争作经常的临时通讯。《条例》还对建立通讯员档案、通讯员稿件的审查作了具体规定。该《条例》标志着中国共产党党报历史上通讯员制度的最初建立。

革命根据地时期，中国共产党的党报通讯员制度初步建立。这些出自通讯员队伍的文章真实反映了苏区的原貌，繁荣了苏区的报刊发展。在通讯员队伍的不断扩展下，苏区报刊的发行和影响力也在不断扩大，极大地推动了党的各项工作的开展。中央苏区的《红色中华》创刊后不久就发展了通讯员 200 多人，到 1934 年 10 月停刊时已达 400 多人，还选聘有特约通讯员，形成了我党最初的党报通讯员网。《红色中华》报纸上还开辟了《写给通讯员》等专栏，报社专门印刷小册子，密切与通讯员队伍的联系，给通讯员以指导。《红星》报拥有 500 多人的通讯员队伍，依靠着这些通讯员，《红星》报在长征途中也能够出版。

1937 年，“七七事变”爆发，中国进入全面抗日战争时期。伴随着“群众办报”“全党办报”要求的提出，党报通讯员队伍在这一阶段得到了进一步发展。

1948 年 4 月 2 日，毛泽东接见《晋绥日报》编辑部人员，在谈话中正式提出“群众办报、全党办报”的方针，这标志着中国党报通讯员制度走向成熟。

毛泽东指出，“我们的报纸也要靠大家来办，靠全体人民群众来办，靠全党来办，而不能只靠少数人关起门来办”“要通过报纸加强党和群众的联系”。毛泽东反复强调，办好报纸必须走群众路线，只有走群众路线才能办好报纸。

党的十一届三中全会以后，各级党报对通讯员队伍进行了整顿。以《湖南日报》为例，通讯员人数由改革开放前的 10 万人缩减为 2 000 多人。人数虽减但素质提高，来稿来信增加。《湖南日报》还多次召开通讯员代表会议，分享经验，集中培训。

---

① 此内容出自课题组已公开出版或发表的阶段性研究成果。

20 世纪末 21 世纪初，随着电视、互联网的兴起，传统的采写通讯员中衍生出了新的分类，如为电视和视频应用服务的“拍客”就是其中的代表。央视的《百姓档案》就是一档专门播放观众自己拍摄的 DV 作品的节目。

新媒体的兴盛，使得新媒体对于通讯员的需求加大。2013 年被称为“短视频元年”，各媒体单位都纷纷采用短视频形式制作新闻产品。短视频新闻应用“梨视频”设有专门的“拍客报料”专区，这就需要大量的视频通讯员——“拍客”。

21 世纪以来，互联网为用户提供了一个“全民皆可当通讯员”的平台。过去通讯员发送一篇稿件需要通过信件的方式，时效性差。信息技术发展以后，通讯员发稿经历了“书信电报—短信—电子邮件—微信”等社交软件发送的变化，时效性大大加强。

在通讯员的管理上，媒体单位也都借助网络社交平台将不同地区、不同身份的通讯员集合在一起，如建立 QQ 群、微信群等，因此，他们也被称为“网络通讯员”。

在媒介新格局中，党报要重塑通讯员工作制度，建立新的通讯员队伍，实现新时代通讯员队伍建设的突围。

首先，要重新认识通讯员价值。通讯员队伍是党报联系广大群众的桥梁和纽带，是实现“群众办报、全党办报”的基石，是落实马克思主义新闻观和实现“三贴近”原则的重要举措。

通讯员的采写工作可以为新闻媒体提供新闻线索、新闻素材和新闻稿件，可以为国家发展、社会进步提供信息支持，还可以为所在单位提升形象，为民众发声代言。①

新媒体时代，优质内容依然是媒体的制胜法宝，稳定的通讯员队伍甚至比记者更接地气，写作更加真实。

其次，组建新的通讯员核心队伍。一支作风优良、能力过硬的核心通讯员团队就是通讯员队伍的“主心骨”，也是媒体单位的“靠山石”。依靠他们，就能保证源源不断的稿源和高质量的新闻作品。与传统通讯员不同的是，新时代的通讯员应该是全媒体报道者，不但会采写文字稿件、拍摄新闻图片，而且要善于利用智能手机拍摄各类短视频，懂得利用编辑软件加工音视频，最好懂得使用无人机进行航拍，懂得操作网络直播。而建设这样一支队伍，就需要对他们尤其是年轻的通讯员进行培养。如，《江西日报》《湖北日报》每年都会举办通讯员培训班，衡水日报社也为特约通讯员集中“充电”，带领他们开展采写实践，深入现场学习采编技巧。党报也可以像“梨视频”“澎湃新闻”等 App 媒体那样专门招募短视频拍客。

最后，健全奖励机制，提高稿费。要培养扎实的通讯员队伍，就要培养他们对于报

① 王卫明，倪洪江.通讯员新闻采写一本通[M].2 版.北京：人民日报出版社，2018：13.

社的“感情”。一系列的奖励机制，有利于激发通讯员的来稿积极性和集体归属感。例如，《检察日报》除每年举办优秀通讯员评选活动以外还会每两年评选出“百名优秀通讯员”，对他们的贡献进行表彰。2018年，中国江西省委宣传部微信公众号“江西宣传”举办“2017年度十佳通讯员评选活动”，以表彰先进。

从目前来看，许多党报给通讯员提供的稿费相当低，远远不及一些新媒体公司的稿费标准。例如，《新京报》的“我们视频”的单条视频稿费是400元至3 000元，点击量越高稿费越多。而“梨视频”的单条视频稿费最高可达10 400元。

## 五、顺应证券化潮流①

改革开放以来，中国传媒行业先后经历了三个发展阶段：20世纪70年代末，以1979年1月4日《天津日报》率先刊登商业广告为开端，中国传媒行业开始实行“企业化”经营；20世纪90年代末，以1996年1月15日成立广州日报报业集团为标志，中国传媒行业开始“集团化”的建设，至今已经发展到地市级传媒行业的集团化；21世纪至今，以2012年4月27日人民网的上市为标志，中国传媒行业完全迈入“证券化”的发展阶段（见图7-10）。

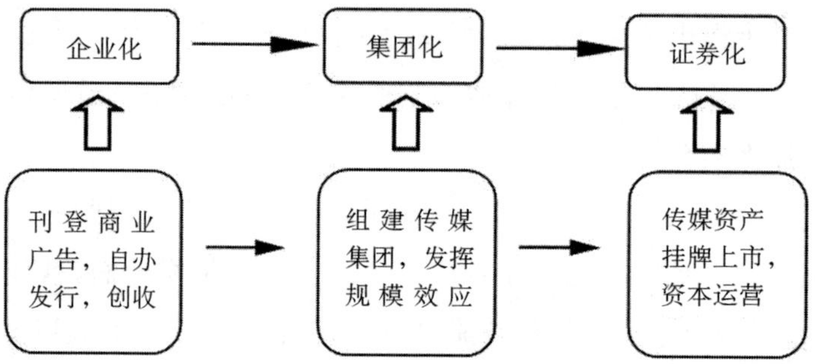


**图7-10 中国传媒行业的发展阶段**

进入21世纪后，中国传媒行业的发展从集团化阶段转入证券化阶段。传媒公司上市可以提升品牌形象，带来直接的资金收入，更多的发展机会，促进管理的规范化。这诸多好处使得传媒公司上市渐成热潮，在过去的21年里，中国登陆资本市场上市的传媒公司已经超过70家。传媒公司上市后，可以实施这些举措：定向增发股份，实施股权激励，引入战略投资者，通过融资获得发展资金，投资新项目，实施收购运作，可以

① 此内容出自课题组已公开出版或发表的阶段性研究成果。

进行合并操作，可以向国外扩张。

党报的发展，也应顺应证券化发展潮流。2015 年 7 月 28 日，由江西日报传媒集团控股的江西大江传媒网络股份有限公司（简称“大江传媒”，证券代码：833072）在全国中小企业股份转让系统（即新三板）挂牌，江西日报传媒集团由此成为子公司挂牌新三板的第三家省级党报集团。此前，湖北日报传媒集团旗下的湖北荆楚网络科技股份有限公司（简称“荆楚网”，证券代码：830836）、辽宁日报传媒集团旗下的辽宁北国传媒网络科技股份有限公司（简称“北国传媒”，证券代码：832647）先后于 2014 年 7 月 1 日、2015 年 6 月 17 日在新三板挂牌。

“由于中国文化业作为意识形态属性较强的产业，长期以来自我封闭、经营管理水平低，导致盈利水平低、自我积累比较少，现有资金能力和外部市场空间不匹配。在这种情况下，文化企业纷纷采取各种方式进行融资，上市已经成为一种最受文化企业青睐的融资方式。”①

证券化将继续成为中国传媒行业发展的新风口，推动更多的党报集团走进资本市场成为上市公司。

党报的传媒资产上市后，在尽量规避市场风险、避免错误决策的前提下，可以实施以下举措。

(1)可以定向增发股份。定向增发是上市公司向符合条件的少数特定投资者非公开发行股份的行为，有利于市值的增长，可以获得急需的优质资产，为发展注入新的活力，带来盈利能力的提升。定向增发包括三种情形：一种是通过定向增发使大投资者成为上市公司的战略股东，甚至成为控股股东；第二种是通过定向增发融资后去购并优质资产，迅速扩大规模；第三种是通过定向增发股份为拓展特定业务或开展特定项目获得急需的资金。

例如，2015 年 2 月 16 日，光线传媒（证券代码：300251）获证监会核准非公开发行股票，这次定向增发总金额为 28 亿元人民币，杭州阿里创业投资有限公司和上海光线投资控股有限公司分别认购。再如，2015 年 7 月 31 日，天涯社区网络科技股份有限公司获准挂牌新三板并完成首轮定向增发，定增发行股票 300 万股，募集资金 3 999 万元。

(2)可以实施股权激励。新媒体时代，传媒竞争拼的就是人才。传媒企业要想在行业中脱颖而出，就必须抓住优秀人才。上市传媒企业向企业内部员工实施股权激

---

① 郭全中.传媒业上市：现状・问题・对策——从上市公司 2012 年半年报引发的思考[J].新闻前哨，2011(12)：58-62.

励，有助于企业留住优秀员工，激励现有员工，吸引新员工。同时，企业在实施股权激励时，可以向投资者发行不影响控股权的优先股。

如博瑞传播很早就推出股权激励，在2006年到2008年这三年间，共向44名激励对象发行1 600万份股票期权，这些激励对象包括董事、监事、高管人员和核心人员。

（3）可以引入战略投资者。传媒上市公司引入战略投资者，可以借力外来的资金、管理、技术以及有眼光的专家和人才等弥补自身的不足，发挥战略协同效应，完善公司治理机构，改善公司股权结构。

实力不够强大或股权结构过于单一的传媒类上市公司，尤其需要引入战略投资者。以大江传媒为例，这家公司上市时的股东都是江西日报传媒集团的子公司，在资本运作方面都缺乏经验，也都缺乏省外客户资源，这就特别需要其从外部引进战略投资者以便取长补短。

（4）可以通过融资获得发展资金。借力资本市场是传媒公司上市的主要目的之一。通过融资，传媒公司可以为那些因缺乏资金而被搁置的项目解决资金问题，从而推动项目的进行，快速提升自身实力。

2012年4月27日，人民网股票（证券代码：603000）在上海证券交易所上市交易。人民网募集资金达到13.82亿元，不但为自身获得更多发展资金，也为上市后投资的多个文化传媒项目解决了资金问题。

（5）可以投资新项目。投资是上市企业资本运作的方式，也是上市企业发展自身实力的手段。从传媒行业的特质出发，传媒类上市公司可以投资有潜力的移动客户端、房地产、旅游、网络游戏、电子商务、金融信息服务、地方特色文化产业、创意文化、公关公司、广告公司等。“如果说上市融资对于传媒集团的发展能解燃眉之急的话，那么能否高效运用融来的资金去投资就显得更为重要。毕竟，上市是手段，发展才是目的。”①

近年来，传媒行业新的投资更加多元化，如玩游戏、拍电影、卖彩票、放贷款等。2013年8月，人民网通过收购澳客网（互联网彩票行业第二强）的方式进军彩票销售业务。2014年9月16日，博瑞传播（证券代码：600880）发布公告称，已与腾讯计算机联手，共同经营一款手机游戏。2014年8月6日和9月12日，粤传媒（证券代码：002181）也先后推出了两款游戏。②浙报传媒曾斥资发展影视、互联网视频和动漫等产业。粤传媒投资建设网络彩票代购服务平台项目，其云彩彩票网2014年4月中旬上线。

---

① 耿蕊.中国传媒“上市热”现象审视[J].传媒，2009(3)：28-30，45.

② 陶宁宁.传媒上市公司转型报告：跨界大投资开始收获[EB/OL].(2014-09-23)[2015-08-07].http://www.df-daily.com/html/8757/2014/9/23/1188458.shtml.

(6)可以实施收购运作。收购可以是完全收购,也可以是控股收购,通过支付现金或者购买股票实现。传媒行业的特点是更新换代迅速,掌握了技术就等于掌握了生产力。收购可以为传媒上市公司迅速实现发展战略,取得关键技术和人才,能够缩短其需要完成的项目的建设时间,迅速扩大企业规模,为企业实力的提升、影响力的扩大夯实基础。传媒上市企业收购范围不必局限于本地、本国,也不必局限于本行业。

2012年4月,浙报传媒宣布斥资近35亿元收购杭州边锋和上海浩方两家游戏公司。2015年,浙报传媒收购"爱阅读"。"浙报传媒表示,此番收购爱阅读是公司构建新闻传媒、数字娱乐、智慧服务和文化产业投资'3+1平台'的大传媒产业格局,构建互联网枢纽型传媒集团战略的一部分。公司认为,移动阅读行业仍在快速发展,爱阅读的团队和运营经验有助于公司尽快获取移动阅读以致网络出版领域的入口。"①

(7)可以进行合并。公司的合并分为吸收合并和新设合并。上市传媒公司之间的合并,可以使得合并的公司之间在资本实力、经验、用户基础、渠道、技术、服务等方面实现资源互补,有利于夯实合并后公司的全产业链布局,提高其核心竞争力,实现战略发展目标。

互为竞争对手的两家传媒类上市公司若合并,可以避免互相竞争,减少同质化竞争带来的重复成本支出,可以扩张公司规模,强化企业的垄断地位,提高行业的集中度。2012年8月20日,优酷股份有限公司(NYSE: YOKU)和土豆股份有限公司(NASDAQ: TUDO)以100%换股的方式合并,成立新的优酷土豆集团公司。

"数字化技术发展的一个趋势性潮流就是,媒介业固有疆界被渐次打破,越来越多的跨媒体、跨地区、跨行业的资源整合的要求摆在人们的面前。"② 2014年11月21日晚,上市公司百视通(600637.SH)和东方明珠(600832.SH)双双宣布以百视通吸收合并东方明珠的方式,实现两家上市公司合并,着力打造具有强大实力和影响力的新型主流媒体。

(8)可以向国外扩张。传媒产业是注意力产业,传媒类上市公司将战略目光投向全球,投资海外项目,可以赢得更多用户、客户和盈利空间。传媒类上市公司可以投资、收购国外传媒机构,开拓海外市场;可以与国外传媒集团共同投资,在世界各地市场收购传媒机构;可以创办国外版、国外频道,增加国外受众;可以与国外传媒集团成

① 聂品.浙报传媒拟受让移动平台[EB/OL].(2015-04-02)[2015-08-07].http://stock.heun.com/2015-04-02/174624361.html.

② 喻国明.传媒上市的利弊谱系——传媒上市的利弊分析与风险评估[J].编辑之友,2009(7):9-11.

立合资公司销售中国的传媒产品；等等。

2014 年，中文天地出版传媒股份有限公司（简称“中文传媒”，证券代码：600373）收购北京智明星通科技有限公司。中文传媒收购智明星通，正是看中了其在北美洲、亚洲、欧洲、南美洲约 40 个国家的全球互联网基础和丰富的跨国运营经验，希望通过收购促进中文传媒的国际化布局。

# 第八章

# 结　语

在当代世界，政党报纸是一种普遍存在的政治传播媒介。在当代中国，党报是一种独特的存在，数量多（有 429 家），受众规模大，影响力强，政治地位高，备受各级党政领导、党员、社会各界人士的关注。

党报是各级党委机关报，在当代中国，中国共产党党报实际上担负着政府机关报、人民喉舌的功能和职责。党报在当代中国的政治生活和社会运转中发挥着独特的作用，扮演着独特而重要的角色。

作为新闻媒介的一种，党报也承担着其他新闻媒介所应承担的常规角色。在不同国家，由于报纸定位、政党地位的差异，党报角色可能大相径庭；在同一个国家，党报角色在不同时期也可能有所变化。

党报的角色定位，受到多种因素影响。党报的角色定位，应该与现代传播体系中的其他传媒有所区别并相互影响，与现代传播体系中的传媒角色变化有正相关关系。党报的角色定位，与本党性质有密切关系，包括政治定位（领导者）、政治地位（革命者、执政者）、根本宗旨（服务者）等。

党报的角色与党报的使命、所属政党的使命关系密切：政党的使命、党报的使命决定党报的角色。

党报的角色定位，必须服务于党的根本宗旨的实现。党报功能的充分发挥，有赖于党报的角色扮演、角色实现。党报的角色定位，应该有利于党报功能定位的实现。

同一时期的不同党报，其使命和角色也会存在细微的差别。不同区域、层级、类型的党报，会承担一些相同的角色，但也会承担不同的角色。不同层级的党报，扮演的角色是不一样的。不同类型的党报，扮演的角色也是不一样的。

不同级别的党报的角色定位不应当完全一样，而应当尽量错开定位，尽量避免正面冲突，形成各自不可替代的特色定位。正因为不同级别党报的角色有所不同，所以其内容定位、读者定位、发行定位也应有所不同。党报与子报子刊子网，也应该存在一定的角色分工和角色协作。

对党报媒体群（包括党报所办的子报）而言，在承担相同角色（如“信息传播者”“党的思想的传播者”）的前提下，也要进行合理的角色分工，保证彼此之间在角色方面有一定的差异。

在媒介新格局中，党报必须担当的天职性角色包括：信息传播者，党的意见、意志的表达者，党的思想的传播者，党和政府工作的推动者，利益捍卫者，民意的倾听传播者，舆论的回应引导者，社会主义核心价值观倡导者。

在媒介新格局中，党报可以担当的兼职角色包括：智库服务提供者、媒介经营者、民众事务帮办者、互动分享者、舆论监督者、慈善公益活动组织者、社会心灵抚慰者。其中，智库服务提供者、互动分享者、慈善公益活动组织者是媒介新格局中的新角色，在党报角色扮演过程中的比重越来越大。

在媒介新格局中，党报不能扮演的禁忌角色包括：舆论引导的缺席者和迟到者、摊派发行者、传谣造谣者，等等。

21世纪，中国的媒体格局发生巨大变化：以互联网为平台的新媒体（包括网站、自媒体、客户端等）逐渐崛起，网民规模急速扩大，人们的阅读习惯从“以传统阅读为主”转向“以数字化阅读为主”，传统媒体面临严峻的生存危机，舆论场景呈现复杂化、多元化的特点。

在全球化、社会转型、全面深化改革、推进国家治理现代化的新语境中，在纸媒式微与二维码、微博、微信、App盛行的传播背景下，受众越来越青睐移动阅读，党报所处的传播环境、面临的传播形势明显有变。

总体而言，媒介格局的显著变化，为党报传播及党报角色担当提供了新平台、新手段，也给党报传播及党报角色担当形成新的挑战，提出了新的要求。

时代变了，受众变了，媒介格局变了，党报的角色也会发生变化，党报的角色实现方式和手段也应该随之变化。

在媒介新格局中，党报的角色实现路径包括以下几个方面。

（1）优化党报管理理念与制度。更新党报管理理念，改革业绩考核制度，正确认识党报角色。

（2）提升传播内容的可读性。重构党报话语框架，优化头版稿件题材，增加与新媒体互动，适时引入游戏元素。

（3）与新兴媒介融合发展。打通纸上线上融合报道，形成媒介融合传播矩阵，巧借网络意见领袖之力，与新兴媒介的互相推介。

(4)党报在与新兴媒介融合发展的过程中,要以成为新型主流媒体为目标,尽可能多生产头部内容,争取成为移动传播平台的头部媒体,发挥头部效应。

(5)创新党报经营策略。创新发行手段,拥抱高新科技,打造境外影响力,革新通讯员工作,顺应证券化潮流,发展平台经济、粉丝经济、社群经济。

展望未来,媒介格局仍将继续变化,党报担当的角色仍将多样化,不同角色所占的比重仍将此消彼长,党报角色实现的路径、手段、方式、方法必须与时俱进、顺势而变。

# 参考文献

## 书籍

[1]新华社.毛泽东论新闻宣传[M].北京:新华出版社,2000.

[2]薛克成.毛泽东党报思想论[M].南宁:广西人民出版社,1994.

[3]新华社研究所.邓小平论新闻宣传[M].北京:新华出版社,1998.

[4]江泽民.江泽民文选[M].北京:人民出版社,2006.

[5]胡锦涛.胡锦涛文选[M].北京:人民出版社,2016.

[6]习近平.习近平谈治国理政[M].北京:外文出版社,2014.

[7]本书编写组.习近平新闻思想讲义[M].北京:人民出版社,学习出版社,2018.

[8]童兵.马克思主义新闻思想史稿[M].北京:中国人民大学出版社,1989.

[9]本书编写组.新闻学概论[M].北京:高等教育出版社,人民出版社,2009.

[10]郭庆光.传播学教程[M].2 版.北京:中国传媒大学出版社,2011.

[11]赵晓呼.政党论[M].天津:天津人民出版社,2002.

[12]中共中央党史研究室.中国共产党的九十年:上中下[M].北京:中共党史出版社,2016.

[13]吴庆棠.传媒角色论——新闻传媒角色与个性风格[M].上海:上海社科院出版社,1999.

[14]奚从清.角色论——个人与社会的互动[M].杭州:浙江大学出版社,2010.

[15]秦启文,周永康.角色学导论[M].北京:中国社会科学出版社,2011.

[16]张建星.中国报业 40 年[M].北京:人民日报出版社,2018.

[17]王卫明,邓年生.中外新闻事业史[M].2 版.北京:北京师范大学出版社,2015.

[18]王大龙.红色报刊集萃[M].北京:同心出版社,2010.

[19]王晓岚.中国共产党报刊发行史[M].北京:中国社会科学出版社,2009.

[20]童兵.新时期党报定位与读者资源开发[M].上海:复旦大学出版社,2010.

[21]王武录.党报科研教学初探[M].北京:石油工业出版社,2017.

[22]王武录.王武录自选集[M].北京:北京广播学院出版社,2004.

[23]王武录.十四大以来《人民日报》版面研究[M].北京:中国传媒大学出版社,2006.

[24]王武录.十四大以来《人民日报》评论研究[M].北京:同心出版社,2007.

[25]王武录.报刊理论与实践研究[M].北京:石油工业出版社,2012.

[26]王武录.党的执政能力建设与党报[M].北京:中国传媒大学出版社,2008.

[27]张建星.传媒的运营时代:从媒体经营到经营媒体30讲[M].上海:文汇出版社,2005.

[28]詹新惠.党报集团资本运营研究[M].北京:中国传媒大学出版社,2009.

[29]宋兆宽.党报品牌建设研究[M].北京:中国传媒大学出版社,2007.

[30]刘伯贤.入世背景下的党报运营[M].北京:中国传媒大学出版社,2007.

[31]王卫明.党报定位与功能新论[M].南昌:江西人民出版社,2009.

[32]张传香.党报经营模式研究初探[M].北京:新华出版社,2008.

[33]刘赞.党报生存环境研究[M].石家庄:河北大学出版社,2014.

[34]魏彧.党报与先进文化[M].天津:天津人民出版社,2010.

[35]王佳航.主流媒体核心竞争力:党报机制体制创新研究[M].北京:中国传媒大学出版社,2010.

[36]才让卓玛.从区域传播迈向世界传播:边疆省区党报参与构建现代传播体系研究[M].北京:经济科学出版社,2018.

[37]张苏敏.困境与突围:新时期地市级党报的革新[M].哈尔滨:哈尔滨工程大学出版社,2015.

[38]范敬宜.党报宣传艺术新论[M].北京:人民日报出版社,2009.

[39]俞文明.从"相加"迈向"相融":中国省级党报集团媒体融合发展报告[M].北京:团结出版社,2017.

[40]朱建华.传播力+的风口:融媒体时代的党报转型[M].北京:人民日报出版社,2017.

[41]徐勇.党报经营学探析[M].长沙:湖南人民出版社,2011.

[42]田秋生.市场化生存的党报新闻生产[M].北京:中国广播电视出版社,2010.

[43]黄扬略.党报新论[M].北京:中共中央党校出版社,2007.

[44]窦丰昌.市场化党报的深度新闻生产[M].广州:中山大学出版社,2014.

[45]景德明.新疆党报与新兴媒体融合发展研究[M].北京:知识产权出版有限责任公司,2017.

[46]蔡华东.传媒变局与党报改革[M].武汉:湖北人民出版社,2016.

[47]张建伟.省级党报版面备要[M].北京:人民日报出版社,2013.

[48]窦丰昌.市场化党报的日常新闻生产[M].广州:中山大学出版社,2014.

[49]王新成.地市党报采编人员培训简明读本[M].兰州:甘肃文化出版社,2016.

[50]鲍海波.新时期党报核心竞争力的散点透视[M].西安:世界图书出版西安有限公司,2013.

[51]刘海贵.深度报道探胜 :党报一主流媒体发展之路[M].上海:复旦大学出版社,2007.

[52]马志春.邮说党报:党报传播力申论[M].苏州:苏州大学出版社,2012.

[53]丁济沧.我们同党报一起成长[M].北京:人民日报出版社,1989.

[54]张春林.受众反拨与媒介变局：党报群众工作的理论与实践[M].北京：中国传媒大学出版社，2009.

[55]江晓军.多媒体融合：以湖南日报为例看党报的改革与发展[M].长沙：湖南文艺出版社，2012.

[56]钱承军.建国前中国共产党报刊研究[M].北京：中国文联出版公司，2009.

[57]李怀福.襄樊日报五十年[M].北京：新华出版社，1999.

[58]《全国省级党报现状与改革途径新探索》课题组.党报改革途径新探索[M].广州：南方日报出版社，2001.

[59]胡思勇.党报的未来[M].北京：中国社会科学出版社，2012.

[60]曾祥惠.党报版面改革谈[M].北京：新华出版社，1998.

[61]蔡美华.党报与真理标准大讨论[M].上海：复旦大学出版社，2011.

[62]王建男.党报资本论[M].哈尔滨：哈尔滨出版社，2001.

[63]李安宁.党报版面创新与思考[M].银川：宁夏人民出版社，2004.

[64]内蒙古党委宣传部宣传处.怎样办好党报[M].呼和浩特：内蒙古人民出版社，1959.

[65]陈建华.地方党报转型的战略与路径[M].广州：广州出版社，2011.

[66]赵增秀.新时期党报建设的思考[M].北京：同心出版社，2009.

[67]郑敏.怎样办好地方党报时事版[M].北京：中国商务出版社，2012.

[68]黄扬略.新时期党报定位与功能拓展[M].深圳：深圳报业集团出版社，2005.

[69]李泉佃.媒介融合时代的党报路径探索[M].北京：中国传媒大学出版社，2011.

[70]李磊明.党报理论宣传新论[M].杭州：浙江大学出版社，2012.

[71]生奇志.党报的传播力创新策略研究[M].沈阳：东北大学出版社，2018.

[72]刘明洋.党报主体角色建构[M].济南：山东大学出版社，2016.

[73]彭明星.党报创新解码[M].北京：中国和平出版社，2013.

[74]刘劲松.党报集团向现代传媒集团转型模式[M].北京：中国传媒大学出版社，2013.

[75]邵云红.党报版面研究[M].北京：人民日报出版社，2014.

[76]龙运荣.新媒体时代党报创新与社会发展[M].北京：中国社会科学出版社，2013.

[77]朱军华.中共早期党报图录[M].北京：团结出版社，2016.

[78]石坚.深圳特区报竞争力探析[M].南京：南京师范大学出版社，2011.

[79]张晓红.大报智慧：《环球时报》研究[M].北京：中国传媒大学出版社，2011.

[80]闫永栋.唱响时代最强音：十四大以来《求是》杂志编辑思想研究[M].北京：人民日报出版社，2014.

[81]红藏编辑委员会.红藏：进步期刊总汇（1915—1949）[M].湘潭：湘潭大学出版社，2014.

[82]蔡铭泽.中国国民党党报历史研究[M].北京：团结出版社，1998.

[83]文然.传播媒介娱乐史纲[M].沈阳：辽宁人民出版社，2020.

**学位论文**

[1]罗金炫.中国内地党报时政新闻报道的现状和改进对策研究[D].南昌:南昌大学,2014.

[2]罗颖.《人民日报》在媒介新格局中的角色研究[D].南昌:南昌大学,2015.

[3]温洁.媒介新格局下党报与新媒体的融合研究[D].南昌:南昌大学,2015.

[4]王兴华.媒介新格局中《人民日报》角色担当的内容分析[D].南昌:南昌大学,2016.

[5]楼慧琴.党报在媒介新格局下的“帮办者”角色研究——以《江西日报·党报帮你办》为例[D].南昌:南昌大学,2016.

[6]封雅婷.媒介新格局中《江西日报》评论栏目研究[D].南昌:南昌大学,2016.

[7]张曼.中国省级党报手机新闻客户端运营研究[D].南昌:南昌大学,2016.

[8]徐玲玲.媒介融合时代地市级党报新闻评论版面研究[D].南昌:南昌大学,2018.

[9]袁慧晶.省级党报的报网互动研究[D].南昌:南昌大学,2008.

[10]杨云丹.《宁波日报》主题报道现状及发展思路研究[D].南昌:南昌大学,2014.

[11]林雍.新形式下党报副刊的坚守与突破——以江西日报副刊为例[D].南昌:南昌大学,2012.

[12]刘智发.《江西日报·都市新刊》研究[D].南昌:南昌大学,2012.

[13]宋荟.党报农民形象建构研究[D].南昌:南昌大学,2018.

[14]周梦琪.《中央日报·报学》专刊研究[D].南昌:南昌大学,2017.

[15]朱子涵.人民日报“任仲平”文章研究[D].南昌:南昌大学,2017.

[16]沈丹萍.党报集团文化综合体管理模式创新研究[D].南昌:南昌大学,2016.

[17]赵静静.党报时政类微信公众号运营研究[D].南昌:南昌大学,2016.

[18]左蓓蓓.我国党报微博的运营研究[D].南昌:南昌大学,2014.

[19]黄旦.“耳目”与“喉舌”的历史性转换——中国百年新闻思想主潮论[D].上海:复旦大学,1998.

[20]王卫明.论新时期中共党报的定位与功能[D].北京:中国传媒大学,2007.

[21]翟方明.十六大以来党报理论宣传研究[D].北京:中国传媒大学,2007.

**期刊论文**

[1]张明羽.新媒体时代党报改革的路径与方向[J].传播与版权,2014(11):26-29.

[2]杜玲.新形势下我国地方党报的新出路[J].新闻传播,2012(9):142-142.

[3]黄芝晓.报业改革:党报改革的必由之路[J].复旦学报(社会科学版),2003(4).

[4]韩紫婵.《人民日报》是怎么玩转微信微博的[J].博客天下,2015(1).

[5]黄海燕.媒介转向与角色变迁:党报转型发展的双轨路径[J].宜春学院学报,2018(4):103-107.

[6]李良荣.党报的历史命运和当代使命[J].传媒,2017(14):22-24.

[7]李良荣.面对新媒体挑战，党报要改变报道模式[J].新闻大学，2000(3)：33-34.

[8]朱春阳，于颖.党报财经版如何有效创新——以嘉兴日报财经版实践为例[J].新闻实践，2009(1)：8-10.

[9]丁柏铨.新的传播格局：党报如何应对[J].新闻爱好者，2010(24)：44.

[10]张志安.基层党报融合转型的路径选择[J].中国报业，2015(23)：7.

[11]杨振武.用好中央厨房机制 再造党报传播优势[J].中国报业，2017(1)：5.

[12]卢新宁.迎接党报评论“众筹时代”[J].青年记者，2017(24)：12-13.

[13]丁淦林，陈巧云.中国共产党党报史略[J].新闻记者，2001(7).

[14]刘建明.党报的理论体系及其建构者[J].国际新闻界，2006(5)：74-80.

[15]梁贵红.党报在新形势新背景下发展战略探讨[J].编辑之友，2012(10)：77-78.

[16]陈贞权.党报策划对区域经济发展的引领作用浅论[J].新闻爱好者，2012(24)：13-15.

[17]慎海雄.新媒体时代加强党的执政能力建设的几点思考[J]. 中国记者，2012(10)：12-14.

[18]杨云丹，王卫明.新闻媒体诉讼风险的防范与应对[J].青年记者，2012(9)：24-25.

[19]张尚稳.试论新时期党报的定位与功能拓展 [J].淮北煤炭师范学院学报(哲学社会科学版)，2006(1).

[20]原海琴.新时期党报的发展方向与战略 [J].出版广角，2014(4).

[21]张付军.新时期党报的角色定位 [J].中国地市报人，2012(10).

[22]陈奕.人民日报新媒体转型及相关研究综述[J].青年记者，2015(3).

[23]张月.《人民日报》微信微博发展策略对传统媒体融合工作的启示[J].视听，2015(9)

[24]张秀敏，张庆永.论党报在新农村建设中的角色定位——以《人民日报·新农村周刊》为例[J].新闻爱好者，2009(1).

[25]李明德，刘婵君，宋宁.传统党报社会化媒体平台传播技巧初探——以《人民日报》微信公众账号为例[J].中国出版，2014(17).

[26]钱江.张磐石一生创办三个《人民日报》[J].中国报业，2013(19).

[27]张付军.新时期党报的角色定位[J].中国地市报人，2012(10).

[28]王卫明.党报与执政能力建设[J].采·写·编，2005(3).

[29]施锦昌，陆峰.提升新媒体环境下的党报核心竞争力[J].传媒观察，2006(11).

[30]张尚稳.新时期党报定位思考[J].当代传播，2006(6).

[31]钱江.烽火岁月谱写报业史诗——晋冀鲁豫《人民日报》创刊纪实[J].中国报业，2007(5).

[32]张英军，贾岳.新时期党报功能定位及主流化发展探讨[J].新闻传播，2007(2).

[33]向范.党报在公共信息平台建设中的角色定位[J].城市党报研究，2008(4).

[34]尹明华.一种对党报的新的认识观[J].新闻记者，2004(8).

[35]姜圣瑜.把社会主义核心价值体系融入党报报道全过程[J]. 中国记者，2007(9).

[36]丁柏铨.论党报改革[J].新闻界，2002(6).

[37]丁柏铨，夏雨禾.新时期党报改革的智慧结晶——评《新时期党报定位与功能拓展》[J]. 新闻战线，2006(1) .

[38]江作苏.党报的改革创新：向现代主流媒体转型[J].新闻战线，2009(3).

[39]顾培德.网络时代地市党报如何再造品牌优势[J].传媒观察，2013(6) .

[40]冯永香.新媒体环境下如何提高党报的传播力[J].青海师范大学学报(哲学社会科学版)，2013(2) .

[41]杨磊，孙业.我国省级党报的现状与趋势——全国省级党报基本调查报告：上[J].新闻记者，2001(8).

[42]李良荣，林晖.党报的市场压力及减压对策[J].新闻实践，2000(Z1).

[43]王晖.新舆论格局下党报的改革与创新[J].新闻战线，2010(9).

[44]张付军.新时期党报的角色定位[J].中国地市报人，2012(10).

[45]魏婧.中国党报发展对策研究[J].中国报业，2014(3).

[46]张黎.浅谈新媒体时代地方党报的发展策略[J].新闻研究导刊，2014(5).

[47]张付军.新时期党报的角色定位[J].中国地市报人，2012(10).

[48]魏婧.中国党报发展对策研究[J].中国报业，2014(3).

[49]张黎.浅谈新媒体时代地方党报的发展策略[J]. 新闻研究导刊，2014(5).

[50]张尚稳.试论新时期党报的定位与功能拓展[J].淮北煤炭师范学院学报(哲学社会科学版)，2006(1)：33-38.

[51]张付军.新时期党报的角色定位[J] .中国地市报人，2012(10)：113-114.

[52]原海琴，谌亭颖，丁习跃.新时期党报的发展方向与战略[J].出版广角，2014(4)：66-67.

# 附　录

## 关于“党报角色”的调查问卷

手机扫描二维码答题

# 后　记

1987年，我开始阅读党报。2001年，我开始在党报上发表文章。2004年，我开始参加“人民共和国党报论坛”，发表第一篇专门研究党报的论文。2008年，我开始主持专门研究党报的课题。2009年，我开始出版专门研究党报的专著。2013年，我开始在党报挂职。2014年，我和陈信凌、王晖、郭力根、刘伯贤、陈世华、楼宁联合申报的课题获准立项，从此开始研究“党报在媒介新格局中的角色”。

后来，一些记者、编辑、评论员、高校教师、研究生、本科生加入“党报角色”研究团队，陆续发表了30多篇学术论文。罗金炫、罗颖、温洁、王兴华、楼慧琴、封雅婷、张曼、徐玲玲等硕士生分别完成1篇与党报直接相关的硕士学位论文；郑俊、刘文浩、李娜、李珊、徐玲玲、王兴华、刘园园、幸晖晖、王朴、冯白云、李广宇、尹晶晶、郭蓉、樊佳玲等硕士生参与完成6家党报的内容分析，为本书部分章节的完稿贡献了心力。

研究过程中，课题组成员通过各类文献，梳理了党报角色的发展轨迹，进行了党报角色的历史研究。课题组成员深入10余家党报媒体和中国传媒大学、清华大学、河南大学、浙江大学、郑州大学、中山大学、厦门大学等多所高校调研，对专家、受众、党报从业者开展深度访谈，搜集大量第一手资料和二手资料，挖掘了解党报角色定位与实现的现状。

通过广泛的调查、采访，本书课题组考证了我国（未统计港澳台地区）党报总数（429家），了解到“海南三沙市没有创办党报”的独家信息，搜集到现存的县级党报的具体名称和版面图片。课题组也研究了朝鲜、日本、古巴、老挝、越南、乌拉圭等国的党报。

感谢王武录、张建星、刘卫东、胡智锋、郭庆光、赵振宇等老师的启发，感谢张晓红、梁益畅等同门的支持，感谢刘绍翔、沈念祖等学生的资料支持，感谢王晖、任辛、束淑英、阮启祥、王中平、魏本貌、梁振堂、童梦宁、邹海斌等党报人接受我的访谈。

感谢日本共产党《赤旗》编辑局回复我的学术采访信，感谢《江西日报》《宜春日报》《嘉兴日报》《厦门日报》等党报为本书的撰写提供协助。

党报是现代传播体系和国家治理体系的重要组成部分，是执政党倚重的执政资源。党报的舆论引导能力是国家治理能力的一部分。推进国家治理体系和治理能力现代化，必须提升党报传播力，打造现代化新型党报。党报研究是中国传播学中极为重要的一块研究领域，党报角色研究是党报研究不可或缺的一环，党报角色研究目前也是党报研究较为薄弱的一环。加强党报研究，构建党报领域的角色理论，一定程度上可拓宽中国本土传播学的研究领域。

2021 年，是中国共产党建党 100 周年，是南昌大学办学 100 周年。本书得以出版，可谓一份小小的献礼。

王卫明

2021 年 1 月

**图书在版编目(CIP)数据**

使命与担当:党报角色新论/王卫明等著.--北京:中国传媒大学出版社,2021.2
ISBN 978-7-5657-2886-0

Ⅰ.①使…　Ⅱ.①王…　Ⅲ.①中国共产党—党报—新闻工作—研究　Ⅳ.①G219.23

中国版本图书馆 CIP 数据核字(2020)第 269499 号

**使命与担当:党报角色新论**

**SHIMING YU DANDANG:DANGBAO JUESE XINLUN**

| | |
|---|---|
| **著　　者** | 王卫明　陈信凌　郭力根　楼　宁 |
| **策划编辑** | 裴向敏 |
| **责任编辑** | 张莉莉 |
| **特约编辑** | 裴向敏　钟晓晨 |
| **封面设计** | 拓美设计 |
| **责任印制** | 李志鹏 |

| | | | |
|---|---|---|---|
| **出版发行** | 中国传媒大学出版社 | | |
| **社　　址** | 北京市朝阳区定福庄东街 1 号 | **邮　　编** | 100024 |
| **电　　话** | 010-65450528　65450532 | **传　　真** | 65779405 |
| **网　　址** | http://cucp.cuc.edu.cn | | |
| **经　　销** | 全国新华书店 | | |

| | |
|---|---|
| **印　　刷** | 北京玺诚印务有限公司 |
| **开　　本** | 787mm×1092mm　1/16 |
| **印　　张** | 黑白 15.25　彩插 0.25 |
| **字　　数** | 296 千字 |
| **版　　次** | 2021 年 2 月第 1 版 |
| **印　　次** | 2021 年 2 月第 1 次印刷 |

| | | | |
|---|---|---|---|
| **书　　号** | ISBN 978-7-5657-2886-0/G·2886 | **定　　价** | 68.00 元 |

**本社法律顾问:北京李伟斌律师事务所　郭建平**